SERGIO
PINTO
MARTINS

MANUAL DA **JUSTA** CAUSA

20
25 OITAVA EDIÇÃO

Dados Internacionais de Catalogação na Publicação (CIP) de acordo com ISBD

M386m   Martins, Sérgio Pinto
       Manual da justa causa / Sérgio Pinto Martins. - 8. ed. - Indaiatuba, SP : Editora Foco, 2025.

       296 p. ; 16cm x 23cm.

       Inclui bibliografia e índice.

       ISBN: 978-65-6120-289-3

       1. Direito. 2. Direito trabalhista. 3. Justa causa. I. Título.

2025-629   CDD 344.01   CDU 349.2

Elaborado por Vagner Rodolfo da Silva - CRB-8/9410

Índices para Catálogo Sistemático:

1. Direito trabalhista 344.01

2. Direito trabalhista 349.2

SERGIO
PINTO
MARTINS

MANUAL
DA **JUSTA**
CAUSA

OITAVA EDIÇÃO

2025 © Editora Foco

Autor: Sergio Pinto Martins
Diretor Acadêmico: Leonardo Pereira
Editor: Roberta Densa
Coordenadora Editorial: Paula Morishita
Revisora Sênior: Georgia Renata Dias
Revisora Júnior: Adriana Souza Lima
Capa Criação: Leonardo Hermano
Diagramação: Ladislau Lima e Aparecida Lima
Impressão miolo e capa: META BRASIL

DIREITOS AUTORAIS: É proibida a reprodução parcial ou total desta publicação, por qualquer forma ou meio, sem a prévia autorização da Editora FOCO, com exceção do teor das questões de concursos públicos que, por serem atos oficiais, não são protegidas como Direitos Autorais, na forma do Artigo 8º, IV, da Lei 9.610/1998. Referida vedação se estende às características gráficas da obra e sua editoração. A punição para a violação dos Direitos Autorais é crime previsto no Artigo 184 do Código Penal e as sanções civis às violações dos Direitos Autorais estão previstas nos Artigos 101 a 110 da Lei 9.610/1998. Os comentários das questões são de responsabilidade dos autores.

NOTAS DA EDITORA:

Atualizações e erratas: A presente obra é vendida como está, atualizada até a data do seu fechamento, informação que consta na página II do livro. Havendo a publicação de legislação de suma relevância, a editora, de forma discricionária, se empenhará em disponibilizar atualização futura.

Erratas: A Editora se compromete a disponibilizar no site www.editorafoco.com.br, na seção Atualizações, eventuais erratas por razões de erros técnicos ou de conteúdo. Solicitamos, outrossim, que o leitor faça a gentileza de colaborar com a perfeição da obra, comunicando eventual erro encontrado por meio de mensagem para contato@editorafoco.com.br. O acesso será disponibilizado durante a vigência da edição da obra.

Impresso no Brasil (2.2025) – Data de Fechamento (2.2025)

2025
Todos os direitos reservados à
Editora Foco Jurídico Ltda.
Rua Antonio Brunetti, 593 – Jd. Morada do Sol
CEP 13348-533 – Indaiatuba – SP

E-mail: contato@editorafoco.com.br
www.editorafoco.com.br

TRABALHOS DO AUTOR

LIVROS

1. *Imposto sobre serviços* – ISS. São Paulo: Atlas, 1992.
2. *Direito da seguridade social*. 42. ed. São Paulo: Saraiva, 2024.
3. *Direito do trabalho*. 40. ed. São Paulo: Saraiva, 2024.
4. *A terceirização e o direito do trabalho*. 17. ed. São Paulo: Saraiva, 2019.
5. *Manual do ISS*. 10. ed. São Paulo: Saraiva, 2017.
6. *Participação dos empregados nos lucros das empresas*. 6. ed. Indaiatuba: Foco, 2025.
7. *Práticas discriminatórias contra a mulher e outros estudos*. São Paulo: LTr, 1996.
8. *Contribuição confederativa*. São Paulo: LTr, 1996.
9. *Medidas cautelares*. São Paulo: Malheiros, 1996.
10. *Manual do trabalho doméstico*. 15. ed. Indaiatuba: Foco, 2025.
11. *Tutela antecipada e tutela específica no processo do trabalho*. 4. ed. São Paulo: Atlas, 2013.
12. *Manual do FGTS*. 6. ed. Indaiatuba: Foco, 2025.
13. *Comentários à CLT*. 21. ed. São Paulo: Saraiva, 2018.
14. *Manual de direito do trabalho*. 11. ed. São Paulo: Saraiva, 2018.
15. *Direito processual do trabalho*. 39. ed. São Paulo: Saraiva, 2017.
16. *Contribuições sindicais*. 5. ed. São Paulo: Atlas, 2009.
17. *Contrato de trabalho de prazo determinado e banco de horas*. 4. ed. São Paulo: Atlas, 2002.
18. *Estudos de direito*. São Paulo: LTr, 1998.
19. *Legislação previdenciária*. 22. ed. São Paulo: Saraiva, 2016.
20. *Síntese de direito do trabalho*. Curitiba: JM, 1999.
21. *A continuidade do contrato de trabalho*. 3. ed. Indaiatuba: Foco, 2025.
22. *Flexibilização das condições de trabalho*. 7. ed. Indaiatuba: Foco, 2025.
23. *Legislação sindical*. São Paulo: Atlas, 2000.
24. *Comissões de conciliação prévia*. 3. ed. São Paulo: Atlas, 2008.
25. *Col. Fundamentos: direito processual do trabalho*. 21. ed. São Paulo: Saraiva, 2018.
26. *Instituições de direito público e privado*. 17. ed. São Paulo: Saraiva, 2017.
27. *Col. Fundamentos: direito do trabalho*. 19. ed. São Paulo: Saraiva, 2018.

28. *Col. Fundamentos: direito da seguridade social.* 17. ed. São Paulo: Saraiva, 2016.

29. *O pluralismo do direito do trabalho.* 3. ed. Indaiatuba: Foco, 2025.

30. *Greve no serviço público.* 3. ed. Indaiatuba: Foco, 2025.

31. *Execução da contribuição previdenciária na Justiça do Trabalho.* 5. ed. São Paulo: Saraiva, 2019.

32. *Manual de direito tributário.* 17. ed. São Paulo: Saraiva, 2018.

33. *CLT universitária.* 24. ed. São Paulo: Saraiva, 2018.

34. *Cooperativas de trabalho.* 8. ed. Indaiatuba: Foco, 2025.

35. *Reforma previdenciária.* 2. ed. São Paulo: Atlas, 2006.

36. *Manual da justa causa.* 8. ed. Indaiatuba: Foco, 2025.

37. *Comentários às súmulas do TST.* 16. ed. São Paulo: Saraiva, 2016.

38. *Constituição. CLT. Legislação previdenciária e legislação complementar.* 3. ed. São Paulo: Atlas, 2012.

39. *Dano moral decorrente do contrato de trabalho.* 6. ed. Indaiatuba: Foco, 2025.

40. *Profissões regulamentadas.* 2. ed. São Paulo: Atlas, 2013.

41. *Direitos fundamentais trabalhistas.* 2. ed. São Paulo: Atlas, 2015.

42. *Convenções da OIT.* 3. ed. São Paulo: Saraiva, 2016.

43. *Estágio e relação de emprego.* 6. ed. Indaiatuba: Foco, 2025.

44. *Comentários às Orientações Jurisprudenciais da SBDI-1 e 2 do TST.* 7. ed. São Paulo: Saraiva, 2016.

45. *Direitos trabalhistas do atleta profissional de futebol.* 2. ed. São Paulo: Saraiva, 2016.

46. *Prática trabalhista.* 8. ed. São Paulo: Saraiva, 2018.

47. *Assédio moral no emprego.* 6. ed. Indaiatuba: Foco, 2025.

48. Comentários à Lei n. 8.212/91. *Custeio da Seguridade Social.* São Paulo: Atlas, 2013.

49. Comentários à Lei n. 8.213/91. *Benefícios da Previdência Social.* São Paulo: Atlas, 2013.

50. *Prática previdenciária.* 3. ed. São Paulo: Saraiva, 2017.

51. *Teoria geral do processo.* 9. ed. São Paulo: Saraiva, 2024.

52. *Teoria geral do Estado.* 3. ed. São Paulo: Saraiva, 2024.

53. *Reforma trabalhista.* São Paulo: Saraiva, 2018.

54. *Introdução ao estudo do Direito.* 3ª ed. São Paulo: Saraiva, 2024.

ARTIGOS

1. A dupla ilegalidade do IPVA. *Folha de S.Paulo*, São Paulo, 12 mar. 1990. Caderno C, p. 3.

2. Descumprimento da convenção coletiva de trabalho. *LTr*, São Paulo, n. 54-7/854, jul. 1990.

3. *Franchising* ou contrato de trabalho? *Repertório IOB de Jurisprudência*, n. 9, texto 2/4990, p. 161, 1991.

4. A multa do FGTS e o levantamento dos depósitos para aquisição de moradia. *Orientador Trabalhista – Suplemento de Jurisprudência e Pareceres*, n. 7, p. 265, jul. 1991.

5. O precatório e o pagamento da dívida trabalhista da fazenda pública. *Jornal do II Congresso de Direito Processual do Trabalho*, p. 42. jul. 1991. (Promovido pela LTr Editora.)

6. As férias indenizadas e o terço constitucional. *Orientador Trabalhista Mapa Fiscal – Suplemento de Jurisprudência e Pareceres*, n. 8, p. 314, ago. 1991.

7. O guarda de rua contratado por moradores. Há relação de emprego? *Folha Metropolitana*, Guarulhos, 12 set. 1991, p. 3.

8. O trabalhador temporário e os direitos sociais. *Informativo Dinâmico IOB*, n. 76, p. 1.164, set. 1991.

9. O serviço prestado após as cinco horas em sequência ao horário noturno. *Orientador Trabalhista Mapa Fiscal – Suplemento de Jurisprudência e Pareceres*, n. 10, p. 414, out. 1991.

10. Incorporação das cláusulas normativas nos contratos individuais do trabalho. *Jornal do VI Congresso Brasileiro de Direito Coletivo do Trabalho e V Seminário sobre Direito Constitucional do Trabalho*, p. 43. nov. 1991. (Promovido pela LTr Editora.)

11. Adicional de periculosidade no setor de energia elétrica: algumas considerações. *Orientador Trabalhista Mapa Fiscal – Suplemento de Jurisprudência e Pareceres*, n. 12, p. 544, dez. 1991.

12. Salário-maternidade da empregada doméstica. *Folha Metropolitana*, Guarulhos, p. 7, 2-3 fev. 1992.

13. Multa pelo atraso no pagamento de verbas rescisórias. *Repertório IOB de Jurisprudência*, n. 1, texto 2/5839, p. 19, 1992.

14. Base de cálculo dos adicionais. *Orientador Trabalhista Mapa Fiscal – Suplemento de Legislação, Jurisprudência e Doutrina*, n. 2, p. 130, fev. 1992.

15. Base de cálculo do adicional de insalubridade. *Orientador Trabalhista Mapa Fiscal – Suplemento de Legislação, Jurisprudência e Doutrina*, n. 4, p. 230, abr. 1992.

16. Limitação da multa prevista em norma coletiva. *Repertório IOB de Jurisprudência*, n. 10, texto 2/6320, p. 192, 1992.

17. Estabilidade provisória e aviso-prévio. *Orientador Trabalhista Mapa Fiscal – Suplemento de Legislação, Jurisprudência e Doutrina*, n. 5, p. 279, maio 1992.

18. Contribuição confederativa. *Orientador Trabalhista Mapa Fiscal – Suplemento de Legislação, Jurisprudência e Doutrina*, n. 6, p. 320, jun. 1992.

19. O problema da aplicação da norma coletiva de categoria diferenciada à empresa que dela não participou. *Orientador Trabalhista Mapa Fiscal – Suplemento de Legislação, Jurisprudência e Doutrina*, n. 7, p. 395, jul. 1992.

20. Intervenção de terceiros no processo de trabalho: cabimento. *Jornal do IV Congresso Brasileiro de Direito Processual do Trabalho*, jul. 1992, p. 4. (Promovido pela LTr Editora.)

21. Relação de emprego: dono de obra e prestador de serviços. *Folha Metropolitana*, Guarulhos, 21 jul. 1992, p. 5.

22. Estabilidade provisória do cipeiro. *Orientador Trabalhista Mapa Fiscal – Suplemento de Legislação, Jurisprudência e Doutrina*, n. 8, p. 438, ago. 1992.

23. O ISS e a autonomia municipal. *Suplemento Tributário LTr*, n. 54, p. 337, 1992.

24. Valor da causa no processo do trabalho. *Suplemento Trabalhista LTr*, n. 94, p. 601, 1992.

25. Estabilidade provisória do dirigente sindical. *Orientador Trabalhista Mapa Fiscal – Suplemento de Legislação, Jurisprudência e Doutrina*, n. 9, p. 479, set. 1992.

26. Estabilidade no emprego do aidético. *Folha Metropolitana*, Guarulhos, 20-21 set. 1992, p. 16.

27. Remuneração do engenheiro. *Orientador Trabalhista Mapa Fiscal – Suplemento de Legislação, Jurisprudência e Doutrina*, n. 10, p. 524, out. 1992.

28. Estabilidade do acidentado. *Repertório IOB de Jurisprudência*, n. 22, texto 2/6933, p. 416, 1992.

29. A terceirização e suas implicações no direito do trabalho. *Orientador Trabalhista Mapa Fiscal – Legislação, Jurisprudência e Doutrina*, n. 11, p. 583, nov. 1992.

30. Contribuição assistencial. *Jornal do VII Congresso Brasileiro de Direito Coletivo do Trabalho e VI Seminário sobre Direito Constitucional do Trabalho*, nov. 1992, p. 5.

31. Descontos do salário do empregado. *Orientador Trabalhista Mapa Fiscal – Suplemento de Legislação, Jurisprudência e Doutrina*, n. 12, p. 646, dez. 1992.

32. Transferência de empregados. *Orientador Trabalhista Mapa Fiscal – Suplemento de Legislação, Jurisprudência e Doutrina*, n. 1, p. 57, jan. 1993.

33. A greve e o pagamento dos dias parados. *Orientador Trabalhista Mapa Fiscal – Suplemento de Legislação, Jurisprudência e Doutrina*, n. 2, p. 138, fev. 1993.

34. Auxílio-doença. *Folha Metropolitana*, Guarulhos, 30 jan. 1993, p. 5.

35. Salário-família. *Folha Metropolitana*, Guarulhos, 16 fev. 1993, p. 5.

36. Depósito recursal. *Repertório IOB de Jurisprudência*, n. 4, texto 2/7239, p. 74, fev. 1993.

37. Terceirização. *Jornal Magistratura & Trabalho*, n. 5, p. 12, jan. e fev. 1993.

38. Auxílio-natalidade. *Folha Metropolitana*, Guarulhos, 9 mar. 1993, p. 4.

39. A diarista pode ser considerada empregada doméstica? *Orientador Trabalhista Mapa Fiscal – Suplemento Trabalhista Mapa Fiscal – Suplemento de Legislação, Jurisprudência e Doutrina*, n. 3/93, p. 207.

40. Renda mensal vitalícia. *Folha Metropolitana*, Guarulhos, 17 mar. 1993, p. 6.

41. Aposentadoria espontânea com a continuidade do aposentado na empresa. *Jornal do Primeiro Congresso Brasileiro de Direito Individual do Trabalho*, 29 e 30 mar. 1993, p. 46-47. (Promovido pela LTr Editora.)

42. Relação de emprego e atividades ilícitas. *Orientador Trabalhista Mapa Fiscal – Suplemento de Legislação, Jurisprudência e Doutrina*, n. 5/93, p. 345.

43. Conflito entre norma coletiva do trabalho e legislação salarial superveniente. *Revista do Advogado*, n. 39, p. 69, maio 1993.

44. Condição jurídica do diretor de sociedade em face do direito do trabalho. *Orientador Trabalhista Mapa Fiscal – Suplemento de Legislação, Jurisprudência e Doutrina*, n. 6/93, p. 394.

45. Equiparação salarial. *Orientador Trabalhista Mapa Fiscal – Suplemento de Legislação, Jurisprudência e Doutrina*, n. 7/93, p. 467.

TRABALHOS DO AUTOR

46. Dissídios coletivos de funcionários públicos. *Jornal do V Congresso Brasileiro de Direito Processual do Trabalho*, jul. 1993, p. 15. (Promovido pela LTr Editora.)

47. Contrato coletivo de trabalho. *Orientador Trabalhista Mapa Fiscal – Suplemento de Legislação, Jurisprudência e Doutrina*, n. 8/93, p. 536.

48. Reintegração no emprego do empregado aidético. *Suplemento Trabalhista LTr*, n. 102/93, p. 641.

49. Incidência da contribuição previdenciária nos pagamentos feitos na Justiça do Trabalho. *Orientador Trabalhista Mapa Fiscal – Suplemento de Legislação, Jurisprudência e Doutrina*, n. 9/93, p. 611.

50. Contrato de trabalho por obra certa. *Orientador Trabalhista Mapa Fiscal – Suplemento de Legislação, Jurisprudência e Doutrina*, n. 10/93, p. 674.

51. Autoaplicabilidade das novas prestações previdenciárias da Constituição. *Revista de Previdência Social*, n. 154, p. 697, set. 1993.

52. Substituição processual e o Enunciado 310 do TST. *Orientador Trabalhista Mapa Fiscal – Suplemento de Legislação, Jurisprudência e Doutrina*, n. 11/93, p. 719.

53. Litigância de má-fé no processo do trabalho. *Repertório IOB de Jurisprudência*, n. 22/93, texto 2/8207, p. 398.

54. Constituição e custeio do sistema confederativo. *Jornal do VIII Congresso Brasileiro de Direito Coletivo do Trabalho e VII Seminário sobre Direito Constitucional do Trabalho*, nov. 1993, p. 68. (Promovido pela LTr Editora.)

55. Participação nos lucros. *Orientador Trabalhista Mapa Fiscal – Suplemento de Legislação, Jurisprudência e Doutrina*, n. 12/93, p. 778.

56. Auxílio-funeral. *Folha Metropolitana*, Guarulhos, 22-12-1993, p. 5.

57. Regulamento de empresa. *Orientador Trabalhista Mapa Fiscal – Suplemento de Legislação, Jurisprudência e Doutrina*, n. 1/94, p. 93.

58. Aviso-prévio. *Orientador Trabalhista Mapa Fiscal – Suplemento de Legislação, Jurisprudência e Doutrina*, n. 2/94, p. 170.

59. Compensação de horários. *Orientador Trabalhista Mapa Fiscal – Suplemento de Legislação, Jurisprudência e Doutrina*, n. 3/94, p. 237.

60. Controle externo do Judiciário. *Folha Metropolitana*, Guarulhos, 10-3-1994, p. 2; *Folha da Tarde*, São Paulo, 26-3-1994, p. A2.

61. Aposentadoria dos juízes. *Folha Metropolitana*, Guarulhos, 11-3-1994, p. 2; *Folha da Tarde*, São Paulo, 23-3-1994, p. A2.

62. Base de cálculo da multa de 40% do FGTS. *Jornal do Segundo Congresso Brasileiro de Direito Individual do Trabalho*, promovido pela LTr, 21 a 23-3-1994, p. 52.

63. Denunciação da lide no processo do trabalho. *Repertório IOB de Jurisprudência*, n. 7/94, abril de 1994, p. 117, texto 2/8702.

64. A quitação trabalhista e o Enunciado n. 330 do TST. *Orientador Trabalhista Mapa Fiscal – Suplemento de Legislação, Jurisprudência e Doutrina*, n. 4/94, p. 294.

65. A indenização de despedida prevista na Medida Provisória n. 457/94. *Repertório IOB de Jurisprudência*, n. 9/94, p. 149, texto 2/8817.

66. A terceirização e o Enunciado n. 331 do TST. *Orientador Trabalhista Mapa Fiscal – Suplemento de Legislação, Jurisprudência e Doutrina*, n. 5/94, p. 353.

67. Superveniência de acordo ou convenção coletiva após sentença normativa – prevalência. *Orientador Trabalhista Mapa Fiscal – Suplemento de Legislação, Jurisprudência e Doutrina*, n. 6/94, p. 386.

68. Licença-maternidade da mãe adotiva. *Orientador Trabalhista Mapa Fiscal – Suplemento de Legislação, Jurisprudência e Doutrina*, n. 7/94, p. 419.

69. Medida cautelar satisfativa. *Jornal do 6º Congresso Brasileiro de Direito Processual do Trabalho*, promovido pela LTr nos dias 25 a 27-7-1994, p. 58.

70. Estabelecimento prestador do ISS. *Suplemento Tributário LTr*, n. 35/94, p. 221.

71. Turnos ininterruptos de revezamento. *Orientador Trabalhista Mapa Fiscal – Suplemento de Legislação, Jurisprudência e Doutrina*, n. 8/94, p. 468.

72. Considerações em torno do novo Estatuto da OAB. *Repertório IOB de Jurisprudência*, n. 17/94, set. 1994, p. 291, texto 2/9269.

73. Diárias e ajudas de custo. *Orientador Trabalhista Mapa Fiscal – Suplemento de Legislação, Jurisprudência e Doutrina*, n. 9/94, p. 519.

74. Reajustes salariais, direito adquirido e irredutibilidade salarial. *Orientador Trabalhista Mapa Fiscal – Suplemento de Legislação, Jurisprudência e Doutrina*, n. 10/94, p. 586.

75. Os serviços de processamento de dados e o Enunciado n. 239 do TST. *Orientador Trabalhista Mapa Fiscal – Suplemento de Legislação, Jurisprudência e Doutrina*, n. 11/94, p. 653.

76. Desnecessidade de depósito administrativo e judicial para discutir o crédito da seguridade social. *Orientador Trabalhista Mapa Fiscal – Suplemento de Legislação, Jurisprudência e Doutrina*, n. 12/94, p. 700.

77. Número máximo de dirigentes sindicais beneficiados com estabilidade. *Repertório IOB de Jurisprudência*, n. 24/94, dezembro de 1994, p. 408, texto 2/9636.

78. Participação nos lucros e incidência da contribuição previdenciária. *Revista de Previdência Social*, n. 168, nov. 1994, p. 853.

79. Proteção do trabalho da criança e do adolescente – considerações gerais. *BTC – Boletim Tributário Contábil – Trabalho e Previdência*, dez. 1994, n. 51, p. 625.

80. Critérios de não discriminação no trabalho. *Orientador Trabalhista Mapa Fiscal – Suplemento de Legislação, Jurisprudência e Doutrina*, n. 1/95, p. 103.

81. Embargos de declaração no processo do trabalho e a Lei n. 8.950/94 que altera o CPC. *Repertório IOB de Jurisprudência*, n. 3/95, fev. 1995, texto 2/9775, p. 41.

82. Empregado doméstico – Questões polêmicas. *Orientador Trabalhista Mapa Fiscal – Suplemento de Legislação, Jurisprudência e Doutrina*, n. 2/95, p. 152.

83. Não concessão de intervalo para refeição e pagamento de hora extra. *Orientador Trabalhista Mapa Fiscal – Suplemento de Legislação, Jurisprudência e Doutrina*, n. 3/95, p. 199.

84. Lei altera artigo da CLT e faz prover conflitos. *Revista Literária de Direito*, mar./abr. 1995, p. 13.

85. Empregados não sujeitos ao regime de duração do trabalho e o art. 62 da CLT. *Orientador Trabalhista Mapa Fiscal – Suplemento de Legislação, Jurisprudência e Doutrina*, n. 4/95, p. 240.

86. A Justiça do Trabalho não pode ser competente para resolver questões entre sindicato de empregados e empregador. *Revista Literária de Direito*, maio/jun. 1995, p. 10.

87. Minutos que antecedem e sucedem a jornada de trabalho. *Orientador Trabalhista Mapa Fiscal – Suplemento de Legislação, Jurisprudência e Doutrina*, n. 5/95, p. 297.

88. Práticas discriminatórias contra a mulher e a Lei n. 9.029/95. *Repertório IOB de Jurisprudência*, n. 11/95, jun. 1995, p. 149, texto 2/10157.

89. Conflito entre a nova legislação salarial e a norma coletiva anterior. *Orientador Trabalhista Mapa Fiscal – Suplemento de Legislação, Jurisprudência e Doutrina*, n. 6/95, p. 362.

90. Imunidade tributária. *Suplemento Tributário LTr*, 34/95, p. 241.

91. Cogestão. *Revista do Tribunal Regional do Trabalho da 8ª Região*, v. 28, n. 54, jan./jun. 1995, p. 101.

92. Licença-paternidade. *Orientador Trabalhista Mapa Fiscal – Suplemento de Legislação, Jurisprudência e Doutrina*, n. 7/95, p. 409.

93. Embargos de declaração. *Jornal do VII Congresso Brasileiro de Direito Processual de Trabalho*, São Paulo: LTr, 24 a 26 jul. 1995, p. 54.

94. Reforma da Constituição e direitos previdenciários. *Jornal do VIII Congresso Brasileiro de Previdência Social*, n. 179, out. 1995, p. 723.

95. Ação declaratória incidental e coisa julgada no processo do trabalho. *Suplemento Trabalhista LTr 099/95*, p. 665 e *Revista do TRT da 8ª Região*, Belém, v. 28, n. 55, jul./dez. 1995, p. 39.

SUMÁRIO

TRABALHOS DO AUTOR V

    Livros.. V

    Artigos VI

1. INTRODUÇÃO... 1

    1.1 Justificativa 1

    1.2 Objetivo.. 1

    1.3 Metodologia.. 2

PARTE I
JUSTA CAUSA

2. TEORIA DA JUSTA CAUSA... 5

    2.1 Evolução legislativa.. 5

    2.2 Denominação 8

    2.3 Conceito.. 9

    2.4 Distinção... 10

    2.5 Sistemas.. 10

    2.6 Taxatividade do art. 482 da CLT 11

    2.7 Natureza jurídica.. 12

    2.8 Tipificação da justa causa pelo empregador............................... 12

    2.9 Elementos 13

    2.10 Forma 17

    2.11 Local 18

    2.12 Horário de trabalho.. 18

2.13 Sequência de faltas 19

2.14 Tempo 19

2.15 Culpa recíproca 20

2.16 Ônus da prova 20

2.17 Suspensão e interrupção do contrato de trabalho 20

2.18 Aviso prévio 21

2.19 Avaliação da falta 21

2.20 Empregado estável 21

2.21 Justa causa e processo criminal 22

2.22 Pessoas envolvidas 24

2.23 Efeitos da justa causa 25

2.24 Conclusões 26

3. IMPROBIDADE 27

3.1 Evolução legislativa 27

3.2 Etimologia 27

3.3 Conceito 27

3.4 Distinção 28

3.5 Ato de improbidade 28

3.6 Sujeito passivo 30

3.7 Ato único 30

3.8 Momento 30

3.9 Relação com o contrato de trabalho 31

3.10 Prova 32

3.11 Crimes 33

    3.11.1 Apropriação indébita 34

    3.11.2 Receptação 34

    3.11.3 Furto 35

    3.11.4 Roubo 36

3.11.5	Extorsão	37
3.11.6	Estelionato	37
3.11.7	Dano	37
3.11.8	Violação de correspondência	38
3.11.9	Falsidade de documento particular	38
3.11.10	Uso de documento falso	38
3.12	Jurisprudência	39

4. INCONTINÊNCIA DE CONDUTA ... 41

4.1	Evolução legislativa	41
4.2	Conceito	42
4.3	Distinção	42
4.4	Local da falta	43
4.5	Relação com o contrato de trabalho	43
4.6	Ato único	47
4.7	Capacidade do trabalhador	47
4.8	Interrupção e suspensão do contrato de trabalho	48
4.9	Jurisprudência	48

5. MAU PROCEDIMENTO ... 49

5.1	Evolução legislativa	49
5.2	Conceito	49
5.3	Distinção	50
5.4	Intenção	51
5.5	Relação com o contrato de trabalho	51
5.6	Ato único	52
5.7	Capacidade do trabalhador	53
5.8	Interrupção e suspensão do contrato de trabalho	53
5.9	Jurisprudência	53

6. NEGOCIAÇÃO HABITUAL 55

6.1 Evolução legislativa.. 55

6.2 Conceito... 55

6.3 Habitualidade.. 56

6.4 Negociação por conta própria.. 57

6.5 Negociação por conta alheia 57

6.6 Permissão... 57

6.7 Local 58

6.8 Exclusividade... 58

6.9 Concorrência desleal 59

6.10 Prejuízos.. 63

6.11 Lucro... 64

6.12 Punição e habitualidade... 64

6.13 Interrupção e suspensão do contrato de trabalho....................... 65

6.14 Aviso prévio... 65

6.15 Jurisprudência... 66

7. CONDENAÇÃO CRIMINAL... 67

7.1 Evolução legislativa.. 67

7.2 Justa causa.. 68

7.3 Fundamentos.. 69

7.4 Relação com o contrato de trabalho.. 69

7.5 Sentença penal condenatória 69

7.6 Trânsito em julgado... 70

7.7 Suspensão condicional da pena 71

7.8 Regime aberto ou semiaberto 72

7.9 Penas restritivas de direitos 72

7.10 Tempo de prisão estabelecido pela condenação 73

7.11 Prisão preventiva 73

7.12 Anistia 75

7.13 Livramento condicional 76

7.14 Suspensão e interrupção do contrato de trabalho 76

7.15 Empregado estável 76

7.16 Jurisprudência 76

8. DESÍDIA 79

8.1 Histórico 79

8.2 Denominação 80

8.3 Conceito 80

8.4 Distinção 80

8.5 Desempenho 81

8.6 Respectivas funções 81

8.7 Relação com o contrato de trabalho 82

8.8 Caracterização 82

8.9 Ato único 84

8.10 Aviso prévio 86

8.11 Garantia de emprego 87

8.12 Jurisprudência 87

9. EMBRIAGUEZ 89

9.1 Histórico 89

9.2 Conceito 90

9.3 Distinção 91

9.4 Classificação 92

9.5 Fundamentos da justa causa 92

9.6 Fases 93

9.7 Espécies 95

9.8 Justa causa	95
9.9 Embriaguez habitual	99
9.10 Embriaguez em serviço	101
9.11 O atual Código Civil	103
9.12 Suspensão e interrupção do contrato de trabalho	104
9.13 Aviso prévio	104
9.14 Prova	105
9.15 Conclusão	105

10. VIOLAÇÃO DE SEGREDO DA EMPRESA ... 107

10.1 Evolução legislativa	107
10.2 Conceito	108
10.3 Distinção	108
10.4 Fundamentos	108
10.5 Segredo	109
10.6 Espécies de segredo	110
10.7 Forma de conhecimento	110
10.8 Violação	110
10.9 Violação parcial	112
10.10 Tentativa de violação	112
10.11 Violação de segredo ilícito	113
10.12 Revelação em depoimento testemunhal	113
10.13 Empresa	114
10.14 Relação com o contrato de trabalho	114
10.15 Ato único	115
10.16 Suspensão ou interrupção do contrato de trabalho	115
10. 17 Aviso prévio	116
10.18 Jurisprudência	116

SUMÁRIO **XIX**

11. INDISCIPLINA 117

11.1 Evolução legislativa.. 117

11.2 Conceito... 117

11.3 Distinção.. 118

11.4 Fundamentos.. 118

11.5 Ordens.. 119

11.6 Ato 119

11.7 Ato único 119

11.8 Local 120

11.9 Direito de resistência.. 120

11.10 Greve 122

11.11 Apreciação da falta 122

11.12 Jurisprudência.. 123

12. INSUBORDINAÇÃO 125

12.1 Evolução histórica.. 125

12.2 Etimologia.. 126

12.3 Denominação 126

12.4 Conceito... 126

12.5 Distinção.. 127

12.6 Espécies.. 128

12.7 Fundamentos.. 130

12.8 Ordens.. 131

12.9 Ato 131

12.10 Ato único 131

12.11 Local 132

12.12 Direito de resistência.. 133

12.13 Greve 135

12.14 Apreciação da falta 136

12.15 Jurisprudência 137

13. ABANDONO DE EMPREGO 139

13.1 Introdução 139

13.2 Evolução legislativa 139

13.3 Conceito 140

13.4 Distinção 140

13.5 Justa causa 141

13.6 Fundamentos 141

13.7 Requisitos 142

13.8 Elementos 142

13.9 Recusa em trabalhar 145

13.10 Contrato de trabalho de prazo determinado 145

13.11 Faltas para acompanhamento de parente 146

13.12 Doença 146

13.13 Acidente do trabalho 147

13.14 Doente mental 148

13.15 Gravidez 148

13.16 Licença 148

13.17 Prisão do trabalhador 149

13.18 Força maior 149

13.19 Greve 150

13.20 Aviso prévio 151

13.21 Decisão judicial 152

13.22 Empregado estável 152

13.23 Comunicação 153

13.24 Conclusão 155

SUMÁRIO   **XXI**

14. ATO LESIVO DA HONRA OU DA BOA FAMA 157

14.1 Evolução legislativa 157

14.2 Denominação 159

14.3 Conceito 159

14.4 Fundamentos 159

14.5 Ato lesivo 160

14.6 Honra 160

14.7 No serviço 161

14.8 Qualquer pessoa 162

14.9 Fora do serviço 163

14.10 Empregador 163

14.11 Superior hierárquico 164

14.12 Ato único 165

14.13 Intenção 165

14.14 Gravidade 167

14.15 Tentativa 168

14.16 Divulgação 168

14.17 Exceção da verdade 169

14.18 Provocação 169

14.19 Retorsão 169

14.20 Retratação 170

14.21 Legítima defesa 170

14.22 Culpa recíproca 171

14.23 Empregado estável 171

14.24 Suspensão e interrupção do contrato de trabalho 172

14.25 Jurisprudência 172

15. OFENSAS FÍSICAS 173

15.1 Evolução legislativa 173

15.2 Denominação 174

15.3 Conceito 174

15.4 Fundamentos 175

15.5 Nas mesmas condições 175

15.6 No serviço 176

15.7 Qualquer pessoa 177

15.8 Fora do serviço 177

15.9 Empregador 178

15.10 Superior hierárquico 178

15.11 Ato único 179

15.12 Intenção 179

15.13 Tentativa 180

15.14 Ameaça 180

15.15 Cumprimento de ordem e coação 180

15.16 Legítima defesa 181

15.17 Legítima defesa putativa 182

15.18 Culpa recíproca 183

15.19 Empregado estável 183

15.20 Suspensão e interrupção do contrato de trabalho 183

15.21 Jurisprudência 184

16. PRÁTICA CONSTANTE DE JOGOS DE AZAR 185

16.1 Histórico 185

16.2 Evolução legislativa 185

16.3 Denominação 186

16.4 Conceito 186

16.5 Fundamentos 186

16.6 Classificação 187

16.7 Prática constante 188

16.8 Ato único 188

16.9 Jogos proibidos e permitidos... 188

16.10 Lucro 189

16.11 Fora do serviço.. 189

16.12 Tolerância 189

16.13 Cargo de confiança ou de chefia... 190

16.14 Contravenção penal e justa causa... 190

16.15 Suspensão e interrupção do contrato de trabalho........................... 190

16.16 Jurisprudência... 191

17. ATOS ATENTATÓRIOS À SEGURANÇA NACIONAL............................. 193

17.1 Histórico 193

17.2 Ato atentatório 193

17.3 Segurança nacional... 194

17.4 Fundamentos... 195

17.5 Relação com o contrato de trabalho.. 196

17.6 Apuração da falta 196

17.7 Empregado estável 197

17.8 Conclusão 198

18. PERDA DA HABILITAÇÃO OU DE REQUISITOS PARA O EXERCÍCIO DA
PROFISSÃO.. 199

PARTE II
RESCISÃO INDIRETA

19. RESCISÃO INDIRETA.. 203

19.1 Evolução legislativa... 203

19.2 Denominação 204

19.3 Conceito.. 204

19.4 Fundamentos 205

19.5 Imediação 205

19.6 Gravidade 206

19.7 Aviso prévio 206

19.8 Ônus da prova 206

19.9 Sentença 206

20. SERVIÇOS SUPERIORES ÀS FORÇAS DO EMPREGADO 209

20.1 Evolução legislativa 209

20.2 Forças 209

20.3 Serviços exigidos 210

20.4 Fundamentos 211

20.5 Local do serviço 211

20.6 Horas extras 211

21. SERVIÇOS DEFESOS POR LEI 213

21.1 Evolução legislativa 213

21.2 Serviços 213

21.3 Serviços defesos 213

21.4 Lei 214

21.5 Fundamentos 215

21.6 Trabalho do menor 215

21.7 Pesos 215

21.8 Atividades ilícitas 216

22. SERVIÇOS CONTRÁRIOS AOS BONS COSTUMES 217

22.1 Evolução legislativa 217

22.2 Costume 217

22.3 Moral 217

22.4 Características 218

22.5 Fundamentos 218

23. SERVIÇOS ALHEIOS AO CONTRATO 219

23.1 Evolução legislativa 219

23.2 Conceito 219

23.3 Distinção 219

24. RIGOR EXCESSIVO 221

24.1 Evolução legislativa 221

24.2 Conceito 221

24.3 Fundamentos 222

24.4 Caracterização 222

24.5 Empregador 223

24.6 Superior hierárquico 223

24.7 Intenção 224

24.8 Ato único 224

24.9 Jurisprudência 224

25. PERIGO DE MAL CONSIDERÁVEL 225

25.1 Evolução legislativa 225

25.2 Mal considerável 225

25.3 Fundamentos 226

26. DESCUMPRIMENTO DAS OBRIGAÇÕES CONTRATUAIS 227

26.1 Evolução legislativa 227

26.2 Conceito 227

26.3 Fundamentos 228

26.4 Intenção 228

26.5 Gravidade 229

26.6 Atualidade 229

26.7 Falta de fornecimento de trabalho 229

26.8 Falta de anotação na CTPS 229

26.9 Falta de pagamento de salários 230

26.10 Alterações ilícitas 232

26.11 Alteração do local de trabalho 232

26.12 Alteração do horário de trabalho 233

26.13 Alteração da jornada de trabalho 233

26.14 Descumprimento de medidas de segurança e higiene do trabalho 234

26.15 Falta de depósito do FGTS 234

26.16 Falta de recolhimento da contribuição previdenciária 235

26.17 Falta de recolhimento do PIS 236

26.18 Jogador de futebol 236

27. OFENSA À HONRA E BOA FAMA 237

27.1 Histórico 237

27.2 Conceito 237

27.3 Fundamentos 238

27.4 Ato lesivo 238

27.5 Honra ou boa fama 238

27.6 Em serviço 240

27.7 Empregador 240

27.8 Preposto 240

27.9 Pessoas da família 241

27.10 Ato único 242

27.11 Intenção 242

27.12 Gravidade 243

27.13 Tentativa 243

27.14 Divulgação 243

27.15 Exceção da verdade 244

27.16 Provocação 244

27.17 Retorsão 244

27.18 Retratação 245

27.19 Legítima defesa 245

27.20 Culpa recíproca 245

27.21 Suspensão e interrupção do contrato de trabalho 246

28. OFENSAS FÍSICAS 247

28.1 Evolução legislativa 247

28.2 Denominação 247

28.3 Conceito 247

28.4 Fundamentos 248

28.5 Em serviço 248

28.6 Empregador 249

28.7 Preposto 249

28.8 Ato único 250

28.9 Intenção 250

28.10 Tentativa 251

28.11 Ameaça 251

28.12 Cumprimento de ordem e coação 251

28.13 Legítima defesa 252

28.14 Culpa recíproca 253

28.15   Suspensão e interrupção do contrato de trabalho 253

29. REDUZIR O TRABALHO POR PEÇA OU TAREFA 255

29.1 Evolução legislativa 255

29.2 Fundamentos 255

29.3 Redução da oferta 255

29.4 Peça e tarefa 255

29.5 Redução sensível 256

29.6 Redução de tarifa 256

29.7 Redução de comissões 257

30. MUDANÇA DE FUNÇÕES DO MENOR 259

APÊNDICE 261

Modelos 261

    Carta de advertência 261

    Carta de suspensão 261

    Dispensa com justa causa 262

    Convocação do empregado para retornar ao emprego 262

REFERÊNCIAS 263

ÍNDICE REMISSIVO 265

1
INTRODUÇÃO

1.1 JUSTIFICATIVA

Há algum tempo pretendia escrever um livro sobre justa causa, examinando as hipóteses e apresentando jurisprudência sobre o tema.

Já havia escrito artigos sobre embriaguez e sobre abandono de emprego, além de um estabelecendo teoria sobre a justa causa.

Meus livros *Direito do Trabalho* e *Comentários à CLT* tinham aspectos sintéticos sobre o tema. O primeiro tem característica didática e o segundo traz os comentários a cada artigo da CLT, inclusive aos arts. 482 e 483.

A princípio, parecia simples o exame de cada tema, porém, à medida que eles foram sendo estudados, verifiquei que a matéria é mais complexa do que parece, principalmente quando há necessidade de se estudar o tema relacionado com o Direito Comercial, o Direito Penal etc. Cada capítulo era escrito com demora, em razão dos detalhes de cada item. Às vezes, cada um levou um final de semana para ser terminado.

Ao concluir cada capítulo, notava quanta coisa foi escrita sobre cada item, que, no início, não pensava em analisar.

Antigamente, dizia-se que 80% dos processos trabalhistas se referiam à justa causa. Hoje, talvez nem 5%. Entretanto, possivelmente em 80% dos processos sejam discutidas questões relativas a horas extras.

O tema, portanto, permanece atual e o empregador precisa saber o que fazer para tomar a decisão de dispensar ou não o empregado com justa causa.

1.2 OBJETIVO

O objetivo deste livro é não só analisar as hipóteses de justa causa para a dispensa, mas também como os tribunais julgam a matéria. Para isso, é indicada a jurisprudência. Não entendo que ela é supérflua, pois o leitor muitas vezes precisa ver como a jurisprudência analisa o tema.

Não acho que a jurisprudência se altera frequentemente sobre o assunto justa causa, ficando logo superada, pois a matéria é mais pacífica e a redação das alíneas do art. 482 da CLT é original, não tendo sofrido alterações. Assim, há uma consolidação jurisprudencial sobre a interpretação da justa causa, embora a matéria seja de fato. A hipótese mais discutível hoje é se a embriaguez caracteriza justa causa ou doença, tema a respeito do qual a jurisprudência é vacilante.

Procurei inserir em cada capítulo a jurisprudência mais acertada em relação à interpretação da matéria, de modo a não confundir um item com outro e evitar dúvidas ao leitor.

A jurisprudência pode servir para fundamentar uma sentença, uma petição etc. Sempre auxilia o leitor. Mostra, portanto, um aspecto prático.

Em alguns capítulos o leitor pode achar que há repetição no texto, como nos capítulos relativos a ofensas físicas e ato lesivo da honra ou da boa fama. Entretanto, como não sei por onde o leitor vai começar a ler, nem sei se vai ler o livro inteiro, mas apenas o capítulo que lhe interessa, procurei ser o mais claro possível em relação à matéria, ainda que isso seja repetitivo, indicando depois as diferenças específicas quanto àquele tema. Há pessoas que não gostam de voltar a páginas anteriores nem ler rodapés muito longos. O advogado, em razão dos prazos, muitas vezes não tem tempo de ler todo o capítulo, mas apenas o que lhe interessa para o seu caso específico. Assim, no capítulo encontrará cada item específico, ainda que diga respeito a dois capítulos assemelhados.

1.3 METODOLOGIA

A metodologia utilizada foi a expositiva, mas também a analítica de cada caso.

A jurisprudência também serve para indicar a forma como os tribunais trabalhistas interpretam o tema em análise.

A primeira parte do livro vai tratar da justa causa. Em primeiro lugar, será feita a exposição da teoria sobre a justa causa. Em seguida, será examinada cada uma das hipóteses contidas no art. 482 da CLT.

A segunda parte é dedicada à rescisão indireta, que começa a ser analisada a partir também de suas principais características. Depois, será estudada cada uma das alíneas do art. 483 da CLT.

PARTE I
JUSTA CAUSA

2
TEORIA DA JUSTA CAUSA

2.1 EVOLUÇÃO LEGISLATIVA

O item do capítulo vai mostrar que a justa causa é uma preocupação do Direito Comercial e do Direito Civil para a cessação de um contrato. Surge, assim, em temas compreendendo direito contratual e não apenas necessariamente trabalhista, embora compreenda trabalho de uma pessoa a outra. Mais tarde, passa para o Direito do Trabalho, a partir do momento em que existe previsão legal sobre o tema.

O art. 84 do Código Comercial previa que:

Com respeito aos preponentes, serão causas suficientes para despedir os prepostos, sem embargo do ajuste por tempo certo: (1) as causas referidas no artigo precedente; (2) incapacidade para desempenhar os deveres e obrigações a que se sujeitaram; (3) todo ato de fraude, ou abuso de confiança; (4) negociação por conta própria ou alheia sem permissão do preponente.

O art. 83, a que se referia o item 1, tinha a seguinte redação:

Julgar-se-á arbitrária a inobservância da convenção por parte dos prepostos, sempre que se não fundar em injúria feita pelo preponente à seguridade, honra ou interesses seus ou de sua família.

O item 2 mencionado era hipótese de desídia. O item 3 de improbidade. O item 4 de negociação habitual.

O Código Civil de 1916 em alguns casos era usado em questões que envolviam o Direito do Trabalho, pois na época não existia legislação trabalhista. Assim, eram utilizadas as determinações legais sobre locação de serviços. Previa no art. 1.229 hipóteses de justa causa para dar o locatário por findo o contrato: (a) força maior que o impossibilite de cumprir suas obrigações; (b) ofendê-lo o locador na honra da pessoa de sua família; (c) enfermidade ou qualquer outra causa que torne o locador incapaz dos serviços contratados; (d) vícios ou mau procedimento do locador; (e) falta do locador à observância do contrato; (f) imperícia do locador no serviço contratado.

O art. 54 do Decreto n. 20.465, de 1º de janeiro de 1931, mostrava várias hipóteses de justa causa.

Estabelecia o art. 90 do Decreto n. 22.872, de 29 de junho de 1932, hipóteses de justa causa.

O art. 5º da Lei n. 62, de 5 de junho de 1935, foi o antecedente legislativo da CLT quanto às hipóteses de justa causa. Dizia respeito a empregados que trabalhavam no comércio ou na indústria. O art. 5º previa causas justas para a despedida: (a) qualquer ato de improbidade ou incontinência de conduta, que torne o empregado incompatível com o serviço; (b) negociação habitual por conta própria ou alheia, sem permissão do empregador; (c) mau procedimento ou ato de desídia no desempenho das respectivas funções; (d) embriaguez habitual ou em serviço; (e) violação de segredo de que o empregado tenha conhecimento; (f) ato de indisciplina ou insubordinação; (g) abandono de serviço sem causa justificada; (h) ato lesivo da honra e boa fama praticado no serviço contra qualquer pessoa, ou ofensas físicas nas mesmas condições, salvo em caso de legítima defesa, própria ou de outrem; (i) prática constante de jogos de azar; (j) força maior que impossibilite o empregador de manter o contrato de trabalho.

O art. 1º do Decreto-Lei n. 1.761, de 9 de novembro de 1939, estabeleceu que:

> Comete falta grave, para os efeitos do Regulamento baixado com o Decreto n. 54, de 12 de setembro de 1934, o bancário que for contumaz na falta de pagamento de dívidas legalmente exigíveis.

Passou o art. 482 da CLT a tratar da justa causa, modificando e reordenando as faltas previstas no art. 5º da Lei n. 62/35, reagrupando as referidas hipóteses. São hipóteses de justa causa para rescisão do contrato de trabalho pelo empregador: (a) ato de improbidade; (b) incontinência de conduta ou mau procedimento; (c) negociação habitual por conta própria ou alheia sem permissão do empregador, e quando constituir ato de concorrência à empresa para a qual trabalhe o empregado, ou for prejudicial ao serviço; (d) condenação criminal do empregado, passada em julgado, caso não tenha havido suspensão da execução da pena; (e) desídia no desempenho das respectivas funções; (f) embriaguez habitual ou em serviço; (g) violação de segredo da empresa; (h) ato de indisciplina ou de insubordinação; (i) abandono de emprego; (j) ato lesivo da honra ou da boa fama praticado no serviço contra qualquer pessoa, ou ofensas físicas, nas mesmas condições, salvo em caso de legítima defesa, própria ou de outrem; (k) ato lesivo da honra e boa fama ou ofensas físicas praticadas contra o empregador e superiores hierárquicos, salvo em caso de legítima defesa, própria ou de outrem; (l) prática constante de jogos de azar.

O art. 508 da CLT considerava "justa causa, para efeito de rescisão do contrato de trabalho do empregado bancário, a falta contumaz de pagamento de dívidas legalmente exigíveis".

A Lei n. 4.886, de 9 de dezembro de 1965, trata do representante comercial autônomo. O art. 35 estabelece que constituem motivos justos para a rescisão do contrato de representação comercial pelo representado: (a) a desídia do representante no cumprimento das obrigações decorrentes do contrato; (b) a prática de atos que importem em descrédito comercial do representado; (c) a falta de cumprimento de quaisquer obrigações inerentes ao contrato de representação comercial; (d) a condenação definitiva por crime considerado infamante; (e) força maior.

O Decreto-Lei n. 3, de 27 de janeiro de 1966, acrescentou o parágrafo único ao art. 482 da CLT, com a seguinte redação: "constitui igualmente justa causa para dispensa de empregado a prática, devidamente comprovada em inquérito administrativo, de atos atentatórios contra a segurança nacional".

O art. 13 da Lei n. 6.019/74 dispõe que constituem justa causa para rescisão do contrato do trabalhador temporário os atos e as circunstâncias mencionados nos arts. 482 e 483 da Consolidação das Leis do Trabalho, ocorrentes entre o trabalhador e a empresa de trabalho temporário ou entre aquele e a empresa cliente onde estiver prestando serviço.

O § 2º do art. 6º-A da Lei n. 5.859/72 considerava justa causa para a dispensa do empregado doméstico as hipóteses elencadas no art. 482 da CLT, com exceção das alíneas *c*, *g* e parágrafo único (negociação habitual, ato de concorrência, violação de segredo da empresa, atos atentatórios à segurança nacional). As três primeiras hipóteses dizem respeito à empresa e o empregador doméstico é pessoa física ou família. As demais hipóteses são aplicadas ao doméstico.

Para o atleta profissional de futebol, o art. 20 da Lei n. 6.354, de 20 de setembro de 1976, somente considerava a justa causa para a rescisão do contrato de trabalho e eliminação do futebol nacional: (a) ato de improbidade; (b) grave incontinência de conduta; (c) condenação a pena de reclusão, superior a dois anos, transitada em julgado; (d) eliminação imposta pela entidade de direção máxima do futebol nacional (CBF) e internacional (FIFA).

Considera-se justa causa para a dispensa do doméstico (art. 27 da Lei Complementar n.º 150:

I - submissão a maus tratos de idoso, de enfermo, de pessoa com deficiência ou de criança sob cuidado direto ou indireto do empregado;

II - prática de ato de improbidade;

III - incontinência de conduta ou mau procedimento;

IV - condenação criminal do empregado transitada em julgado, caso não tenha havido suspensão da execução da pena;

V - desídia no desempenho das respectivas funções;

VI - embriaguez habitual ou em serviço;

VIII - ato de indisciplina ou de insubordinação;

IX - abandono de emprego, assim considerada a ausência injustificada ao serviço por, pelo menos, 30 dias corridos;

X - ato lesivo à honra ou à boa fama ou ofensas físicas praticadas em serviço contra qualquer pessoa, salvo em caso de legítima defesa, própria ou de outrem;

XI - ato lesivo à honra ou à boa fama ou ofensas físicas praticadas contra o empregador doméstico ou sua família, salvo em caso de legítima defesa, própria ou de outrem;

XII - prática constante de jogos de azar.

A Lei n.º 13.467/17 incluiu na letra m do artigo 482 da CLT a seguinte falta: perda da habilitação ou dos requisitos estabelecidos em lei para o exercício da profissão, em decorrência de conduta dolosa do empregado.

2.2 DENOMINAÇÃO

Há controvérsia a respeito da denominação a ser empregada: justa causa ou falta grave.

Justa é um substantivo feminino. Vem do latim justus, a, um. É a pessoa honesta, que segue a justiça e age com retidão.

Causa é um substantivo feminino. Vem do latim "causa", "caussa, ae", que significa razão, motivo. para que algo exista ou aconteça; fundamento.

Wagner Giglio bem esclarece que:

Justa causa sempre nos pareceu uma expressão infeliz, porque causa não tem nela sentido jurídico, mas popular, e justa (ou injusta) poderá vir a ser a consequência do motivo determinante da rescisão, nunca o próprio motivo ou causa. Assim, a justa causa não seria nem justa, nem causa, e melhor andaríamos se a ela nos referíssemos, seguindo o exemplo da lei, como motivo da rescisão.

Não menos infeliz é a expressão falta grave, onde o primeiro termo não significa ausência, carência ou escassez e sim engano, falha, defeito ou infração. E grave, no sentido de importante, intensa ou grande, deve ser toda e qualquer infração, pois as veniais não caracterizam sequer justa causa, como se verá. Via de consequência, afirmar-se que alguém cometeu uma falta grave não teria, a rigor, o sentido técnico pretendido, ensejando dúvidas[1].

---

1. GIGLIO, Wagner. *Justa causa*. 7. ed. São Paulo: Saraiva, 2000, p. 12.

Os arts. 35 e 36 da Lei n. 4.886/65 empregam as expressões *motivos justos* para a rescisão do contrato de representação comercial.

A CLT não é precisa na utilização dos termos *falta grave* ou *justa causa*. Emprega *falta grave* no art. 453, no parágrafo único do art. 240, nos arts. 492, 493 e 495, no § 3º do art. 543; a expressão é também encontrada na Súmula 403 do STF. O termo *justa causa* é utilizado nos arts. 479, 480 e 482 da CLT e na Súmula 73 do TST. São usadas ainda outras expressões, como ato faltoso (art. 158), justo motivo (arts. 391, 487), faltas justas (art. 491) e rescisão injusta (art. 474 da CLT).

O art. 493 da CLT afirma que constitui falta grave a prática de qualquer dos fatos a que se refere o art. 482, quando por sua repetição ou natureza representem séria violação dos deveres e obrigações do empregado. Assim, falta grave é o ato realizado pelo empregado estável. A remissão ao art. 482 da CLT mostra a enumeração das hipóteses para a dispensa. Os arts. 853 a 855 da CLT fazem referência a inquérito para apuração de falta grave e não de justa causa. Isso importa dizer que o legislador reservou a expressão *falta grave* para o empregado estável e *justa causa* para os demais empregados. Mesmo o inciso VIII do art. 8º da Lei Maior emprega o termo *falta grave*. Ocorre, contudo, como foi visto, que ora se emprega um termo, ora outro, mesmo para empregados não estáveis.

Os artigos 6.º, 7.º e 27 da Lei Complementar n.º 150 (doméstico) empregam justa causa.

Falta vem do latim fallita, de fallitus, por falsus. Significa ausência, infração.

Grave vem do latim grave, gravem, no sentido de "pesado". Significa intenso, profundo, importante.

A falta grave é um ato mais grave ou sério, em decorrência da repetição ou da sua natureza. Diz respeito ao empregado estável.

Justa causa seriam as hipóteses arroladas no art. 482 da CLT para a dispensa do trabalhador.

Na prática, a expressão *justa causa* parece ser a mais utilizada, sendo, assim, a que vai ser empregada, embora seja possível utilizar o termo *falta grave* como sinônimo.

2.3 CONCEITO

O Código de Trabalho de Portugal define justa causa como o comportamento culposo do trabalhador que, pela sua gravidade e consequências, torna imediata e praticamente impossível a subsistência da relação de trabalho (art. 351, 1). Na verdade, não é apenas o ato culposo do empregado que dá ensejo à justa causa, mas também o ato doloso do empregado.

Justa causa é a forma de dispensa decorrente de ato grave praticado pelo empregado que implica a cessação do contrato de trabalho por motivo devidamente evidenciado, de acordo com as hipóteses previstas na lei.

Utiliza-se a expressão *justa causa* para a falta praticada pelo empregado. Quando a falta é praticada pelo empregador, que dá causa à cessação do contrato de trabalho por justo motivo, emprega-se, na prática, a expressão *rescisão indireta*, de acordo com as hipóteses descritas no art. 483 da CLT.

2.4 DISTINÇÃO

Justa causa não se confunde com crime. O crime e a pena são previstos na legislação penal, geralmente no Código Penal. A justa causa tem previsão na legislação trabalhista. O crime exige tipicidade de conduta. A justa causa exige gravidade do ato do empregado. Descaracteriza-se o crime se o agente pratica o ato em legítima defesa, estado de necessidade ou estrito cumprimento do dever legal. A justa causa fica descaracterizada quando o ato já havia sido punido anteriormente, na hipótese de deixar de haver atualidade na aplicação da pena etc.

2.5 SISTEMAS

Os sistemas observados em relação à justa causa são o genérico, o taxativo, o exemplificativo e o misto.

O sistema genérico é encontrado nas legislações que autorizam o despedimento do trabalhador sem especificar as hipóteses em que se configura a justa causa, como na italiana e francesa. Determina apenas uma regra geral e abstrata sobre o assunto. Os casos concretos são analisados pelo Judiciário, que faz a subsunção do fato à norma, de acordo com o critério subjetivo do julgador. A lei não enumera quais as hipóteses de justa causa, muito menos as exemplifica. No referido sistema, é possível dizer que o legislador não teve por objetivo fixar todas as hipóteses de justa causa diante da impossibilidade de fazê-lo, dado que não seria possível definir todos os casos em que isso ocorreria. Seria impossível o legislador indicar todas as hipóteses possíveis e imagináveis de justa causa.

No sistema taxativo ou limitativo, o legislador determina exaustivamente quais as hipóteses em que se configura a justa causa. As normas coletivas, os regulamentos de empresa ou outras normas não poderão tratar de hipóteses de justa causa, que ficarão a cargo da lei. Os tribunais trabalhistas trabalham dentro de parâmetros rígidos para a fixação da justa causa, dando maior segurança e proteção ao trabalhador. Critica-se esse sistema sob o argumento de que, muitas vezes, se a lei usa termo muito amplo para determinar uma justa causa, pode ser que nesse item possam ser enquadradas diversas hipóteses, embora o sistema seja taxativo.

No sistema italiano, a jurisprudência construiu os motivos para a dispensa, que também podem estar previstos em contrato coletivo.

No sistema exemplificativo ou enumerativo, a lei faz referência a algumas hipóteses para a dispensa motivada do trabalhador, porém podem existir outras hipóteses. A lei não enumera de forma taxativa as situações que dizem respeito à justa causa. A jurisprudência portuguesa considera que o sistema lusitano é meramente exemplificativo.

O sistema misto compreende uma combinação entre o sistema taxativo e o genérico, como na lei mexicana. A lei determina taxativamente as hipóteses de justa causa. Em algumas dessas hipóteses, contudo, o tipo legal fica bastante amplo, genérico, permitindo o enquadramento de diversas situações numa certa especificação da lei.

2.6 TAXATIVIDADE DO ART. 482 DA CLT

A doutrina é praticamente unânime no sentido de que o art. 482 da CLT é taxativo e não meramente exemplificativo. Entretanto, se o art. 482 da CLT fosse taxativo, não seriam permitidos outros tipos de faltas graves previstos em outros comandos da CLT, como de fato ocorre (parágrafo único do art. 240; art. 13 da Lei n. 6.019 etc.).

É certo, porém, que a CLT é uma consolidação de leis, tendo ocorrido, em alguns casos, falha de sistematização da legislação trabalhista, pois os artigos que tratam da justa causa estão espalhados na referida consolidação, exceto o art. 482.

Pelo que se verifica, porém, dos outros artigos mencionados, as referidas faltas graves poderiam ser incluídas no art. 482 da CLT. A não realização de horas extras pelo ferroviário em caso de serviços urgentes por acidente (parágrafo único do art. 240 da CLT) pode ser enquadrada como insubordinação. O art. 13 da Lei n. 6.019 remete o intérprete expressamente ao art. 482 da CLT. O art. 20 da Lei n. 6.354/76 (atleta profissional de futebol) fazia referência a alguns dos casos previstos no art. 482 da CLT. O ato faltoso do empregado em se recusar a cumprir as determinações do empregador quanto a normas de segurança de trabalho ou uso de equipamentos de proteção individual (parágrafo único do art. 158 da CLT) é conduta tipificada como indisciplina ou insubordinação.

Pelo que se constata, o art. 482 da CLT é taxativo, sendo que somente as faltas tipificadas no referido comando legal serão passíveis da aplicação de justa causa. Não se trata, portanto, de norma meramente exemplificativa, pois há necessidade de ser descrito o tipo para o enquadramento da falta cometida pelo empregado. A CLT, contudo, não ofereceu definições das faltas graves, nem seria condizente que o fizesse, pois as definições devem ficar a cargo da doutrina, sendo que a valoração dos atos praticados pelo empregado, com a consequente capitulação legal, irá ser feita pelo Poder Judiciário.

Como existe na CLT a hipótese de mau procedimento (art. 482, *b*), que tem um tipo genérico e no qual podem ser enquadradas as hipóteses não contidas nas demais alíneas do art. 482 da CLT, pode-se dizer que a norma consolidada envolve sistema misto. A taxatividade está na maioria das alíneas do art. 482 da CLT, com exceção da letra *b*, que tem hipótese genérica.

2.7 NATUREZA JURÍDICA

A dispensa do trabalhador é um poder potestativo do empregador, ao qual o empregado não pode se opor.

Em relação à dispensa por justa causa, o ato do empregador tem natureza receptícia, de recepção, pois o empregado não poderá a ela se opor. Poderá, porém, contestá-la na Justiça do Trabalho, pedindo as verbas rescisórias em decorrência da dispensa sem justa causa.

2.8 TIPIFICAÇÃO DA JUSTA CAUSA PELO EMPREGADOR

Verificam-se na jurisprudência duas correntes para tentar justificar a tipificação da justa causa pelo empregador: a ortodoxa e a heterodoxa.

Não aceita a corrente ortodoxa que o empregador classifique erroneamente na defesa a tipificação da justa causa. Caso o faça, não se caracteriza a falta. Seria o caso de o empregador tipificar na defesa uma conduta de insubordinação, mas, na verdade, teria ocorrido desídia. Nesse caso, entende-se que não é justo o motivo para o despedimento, pois foi configurada hipótese diversa da relatada.

A corrente heterodoxa aceita os fatos narrados na defesa para justificar a dispensa por justa causa, cabendo ao julgador tipificar o caso concreto na hipótese legal. Seria a aplicação do brocardo *da mihi factum, dabo tibi ius* (dá-me o fato que te darei o direito) ou *iura novit curia*, o juiz conhece o direito. De certa forma, pouco importa o nome dado ao ato faltoso pelo empregador, e sim a existência do referido ato. Caberá ao juiz tipificar a referida falta, apontando qual o mandamento legal que determina a justa causa. Parece que essa é a orientação mais acertada, pois muitas vezes é difícil ao empregador capitular na lei qual a falta que foi cometida pelo empregado. Assim, o importante é que a defesa indique qual foi o ato faltoso praticado pelo empregador, cabendo ao juiz, na sentença, estabelecer a associação entre o ato faltoso e a previsão legal. O mesmo se verifica na jurisprudência:

> Para a configuração da justa causa para a dispensa não importa a classificação feita pela parte, mas o ato praticado, pois cabe ao Juízo classificá-lo. Provado o ato faltoso de gravidade evidente, de natureza dolosa, descabe falar-se em desídia, mas em outra das justas causas previstas em lei. A falta grave justifica a dispensa. Recurso ordinário parcialmente provido (TRT 3ª R., RO 09771/91, Ac. 1ª T., rel. Juiz Aguinaldo Paoliello, *DJ* MG 18-9-1992, p. 79).

> Justa causa. Dispensa. Validade. Erro material na tipificação da falta grave. O erro material devidamente comprovado nos autos quanto à tipificação da falta grave atribuída ao empregado não tem o condão de modificar as circunstâncias da despedida por justa causa nem de anular a punição. No caso, o empregador, após tomadas as medidas cabíveis para despedir o empregado por abandono do emprego, equivocou-se ao fazer constar no documento de comunicação da despedida a falta grave "ato de improbidade". Esse erro material não dá azo à anulação da punição, sob pena de olvidar-se o princípio da razoabilidade, cuja determinação de que o julgador obedeça a um juízo, ao menos, de verossimilhança no exame das condutas das pessoas. Da leitura do acórdão revisando verifica-se ser inverossímil a despedida do reclamante por outro motivo que não o devidamente comprovado nos autos, não tendo sido cogitada sequer a existência de variação da punição levada a efeito pela empresa, de despedida por abandono do emprego para despedida por ato de improbidade. Se fosse esse o caso, estaria correta a anulação da punição pelo Judiciário para tornar sem efeito a despedida por justa causa. É curioso notar a particularidade do caso, no qual Órgão julgador *a quo*, apreciando pedido de indenização por dano moral decorrente do equívoco cometido pela empresa reputou-a indevida, por entender que não havia sido demonstrado nenhum prejuízo para o reclamante, porque apenas ele havia tido acesso ao documento de comunicação da sua despedida. Sendo válida a punição imposta ao reclamante, absolve-se a reclamada da condenação ao pagamento das verbas rescisórias e da multa prevista no art. 477, § 8º, da Consolidação das Leis do Trabalho, bem como dos honorários advocatícios em razão da improcedência total do pedido. Recurso de revista conhecido e provido (TST, RR 52100-87.2001.5.17.0004, 1ª T., rel. Min. Lelio Bentes Corrêa, j. 14-12-2005, *DJ* 24-302006).

2.9 ELEMENTOS

Os elementos da justa causa podem ser descritos como objetivos e subjetivos. Tais elementos muitas vezes não são previstos na lei, mas decorrentes da orientação da doutrina e da jurisprudência.

O elemento subjetivo é a vontade do empregado. Vai se verificar se o obreiro agiu com culpa (negligência, imprudência ou imperícia) ou com dolo (com vontade de praticar o ato), se o trabalhador realmente teve a intenção de fazer certo ato.

Os requisitos objetivos são vários. O primeiro requisito é o de que a justa causa seja tipificada em lei, isto é, não haverá justa causa se não houver determinação da lei. É a aplicação da regra do Direito Penal de que não há crime, nem pena, sem prévia determinação legal (*nullum crimen nulla poena sine lege*) (art. 5º, XXXIX, da Constituição).

O segundo elemento objetivo vem a ser a gravidade do ato praticado pelo empregado, de modo a abalar a fidúcia que deve existir na relação de emprego. O contrato de trabalho envolve confiança entre as partes. Se a falta é de tal monta que abala a confiança entre as partes, além de o ato ser grave, deve o empregado ser dispensado por justa causa.

Um empregado que fuma num ambiente que contém elementos inflamáveis e explosivos comete falta grave, em razão do perigo que proporciona. Não é a mesma coisa de um empregado fumar no escritório, apesar de haver proibição do empregador nesse sentido.

O terceiro requisito diz respeito ao nexo de causalidade ou nexo de causa e efeito entre a falta praticada e a dispensa. O empregado não pode ser dispensado pelo fato de ter cometido uma falta anterior. Por exemplo: o empregado falta seguidamente ao serviço e o empregador o dispensa pelo fato de ter sido apanhado dormindo no serviço há quase um mês. Não existe nexo de causa e efeito no exemplo mencionado.

Deve haver proporcionalidade entre o ato faltoso e a punição. O poder de aplicar penalidades ao empregado é decorrente do poder de direção ou mais especificamente do poder disciplinar do empregador. Esse poder admite que o empregado seja advertido verbalmente, por escrito, suspenso e dispensado. Os atletas profissionais de futebol são também passíveis de multa. O empregador, porém, não poderá usar arbitrariamente ou abusivamente o poder que lhe é conferido. Deve, assim, o empregador punir as faltas mais leves com penas mais brandas, e as faltas mais graves com penas mais severas. O despedimento deve ficar reservado para a última falta ou para a mais grave.

Dessa forma, uma falta sem grande importância deveria ser punida com advertência verbal, outra falta praticada pelo mesmo empregado seria punida com advertência por escrito. Numa próxima, seria suspenso. Se o empregado não atende aos aspectos pedagógicos das penas que lhe foram aplicadas e continua recalcitrante, na última falta deve ser punido com a dispensa motivada. É claro que necessariamente o empregador não deve observar essa ordem, principalmente quando o ato cometido pelo empregado é tão grave, ocasião em que deve ser dispensado de imediato. Entretanto, deve haver razoabilidade e bom-senso do empregador na aplicação das penalidades. O empregador poderia, ainda, aplicar pena mais branda do que realmente seria a devida, correndo o risco de gerar indisciplina no local de trabalho.

O empregador, ao aplicar a penalidade, deve levar em consideração a função do empregado, seu grau de discernimento a respeito da falta praticada, seu tempo de serviço na empresa e o ambiente de trabalho. A falta praticada por um advogado pode ser entendida de outra forma em relação a um pedreiro.

A jurisprudência costuma empregar a palavra *imediatidade*, que não existe, para explicar que a pena deve ser aplicada rapidamente após a falta. Entretanto, a palavra correta é *imediação*. É um requisito objetivo fundamental a imediação na aplicação da sanção ao empregado. A pena deve ser aplicada o mais rápido possível ou logo após o empregador ter conhecimento da falta, para não descaracterizá-la. Falta conhecida do empregador e não punida é falta perdoada. O ideal é que o empregado seja dispensado no máximo no dia seguinte ao do conhecimento da falta pelo empregador, exatamente para que não existam dúvidas sobre o requisito imediação. O empregador não precisa dispensar o empregado no minuto seguinte ao ter conhecimento da falta, pois em certas empresas há hierarquia a ser observada, como a existência de várias divisões e a burocracia interna da empresa. A pressa pode ser inimiga da perfeição. Nada impede que o empregador apure a prática da falta para ter certeza da autoria e para aplicar corretamente a penalidade. Se a empresa abre sindicância ou inquérito interno para a apuração da falta, é a partir da sua conclusão que a penalidade deve ser aplicada. Caso o empregador não observe a imediação, há presunção de que a falta não foi tão grave assim, a ponto de abalar a relação de emprego, havendo perdão por parte do empregador em relação ao ato praticado. Nas hipóteses em que as faltas dependam de reiteração, a imediação é contada da última falta. Deve haver, portanto, imediação na punição do empregado ou na sua dispensa, para que a falta cometida não fique descaracterizada.

Atualidade diz respeito ao ato faltoso, ao tempo em que ele foi praticado. A atualidade é contada do conhecimento do ato faltoso pelo empregador. A partir desse momento é que começa a correr o prazo para o empregador dispensar o empregado.

O empregador não tem obrigação, porém, de dispensar instantaneamente o empregado, no instante ou minuto seguinte após tomar conhecimento do fato, mas a falta deve ser punida imediatamente. Às vezes o empregador precisa verificar os antecedentes do empregado, a gravidade da falta etc., para aplicar a penalidade e isso pode levar algum tempo.

A jurisprudência também exige a imediação como requisito necessário para a aplicação da dispensa por justa causa:

Justa causa. Perdão tácito. Se o empregador toma conhecimento de uma falta grave e só aplica a pena trinta dias depois, existe a falta de imediatidade. Em consequência, houve o perdão tácito e a penalidade não pode ser mais aplicada (TRT 2ª R., RO 02930305155, Ac. 02940631535, 7ª T., rel. Juiz José de Ribamar da Costa, *DOE* SP 9-12-1994, p. 121).

Justa causa. Perdão tácito. A imediatidade da punição constitui elemento essencial para justificar a despedida por justa causa. Se o empregador tem conhecimento dos fatos que pretensamente autorizariam o despedimento motivado e mantém o empregado trabalhando normalmente por mais de três meses, tem-se que houve o perdão tácito (TRT 12ª R., RO 4729/92, 1ª T., rel. Juiz Idemar Antonio Martini, j. 14-7-1994, *DJ* SC 1-8-1994, p. 113).

Justa causa. Perdão tácito. Inocorrência. Tratando-se de empresa estatal, a relativa demora na aplicação da pena de demissão não implica em perdão tácito, tendo em vista a necessidade de observância dos procedimentos burocráticos que envolvem a tomada de decisões (TRT 2ª R., RO 02930501744, Ac. 02950298200, 9ª T., rel. Juiz Ildeu Lara Albuquerque, *DO* ESP 8-8-1995, p. 35).

A expressão *perdão tácito* também não é ideal, pois, na verdade, o empregador renuncia ao direito de punir o empregado e não que o perdoou tacitamente, por não ter aplicado a pena que entendia cabível. Entretanto, o empregador pode ter perdoado o empregado em relação à falta cometida, por ela não ter sido tão grave assim. Nesse caso, se o perdão não é expresso, só pode ser considerado tácito.

A falta muitas vezes pode ter sido apurada somente depois da dispensa ou o empregador só toma conhecimento dela depois de dispensar o empregado. Nesse caso, não poderá rever a dispensa sem justa causa transformando-a em dispensa com justa causa, pois a comunicação já foi feita ou a rescisão já ocorreu.

O empregador não poderá aplicar dupla punição pelo mesmo ato praticado pelo empregado. Não se pode por duas vezes incidir no mesmo, ou seja, *non bis in idem*. O empregado não poderá ser punido duas vezes pelo mesmo ato. Por exemplo: o empregado sofre pena de advertência por ter descumprido uma ordem do empregador. Posteriormente, o empregador, entendendo que a pena é muito branda, resolve aplicar a dispensa por justa causa ao empregado. Vê-se que não é possível ao empregador aplicar duas penas pelo mesmo fato praticado pelo obreiro. Deve o empregador, portanto, aplicar uma pena distinta para cada ato faltoso do empregado, sendo que a causa da dispensa deve ser um fato totalmente diverso dos anteriores praticados pelo obreiro ou a reiteração ou agravamento de atos já praticados anteriormente, que são realizados mais de uma vez. Esta última falta é que será punida com a justa causa. Na jurisprudência, há acórdão que traz as orientações acima mencionadas:

> Reconhecidamente, é vedado o *bis in idem*, ou seja, a aplicação de duas punições ao empregado pela prática da mesma falta. A suspensão e a imediata despedida do obreiro não encontram guarida na lei, doutrina e jurisprudência. Inexistente a justa causa, são devidas

as verbas correspondentes à resolução contratual. Sentença boa assim fica (TRT 3ª R., RO 05355/91, 4ª T., rel. Juiz Israel Kuperman, *DJ* MG 3-7-1992, p. 116).

A falta praticada pelo empregado deverá ter conexidade com o serviço. Se o empregado agride sua mulher na sua residência, apesar de o fato ser deplorável, não poderá ser dispensado por justa causa, pois o fato nada tem a ver com o serviço. Entretanto, cada hipótese de justa causa deve ser analisada para ver se esse elemento é imprescindível, pois a justa causa de condenação criminal pode ser decorrente de fato não ocorrido na empresa.

O fato de o empregador fazer boletim de ocorrência para comunicar uma falta do empregado, como um furto, uma apropriação indébita etc., não quer dizer nada. O boletim de ocorrência é mera comunicação ou informação à autoridade policial, que irá apurar os fatos. Não é, portanto, elemento fundamental para a caracterização da justa causa. Há acórdão no mesmo sentido:

> O boletim de ocorrência apenas noticia à autoridade policial algum fato delituoso. Tal peça não é suficiente para imputar justa causa ao Reclamante. É necessário que tenha havido processo-crime e o indiciado tenha sido condenado, para servir a sentença como documento de defesa (TRT 2ª R., RO 02910019173, Ac. 02930002268, 7ª T., rel. Juiz Gualdo Amaury Formica, *DJ* SP 13-1-1993, p. 64).

2.10 FORMA

Nossa legislação não prevê a forma da comunicação da dispensa por justa causa. Há normas coletivas que estabelecem que o empregador deve comunicar os motivos pelos quais o empregado foi dispensado, sob pena de se caracterizar a dispensa injusta.

Da CTPS do empregado, porém, não poderá constar o motivo indicador da cessação do contrato de trabalho. O antigo § 3º do art. 32 da CLT autorizava a anotação de condutas desabonadoras do empregado apenas na ficha de qualificação arquivada na repartição competente, mediante determinação de sentença condenatória proferida pela Justiça do Trabalho, pela Justiça Comum ou pelo Tribunal de Segurança Nacional.

Essas anotações somente eram feitas pela autoridade administrativa, de acordo com as determinações da sentença com trânsito em julgado. Não mais se autoriza fazer essas anotações na CTPS do empregado, por falta de previsão legal. Mesmo o empregador não poderá apor na CTPS do empregado que este foi dispensado por justa causa e quais foram os fundamentos da conduta desabonadora do empregado, pois isso dificultaria ou impediria a obtenção de novo emprego e até mesmo a defesa do empregado. Isso também implicaria ferir a liberdade de trabalho do empregado, pois não obteria novo emprego com tanta facilidade, visto que nenhum empregador iria querer admiti-lo na sua empresa, em razão de seu passado desabonador.

Deveria a lei estabelecer que o empregador comunicaria por escrito as causas da ruptura do pacto laboral, justamente para que em juízo não fizesse outras alegações ou modificasse as causas anteriores da dispensa. Quando a Convenção n. 158 da Organização Internacional do Trabalho estava em vigor, havia necessidade de se indicar o motivo pelo qual o empregado estava sendo dispensado, até para efeito de o obreiro poder defender-se.

2.11 LOCAL

O local da prática da justa causa pode ser tanto dentro da empresa como fora dela. Dentro da empresa é onde geralmente a falta é praticada.

O art. 482 da CLT é claro no sentido de que certas faltas são praticadas no serviço, como embriaguez em serviço (f), lesão à honra ou ofensas físicas no serviço (j).

A concorrência desleal ao empregador muitas vezes é praticada fora do local de trabalho do empregado.

Os motoristas, cobradores, propagandistas, vendedores externos ou pracistas, *office boys* podem cometer faltas fora da empresa, pois trabalham externamente. A falta cometida deve ser analisada durante toda a jornada de trabalho, ainda que feita parte internamente e parte externamente e também nos casos em que o empregado tem de ir até a empresa para iniciar o trabalho e voltar à empresa ao final do expediente.

Para o trabalhador a domicílio, seu local de trabalho será sempre externo à empresa. A falta tem de ser verificada no curso da sua jornada de trabalho ou no período em que estava trabalhando para a empresa.

2.12 HORÁRIO DE TRABALHO

A falta geralmente é praticada durante o horário de trabalho. Isso pode ocorrer na jornada normal de 8 horas e no módulo semanal de 44 horas, mas também no período em que o empregado faz horas extras.

O art. 4º da CLT estabelece que se considera tempo de serviço à disposição do empregador o período em que o empregado está aguardando ou executando ordens. O empregado poderá estar aguardando ordens nas dependências da estrada de ferro, embora não esteja trabalhando, e a falta é cometida nesse momento.

Se o empregado está no seu horário de intervalo de repouso e alimentação, dentro das dependências da empresa, e comete falta, considera-se que deve observar as regras internas da empresa. Está, portanto, passível de justa causa, caso a falta seja grave.

2.13 SEQUÊNCIA DE FALTAS

Pode o empregado cometer uma sequência de faltas. A primeira falta ocorre na hipótese de o vigilante ser pego dormindo em serviço. Seu superior o repreende por seu ato e é mandado para o departamento de pessoal, onde chega exaltado, xinga funcionários e rasga a carta de advertência que lhe é entregue, sendo dispensado por justa causa. Comete o empregado a falta de desídia no primeiro caso, ofensas à honra ou boa fama no segundo caso e indisciplina na terceira hipótese.

Podem as faltas ser praticadas de forma simultânea, em que o empregado é apanhado embriagado no serviço e praticando habitualmente jogos de azar, profere palavras de baixo calão e tenta agredir colega que o reprime. Estarão caracterizadas as faltas de embriaguez em serviço, prática constante de jogos de azar, mau procedimento e ofensas físicas.

O empregador não precisará provar todas as faltas, bastando provar apenas uma para ficar caracterizada a justa causa.

2.14 TEMPO

O empregador deve observar a regra da imediação na aplicação da justa causa. Entretanto, a falta grave deve ser observada a partir da data em que o empregador toma conhecimento do ato do empregado e não do dia em que foi cometida a falta. Às vezes a falta ocorre fora do estabelecimento, e o empregador só toma conhecimento dela vários dias depois.

É a partir do momento em que o empregador toma conhecimento da falta que deve ser aplicada a punição, sob pena da ocorrência de perdão tácito. Como já se disse, se o empregador abre inquérito administrativo ou sindicância interna para apuração dos fatos, é a partir do término desses procedimentos que deve ser observada a imediação.

Em empresas públicas ou na própria administração direta é compreensível que a falta demore para ser apurada em razão da burocracia interna existente no órgão governamental. A partir do momento em que termina a apuração dos fatos ou da sindicância é que deve ser aplicada a pena, de imediato, pois do contrário a falta estará descaracterizada pela ausência de imediação na punição.

2.15 CULPA RECÍPROCA

Pode ocorrer que tenha havido falta tanto do empregado como do empregador, daí a existência de culpa recíproca. A falta do empregado estaria capitulada no art. 482 da CLT e a falta do empregador estaria elencada no art. 483 da CLT.

Havendo culpa recíproca, a indenização devida ao empregado será reduzida à metade (art. 484 da CLT), assim como o empregado fará jus à metade do aviso prévio, das férias proporcionais e do 13º salário proporcional (Súmula 14 do TST).

2.16 ÔNUS DA PROVA

O ônus da prova da dispensa por justa causa é do empregador (art. 818, II, da CLT). Trata-se de um fato impeditivo do direito do obreiro às verbas rescisórias, que deve ser provado pela empresa (art. 373, II, do CPC).

Em razão do princípio da continuidade da relação de emprego e da presunção que se estabelece de que o obreiro é dispensado sem justa causa, as demais hipóteses de cessação do contrato de trabalho devem ser provadas pelo empregador, como no caso da dispensa por justa causa ou do pedido de demissão do trabalhador. Pelo princípio da razoabilidade, um homem comum e normal não vai ser dispensado por justa causa.

Assim, a pena trabalhista mais severa, que é a rescisão do contrato de trabalho por justo motivo, deve ser provada pelo empregador, de modo que não restem dúvidas da conduta do obreiro e não se cometa injustiça.

Ao empregado caberá provar, por exemplo, que agiu em legítima defesa às ofensas do empregador ou de terceiros.

2.17 SUSPENSÃO E INTERRUPÇÃO DO CONTRATO DE TRABALHO

Durante a suspensão ou a interrupção dos efeitos do contrato de trabalho, o empregado pode cometer faltas e estar passível de dispensa por justa causa. É o caso em que o empregado está em férias e comparece à empresa, agredindo um companheiro de trabalho. O empregado revela segredo da empresa durante a suspensão; ofende o empregador ou seus prepostos durante a suspensão.

Os efeitos do contrato de trabalho do empregado podem estar suspensos ou interrompidos, e a falta foi praticada anteriormente. O empregador passa a investigar os fatos e a autoria da falta e descobre que o autor é certo empregado. Mesmo estando os efeitos do contrato suspensos ou interrompidos, o empregado poderá ser dispensado por justa causa.

2.18 AVISO PRÉVIO

Se a falta é praticada antes da concessão do aviso prévio e o empregador opta por conceder tal benefício, está perdoando a falta cometida pelo empregado.

A falta também pode ocorrer no curso do aviso prévio. O empregador dá o aviso prévio e o empregado comete, durante o aviso, qualquer das faltas consideradas pela lei como justas para a rescisão. Se o empregado é dispensado, comete falta grave durante o aviso prévio indenizado, mas não é feita a assistência na rescisão contratual nem o pagamento das verbas rescisórias, a justa causa é cabível. O contrato de trabalho só termina no último dia (art. 489 da CLT). Perde o obreiro o direito ao restante do prazo (art. 491 da CLT).

Se o empregado dá o aviso prévio ao empregador e durante o referido prazo comete a falta, perde o restante do aviso prévio e a dispensa é considerada por justa causa.

2.19 AVALIAÇÃO DA FALTA

Na avaliação da falta, deve-se verificar a escolaridade do empregado, para saber se ele entendeu seu ato. Devem-se verificar também os antecedentes do empregado na empresa, seu grau de hierarquia na empresa, seu tempo de serviço na empresa, o lugar em que o ato foi praticado. Dependendo da hipótese de justa causa, esses fatos podem ser importantes.

2.20 EMPREGADO ESTÁVEL

Em relação ao empregado estável, o empregador pode suspendê-lo ou não. Pode preferir apurar a falta sem suspender o empregado, como pode preferir suspendê-lo. A suspensão não poderá exceder a 30 dias (art. 474 da CLT).

Entretanto, a dispensa só se tornará efetiva após a propositura da ação de inquérito para apuração de falta grave. Se o empregado foi suspenso, tem o empregador 30 dias a contar da suspensão para propor o inquérito (art. 853 da CLT).

Se o empregador demorar muito tempo para propor a ação, entende-se que haverá falta de imediação na aplicação da penalidade, presumindo-se que o empregador perdoou a falta do empregado ou renunciou ao direito de puni-lo, pois a falta não teria sido tão grave.

Caso o empregado cometa outra falta depois da propositura do inquérito, a solução não é o aditamento da petição inicial, mas a propositura de outro inquérito para apuração de falta grave, distribuído por dependência ao juízo anterior, visando apurar as novas faltas.

2.21 JUSTA CAUSA E PROCESSO CRIMINAL

Nem sempre haverá a coincidência entre o crime e a justa causa. Poderá haver crime e não existir justa causa, por falta de atualidade na aplicação da penalidade, ou existir justa causa e não existir crime, em razão da previsão na lei da hipótese de rescisão do contrato de trabalho, que não é crime, como no abandono de emprego.

A Justiça do Trabalho é independente da Justiça Criminal e vice-versa, pois julgam matérias diversas. Em princípio, não haverá vinculação da decisão de uma em relação à outra.

O parágrafo único do art. 8º da CLT dispõe que o Direito Civil é fonte subsidiária do Direito do Trabalho. Há, assim, autorização para se aplicar o art. 925 do Código Civil, que reza que "a responsabilidade civil é independente da criminal, não se podendo questionar mais sobre a existência do fato, ou quem seja o seu autor, quando estas questões se acharem decididas no juízo criminal".

Nas questões que dizem respeito à justa causa, e esta é dependente da apuração de algum fato no Juízo Criminal, pode haver implicações da coisa julgada criminal no processo do trabalho.

Havendo processo criminal que compreende os mesmos fatos que são objeto da justa causa, é oportuno aguardar a solução do processo criminal, para se evitar decisões díspares. Contudo, é prudente que o juiz faça a instrução do feito, ouvindo as partes e testemunhas, para evitar que as referidas pessoas se esqueçam dos fatos no decorrer do tempo. Chegando o processo nessa fase, deve o juiz suspendê-lo. Faltará apenas o julgamento da postulação. O art. 315 do CPC admite que, "se o conhecimento do mérito depender de verificação da existência de fato delituoso, o juiz pode determinar a suspensão do processo até que se pronuncie a justiça criminal".

Como foi visto, o juiz poderá determinar a suspensão do feito, mas isso não será obrigatório, constituindo uma faculdade do juiz. Entretanto, se a ação penal não for proposta no prazo de três meses contados da intimação do ato de suspensão, cessará o efeito deste, incumbindo ao juiz cível examinar incidentemente a questão prévia (§ 1º do art. 315 do CPC).

Existindo lacuna na lei processual trabalhista, o intérprete pode socorrer-se do direito processual comum (art. 769 da CLT), de alguma norma que tenha semelhança com o caso concreto. Daí surge a aplicação dos arts. 65 a 67 do Código de Processo Penal.

O art. 65 do Código de Processo Penal determina que fará coisa julgada no cível, o que se aplicaria ao processo do trabalho: "a sentença penal que reconhecer ter sido o ato praticado em estado de necessidade, em legítima defesa, em estrito cumprimento do dever legal ou no exercício regular de direito". Inexistirá justa causa para o despedimento do empregado se reconhecidas algumas dessas situações no processo penal, pois são circunstâncias que excluem a ilicitude do ato (art. 23 do Código Penal).

No processo do trabalho, não mais poderá ser discutida a matéria se no processo penal for acolhida a questão do estado de necessidade, da legítima defesa, do estrito cumprimento do dever legal ou do exercício regular de direito, pois haverá coisa julgada. O inciso I do art. 188 do Código Civil não considera ato ilícito o exercido em legítima defesa ou no exercício regular de um direito reconhecido.

Esclarece o art. 66 do Código de Processo Penal que "não obstante a sentença absolutória no juízo criminal, a ação civil poderá ser proposta quando não tiver sido, categoricamente, reconhecida a inexistência material do fato". As hipóteses de absolvição no processo penal estão contidas nos incisos I a VI do art. 386 do Código de Processo Penal: (a) estar provada a inexistência do fato; (b) não haver prova da existência do fato; (c) não constituir o fato infração penal; (d) não existir prova de ter o réu concorrido para a infração penal; (e) inexistir prova suficiente para a condenação; (f) existir causa de exclusão de antijuridicidade ou da culpabilidade.

Reconhecido pelo juízo criminal que não houve o fato material, fica impedida a discussão no processo do trabalho do referido fato, aplicando-se, nesse caso, o art. 925 do Código Civil. Quando não houver um reconhecimento categórico da inexistência material do fato no juízo criminal, poder-se-á discuti-lo no processo do trabalho. Absolvido o réu por inexistir prova da existência do fato, pode-se provar a existência dele no processo do trabalho. Se o réu é absolvido em razão de o fato não constituir infração penal, é possível discutir no processo do trabalho o fato que poderia constituir-se num ilícito trabalhista.

Caso o juízo criminal esclareça que o fato não é crime, não se pode discutir no processo trabalhista a existência do crime. A justa causa pode ser caracterizada em outra alínea do art. 482 da CLT, por outro conjunto de fatores. Exemplo pode ser de que não há crime, mas existiu indisciplina, desídia etc., dependendo do caso, não caracterizando o ato improbidade ou ato lesivo da honra ou da boa fama.

Se o juiz criminal reconhecer a negativa da autoria, não caberá a discussão sobre o fato no processo do trabalho. Se não houver prova suficiente da autoria do crime, nada impede a discussão do fato no processo do trabalho quanto à existência da justa causa. As causas de exclusão da antijuridicidade são previstas no art. 23 do Código Penal. As causas de exclusão de culpabilidade são o erro de proibição (art. 21, *caput*, do Código Penal), a coação moral irresistível (art. 22

do Código Penal), a obediência hierárquica (art. 22, segunda parte, do Código Penal), a inimputabilidade por doença mental ou desenvolvimento mental incompleto ou retardado (arts. 26 e 27 do Código Penal) e a inimputabilidade por embriaguez completa, proveniente de caso fortuito ou força maior (§ 1º do art. 28 do Código Penal).

O juiz criminal poderá declarar a prescrição da punibilidade ou a inimputabilidade. Nesses casos, a justa causa poderá ocorrer pelos mesmos fatos, embora penalmente o acusado não possa ser condenado.

É claro que a ação trabalhista também poderá ser proposta se houver despacho de arquivamento do inquérito ou das peças de informação, se a decisão julgar extinta a punibilidade ou se a sentença absolutória decidir que o fato imputado não constitui crime (art. 67 do CPP). Nesses casos, poder-se-á discutir o fato debatido no juízo criminal como a hipótese da justa causa para a dispensa do empregado. Nas hipóteses mencionadas, a decisão criminal não reconhece a inexistência material do fato, em que ficaria impedida a discussão da questão no processo do trabalho.

Afirma Wagner Giglio que devem ser observadas algumas hipóteses:

se o empregado for condenado no crime, estará sempre configurada a justa causa, pelos mesmos fatos. Ainda que tenha havido suspensão da execução da pena, e o caso não se enquadre na letra *d* do art. 482 da CLT, enquadrar-se-á sempre em outra alínea: improbidade (letra *a*), incontinência de conduta ou mau procedimento (letra *b*), ofensas físicas ou lesão à honra ou à boa-fama (letras *j* ou *k*) etc.[2].

Havendo:

absolvição por ter sido negado, no crime, que o empregado tenha sido o autor do ato criminoso, ou se a absolvição for fundamentada na inexistência dos fatos que configurariam crime, se existisse, não poderá haver justa causa. Mais do que isso, nessas hipóteses não haverá nem mesmo ato faltoso[3].

As mesmas orientações valerão para o processo do trabalho em relação às contravenções penais, que têm a mesma natureza do crime[4].

2.22 PESSOAS ENVOLVIDAS

A justa causa é aplicada ao empregado urbano, regido pela CLT, e ao empregado rural.

---

2. GIGLIO, Wagner. Op. cit., p. 46.
3. GIGLIO, Wagner. Op. cit., p. 46.
4. GIGLIO, Wagner. Op. cit., p. 47.

Dispõe o art. 13 da Lei n. 6.019/74 que constituem justa causa para rescisão do contrato do trabalhador temporário os atos e as circunstâncias mencionados nos arts. 482 e 483 da CLT, ocorrentes entre o trabalhador e a empresa de trabalho temporário ou entre aquele e a empresa cliente onde estiver prestando serviço.

Para o empregado doméstico, a Lei Complementar n. 150/2015 considera justa causa: (a) submissão a maus tratos de idoso, de enfermo, de pessoa com deficiência ou de criança sob cuidado direto ou indireto do empregado. É o que pode ocorrer com enfermeiros, cuidadores ou babás, que submetem idoso, enfermo, pessoa com deficiência ou criança a maus tratos; (b) prática de ato de improbidade; (c) incontinência de conduta ou mau procedimento; (d) condenação criminal do empregado transitada em julgado, caso não tenha havido suspensão da execução da pena; (e) desídia no desempenho das respectivas funções; (f) embriaguez habitual ou em serviço; (g) ato de indisciplina ou de insubordinação; (h) abandono de emprego, assim considerada a ausência injustificada ao serviço por, pelo menos, 30 dias corridos; (i) ato lesivo à honra ou à boa fama ou ofensas físicas praticadas em serviço contra qualquer pessoa, salvo em caso de legítima defesa, própria ou de outrem; (j) ato lesivo à honra ou à boa fama ou ofensas físicas praticadas contra o empregador doméstico ou sua família, salvo em caso de legítima defesa, própria ou de outrem; (k) prática constante de jogos de azar (art. 27). As demais hipóteses de justa causa previstas no art. 482 da CLT ou outras não se aplicam ao doméstico.

2.23 EFEITOS DA JUSTA CAUSA

Havendo justa causa, o empregado não terá direito a aviso prévio, pois este é devido apenas se o contrato for rescindido sem justo motivo (art. 487 da CLT). Com justo motivo, a verba é indevida.

Não fará jus o empregado a férias proporcionais e 13º salário.

O FGTS não poderá ser sacado em caso de justa causa. Posteriormente, o empregado poderá sacar o FGTS caso incidir em algumas das hipóteses do art. 20 da Lei n. 8.036.

A Lei n. 8.036 não repetiu o art. 7º da Lei n. 5.107/66, que previa que na justa causa o empregado perdia a correção monetária e os juros capitalizados para o fundo durante o tempo de serviço prestado à empresa de que for despedido. Não há mais essa previsão na Lei n. 8.036. Assim, o empregado tem direito aos juros e à correção monetária do período em que trabalha para a empresa em que incidiu em justa causa.

A indenização de 40% sobre os depósitos do FGTS é indevida na justa causa, pois o § 1º do art. 18 da Lei n. 8.036 dispõe que na dispensa sem justa causa é que a indenização será devida.

O seguro-desemprego só é devido em caso de desemprego involuntário (art. 7º, II, da Constituição). Se o empregado é dispensado por justa causa, o seguro é indevido.

Fará jus o empregado às verbas já adquiridas, como saldo de salários e férias vencidas, se houver.

Nos contratos de trabalho por prazo determinado, o empregado terá direito apenas ao saldo de salário, salvo se tiver mais de um ano de trabalho na empresa, ocasião em que já são devidas férias vencidas.

2.24 CONCLUSÕES

Para faltas leves, o empregador deveria aplicar sanções pedagógicas ao empregado, para que este não venha a incidir no mesmo ato. O ideal seria: (a) primeiro, advertir verbalmente o empregado; (b) segundo, adverti-lo por escrito; (c) terceiro, suspendê-lo e depois dispensá-lo por justa causa, se continuar praticando atos incorretos. Nossa legislação não estabelece a gradação anteriormente mencionada, ficando a dosagem das penas a cargo do empregador e de acordo com a gravidade do ato praticado. Se a falta é grave, como um caso de furto, o empregado deve ser dispensado de imediato, sem necessariamente ser advertido ou suspenso, pois, no caso, abala-se a confiança existente entre as partes do contrato de trabalho.

Caso o empregador não observe as orientações anteriormente mencionadas, a justa causa alegada para a dispensa vai ser convertida em dispensa sem justo motivo, determinando o juiz o pagamento das verbas rescisórias.

Nada impede que a dispensa ocorra se os efeitos do contrato de trabalho estiverem suspensos, como se o empregado estivesse recebendo auxílio-doença e fosse provado furto na empresa nesse período. O contrato continua existindo, apenas sua execução está suspensa. A falta foi cometida em período anterior à fruição do auxílio-doença (TST, RR 0109900-14.2007.5.15.0006, AC. 2ª T., Rel. Min. Cláudio Brandão, DEJT n. 2.342/17, p. 3.012/3). É o que ocorre com o desvio de dinheiro da empresa.

Passo a examinar as hipóteses de justa causa, emitindo seu conceito e trazendo jurisprudência sobre o assunto, que pode ajudar num caso específico, de modo que o leitor possa identificar, associar e relacionar o fato com a tipificação legal.

3
IMPROBIDADE

3.1 EVOLUÇÃO LEGISLATIVA

Previa a alínea *a* do art. 93 do Decreto n. 54, em relação aos bancários, que a improbidade funcional era qualquer ato de improbidade que torne o empregado incompatível com o serviço no estabelecimento.

A Lei n. 62, de 5 de junho de 1935, considerava justa causa para a dispensa do trabalhador "qualquer ato de improbidade ou incontinência de conduta, que torne o empregado incompatível com o serviço" (art. 5º, *a*). A redação do dispositivo não era muito boa, pois usava a expressão "que torne o empregado incompatível com o serviço". Na verdade, o empregado não era incompatível com o serviço. O ato do empregado criava incompatibilidade com a manutenção ou continuidade do contrato de trabalho.

A alínea *a* do art. 482 da CLT passou a identificar a justa causa para rescisão do contrato pelo empregador em razão de "ato de improbidade".

Para o atleta profissional de futebol, o art. 20 da Lei n. 6.354, de 20 de setembro de 1976, considera justa causa para a rescisão do contrato de trabalho ato de improbidade (I).

O Código de Trabalho de Portugal prevê a justa causa de "lesão de interesses patrimoniais sérios da empresa" (art. 351º, 2, *e*).

3.2 ETIMOLOGIA

Provém a palavra *improbidade* do latim *improbitas*, que significa má qualidade, imoralidade, malícia.

Probo vem do latim *probus, a, um*, que tem o sentido de honesto. Probidade é a retidão, integridade de caráter, honestidade.

3.3 CONCEITO

Ímproba é a pessoa que não é proba, que não é honesta e, portanto, que é desonesta. É a pessoa que não é honrada.

A improbidade revela mau caráter, perversidade, maldade, malícia, desonestidade, fraude e má-fé.

Não existe uma pessoa meio honesta. Ou é honesta ou não é.

Deve a improbidade ser aferida de acordo com o padrão do homem comum, conforme a moral existente na localidade.

3.4 DISTINÇÃO

Mau procedimento é gênero do qual improbidade é espécie. A improbidade não deixa de ser um mau procedimento do empregado, porém tem o significado específico de pessoa desonesta.

Se não houver a interpretação sistemática da CLT, tudo é mau procedimento e não deveria existir a tipificação de outras hipóteses no art. 482, apenas o mau procedimento.

Dessa forma, a improbidade tem sentido distinto do mau procedimento. Mau procedimento será qualquer outro ato que não puder ser tipificado nas demais alíneas do art. 482 da CLT.

3.5 ATO DE IMPROBIDADE

A CLT usa a expressão *ato de improbidade* (art. 482, *a*) para a configuração da justa causa.

Ato vem do latim *actus*, de *agere* (levar, conduzir). Ato é ação. É uma situação que compreende um fazer por parte de alguém. É o resultado da ação de uma pessoa. É algo que acontece pela vontade de uma pessoa.

Nem todos os atos desonestos do empregado irão configurar improbidade, pois a CLT é específica em relação a alguns temas, como mau procedimento (art. 482, *b*), negociação habitual (art. 482, *c*) etc.

O ato de improbidade não é qualquer atitude desonesta praticada pelo empregado. Pode se configurar pela prática de atos desonestos do trabalhador contra o patrimônio da empresa, aos bens materiais do empregador.

O legislador não estabeleceu que a falta fica caracterizada por "crime contra o patrimônio", mas sim ato de improbidade, que é mais amplo.

O menor de 14 a 18 anos não pode praticar crime contra o patrimônio, mas pode praticar ato de improbidade.

Há necessidade de dolo do empregado, da vontade de praticar o ato e não de mera culpa, como a negligência, imprudência ou imperícia do trabalhador. O trabalhador precisa ter a intenção de praticar o ato.

Em alguns casos, verifica-se que o empregado não praticou um ato, mas ocorre a improbidade, pois houve intenção manifesta do empregado de provocar um prejuízo ao empregador com sua desonestidade. Exemplo pode ser o do segurança da empresa de roupas femininas que deve revistar os empregados no final do expediente para verificar se não estão levando peças da produção e não o faz, permitindo que alguns trabalhadores levem bens da empresa. A omissão do empregado deu causa à improbidade.

A mera tentativa do empregado de praticar um ato configura a sua desonestidade. O empregado deve ter dado início ao ato, ainda que ele não se configure por fato alheio à sua vontade. Assim, mesmo que não ocorra o furto, que não chegou a se consumar, pois foi evitado, é possível ficar demonstrada a intenção do empregado de praticar o ato. Evidencia, portanto, sua desonestidade.

Deve haver a intenção do empregado de praticar o ato desonesto. É o elemento subjetivo. Essa intenção de praticar o ato desonesto é que irá abalar a confiança inerente à relação de emprego.

A mera intenção, muitas vezes, não fica provada ou é de difícil prova. Daí por que há necessidade da combinação do elemento objetivo, que é o dano causado ao empregador ou a alguém na empresa.

É possível também dizer que, em muitos casos, o dano não é verificado, como no caso em que o ato do empregado não chega a se consumar por algum motivo. Se ficar demonstrada a intenção do empregado de praticar um ato desonesto, estará tipificada a justa causa de improbidade, mesmo que não haja prejuízo. Nesse sentido o seguinte acórdão:

> Justa causa. Ato de improbidade. Para que se configure o ato de improbidade, basta que o patrimônio do empregador tenha sido colocado em risco, sendo desnecessário que efetivamente tenha aquele sofrido prejuízo (TRT 9ª R., RO 953/87, Ac. 4.113/87, 2ª T., rel. Juiz Fernando Ribas Amazonas de Almeida, j. 3-9-87, *LTr* 52-9/1.112).

O trabalhador quer obter o resultado com o seu ato ou então assume o risco de produzi-lo (art. 15, I, do Código Penal).

Não se pode, portanto, adotar um único critério, mas verificar as duas hipóteses para chegar à conclusão.

No § 3º do art. 7º do Decreto n. 95.247/87, a declaração falsa ou o uso indevido do vale-transporte constituem falta grave, pois constituem ato de desonestidade.

O empregador deverá provar a desonestidade no procedimento do empregado.

3.6 SUJEITO PASSIVO

Geralmente, o sujeito passivo do ato praticado pelo empregado é o empregador.

Entretanto, nada impede que a falta seja praticada contra outro empregado da empresa. Como no caso em que um empregado furta uma folha de talão de cheque de outro empregado, furta pertences de outro empregado etc.

Pode ocorrer de a falta ser praticada contra um cliente do empregador, mas decorrente do contrato de trabalho.

3.7 ATO ÚNICO

Na justa causa de improbidade não há necessidade de reiteração na falta praticada.

Uma única falta praticada pelo empregado, reveladora da sua desonestidade, pode dar ensejo à dispensa por justa causa.

Isso ocorre porque a confiança que o empregador tem no empregado deixa de existir.

A própria alínea *a* do art. 482 da CLT faz referência a ato de improbidade e não a uma série de atos.

O ato praticado pelo trabalhador deve, porém, ser grave.

Não há necessidade exatamente de que seja um crime, mas deve ser um ato grave que abale a confiança existente na relação de emprego.

Em relação ao doméstico, a Lei Complementar n. 150/2015 exige "II – prática de ato de improbidade" (art. 27, II). Logo, exige mais de um ato de improbidade para se configurar a justa causa. Pela lei, um único ato não enseja a justa causa, mas não é possível que o empregador irá ficar com o empregado que furtou seus pertences. Prática é constância

3.8 MOMENTO

Se os fatos somente são descobertos depois da dispensa, quando já terminou o prazo de aviso prévio, não se pode falar em justa causa.

Caso os fatos forem descobertos no período em que o empregado estável estiver suspenso, isto é, dentro dos 30 dias, a dispensa poderá ocorrer por justa causa. O mesmo pode ocorrer se o empregado estável foi suspenso por um motivo e a falta de improbidade é descoberta dentro dos 30 dias.

3.9 RELAÇÃO COM O CONTRATO DE TRABALHO

A quase unanimidade dos autores entende que o ato de improbidade não precisa estar relacionado com o serviço e pode ser realizado fora da empresa e até com terceiro.

Wagner Giglio afirma que:

> a prática do empregado reveladora de sua desonestidade, mesmo ocorrendo fora do serviço, nas atividades particulares do trabalhador, sem qualquer conexão aparente com a vida empresarial, pode vir a caracterizar a justa causa em discussão. É mais um caso de interferência do empregador na vida privada do empregado[1].

Domingos Sávio Zainaghi também afirma que o ato de improbidade pode tanto ser realizado dentro ou fora do ambiente de trabalho, tendo ou não relação com o serviço[2].

Há jurisprudência no mesmo sentido:

> O ato de improbidade, por sua natureza, justifica a despedida do trabalhador mesmo quando praticado fora do serviço (TST, RR 13/71, 1ª T., rel. Min. Mozart V. Russomano, j. 13-5-1971).

Entendo, porém, que a justa causa de improbidade não se configura, se for praticada pelo empregado sem que tenha relação com o serviço, por nada ter a ver com o pacto laboral. Seria o exemplo do empregado que em um domingo pula a catraca do ônibus para não pagar a passagem. Seu ato é desonesto, porém a questão nada tem a ver com o contrato de trabalho, nem repercute nele.

A interpretação histórica da Lei n. 62 mostra que a justa causa compreendia "qualquer ato de improbidade ou incontinência de conduta, que torne o empregado incompatível com o serviço" (art. 5º, *a*). Não determinava que a justa causa dizia respeito ao serviço, mas sim a qualquer ato de improbidade praticado pelo empregado, o que poderia ocorrer contra terceiros em situação alheia ao contrato de trabalho. A alínea *a* do art. 482 da CLT não repetiu a orientação anterior e foi mais restrita. Não mais é mencionado qualquer ato de improbidade, que compreenderia um ato praticado contra terceiros sem relação com o serviço, mas sim ato de improbidade. Isso mostra que o ato de improbidade deve se relacionar com o contrato de trabalho.

A CLT não dispõe que a justa causa é o ato de improbidade relacionado com o emprego[3], mas há necessidade de se fazer a interpretação sistemática da CLT.

---

1. GIGLIO, Wagner. *Justa causa*. 7. ed. São Paulo: Saraiva, 2000, p. 62.
2. ZAINAGHI, Domingos Sávio. *A justa causa no direito do trabalho*. São Paulo: Malheiros, 1995, p. 61.
3. ZAINAGHI, Domingos Sávio. Op. cit., p. 62.

A alínea *a* do art. 482 da CLT está no capítulo V, da Rescisão, que diz respeito ao contrato de trabalho. O *caput* do art. 482 da CLT também faz referência ao contrato de trabalho. A CLT é uma norma que diz respeito à relação entre empregado e empregador, que é corporificada no contrato de trabalho. Assim, somente se a questão diz respeito ao trabalho é que a justa causa pode ser aplicada.

Não se nega o fato de que o empregado desonesto é um perigo para a empresa, pois pode praticar outros atos desonestos e causar sérios prejuízos ao empregador. Entretanto, a falta deve ter relação com o emprego.

Os poucos autores que pensam que o ato deve estar relacionado com o contrato de trabalho são Antonio Lamarca e José Martins Catharino. Lamarca afirma que a ação ou omissão dolosa do obreiro deve relacionar-se com a empresa onde trabalha: praticada no serviço ou em razão dele[4]. José Martins Catharino declara que os atos que constituem justa causa para a despedida são os vinculados à prestação dos serviços contratuais[5].

Se o empregado roubou um banco, fora do local e do horário de trabalho, seu ato é deplorável, mas não é motivo para a dispensa do trabalhador. Este trabalhador poderá ser dispensado com fundamento na letra *d* do art. 482 da CLT, por condenação criminal passada em julgado. A confiança do empregador diminui ou deixa de existir em relação ao empregado, mas não pode ser motivo para dispensa por justa causa, se nada tem a ver com o pacto laboral. Ressalte-se que ninguém é considerado culpado até o trânsito em julgado da sentença penal condenatória (art. 5º, LVII, da Constituição). Há presunção de inocência do réu até prova em contrário. Não se pode condenar alguém por indícios ou meras suposições. É preciso certeza, principalmente, porque diz respeito à liberdade da pessoa.

Caso o empregado pratique ato de improbidade, mesmo fora da empresa, mas em decorrência do contrato de trabalho ou indiretamente dele proveniente, a justa causa estará caracterizada.

Estando o contrato de trabalho do empregado suspenso ou interrompido, e sendo apurada a falta, a justa causa estará evidenciada, em razão de que o contrato de trabalho ainda não cessou.

3.10 PROVA

Não poderá o empregador fazer alegações levianas em relação ao empregado.

---

4. LAMARCA, Antonio. *Manual das justas causas*. 2. ed. São Paulo: Revista dos Tribunais, 1983, p. 342.
5. CATHARINO, José Martins. *Contrato de emprego*. Salvador: Edição do Autor, 1962, p. 332.

Deverá provar robustamente as alegações de improbidade, pois elas repercutem na vida familiar e social do empregado. Não pode restar dúvida de que foi o empregado quem praticou o ato de improbidade.

Caso elas não fiquem provadas, o ideal é dispensar o empregado sem justa causa.

Afirmações infundadas da conduta do empregado poderão ensejar que o empregador irá responder por dano moral e pagar a indenização respectiva.

A jurisprudência é rigorosa na exigência de prova efetiva pelo empregador:

> Falta grave de improbidade que macula o empregado, inclusive influindo na sua vida privada, há de ser robustamente provada para ser acolhida na Justiça do Trabalho (TRT 2ª R., RO 17.845/91-7, Ac. 13.676/93, 7ª T., rela. Juíza Lucy Mary Marx Gonçalves da Cunha, *DJ* SP 1-6-1993).

> Justa causa. Prova. A justa causa, como pena máxima, que autoriza a rescisão do contrato de trabalho sem ônus para o empregador, há de ser cumpridamente provada, de modo a deixar induvidoso o ato ilícito do empregado, de violação de alguma obrigação legal ou contratual. Em se tratando de improbidade, é a desonestidade que precisa ser provada, para ensejar a despedida por justa causa. Se a prova, no entanto, é frágil, com documentos particulares não ratificados em juízo, não há como acolher-se a imputação feita ao empregado (TRT 10ª R., RO 53/86, ac. 53/87, 1ª T., rel. Juiz Bertholdo Satyro e Souza).

> A improbidade, restando provada de modo irrefutável sem dúvidas acerca de ato ilícito do empregado, consistente em violação de obrigação contratual implícita, leva ao reconhecimento da legalidade da rescisão por justa causa (TRT 9ª R., Ac. 4574390, 1ª T., rel. Juiz Tobias de Macedo Filho, *DJ* PR 14-9-1990, p. 100).

3.11 CRIMES

Todos os crimes contra o patrimônio praticados pelo trabalhador terão por consequência a improbidade do empregado.

Patrimônio é o: "conjunto de bens, direitos, ações e obrigações pertencentes a determinada pessoa ou de que esta é sujeito ativo"[6].

O ato ensejador da falta grave pode ocorrer com o furto ou o roubo de materiais da empresa, a falsificação de documentos para obtenção de horas extras não prestadas, a apropriação indébita de importância da empresa, o empregado justificar suas faltas com atestados médicos falsos etc.

Dorval Lacerda afirma que "o ato de improbidade é o crime contra o patrimônio"[7]. Entretanto, o ato de improbidade nem sempre pode implicar a existência

---

6. GONÇALVES, Luiz da Cunha. *Princípios de direito civil*. São Paulo: Max Limonad, 1951, v. 1, p. 151-153.
7. LACERDA, Dorval. *A falta grave no direito brasileiro*. 4. ed. Rio de Janeiro: Edições Trabalhistas, 1976, p. 112.

de crime ou de contravenção. Pode ocorrer ou pode não existir. O que importa é a desonestidade do trabalhador e não se isso configura crime.

Não haverá, porém, identidade absoluta entre o ilícito trabalhista e o penal.

Se o crime ficar tipificado na Justiça Criminal, a justa causa também estará evidenciada. Havendo absolvição do empregado na Justiça Penal, inclusive por falta de provas, a justa causa de improbidade por aquele crime não estará caracterizada, mas poderá ocorrer outra hipótese de justa causa. Caso o empregado faça jus ao benefício da suspensão condicional da pena (*sursis*), a improbidade para a dispensa do trabalhador estará evidenciada, pois a autoria do crime foi apurada e os favores estabelecidos pela lei penal ao acusado dizem respeito exclusivamente ao âmbito penal.

É desnecessário ser feito boletim de ocorrência para a caracterização da falta. O boletim de ocorrência não prova a falta, mas apenas a comunicação feita à autoridade policial para que investigue os fatos e apure a autoria do delito.

3.11.1 Apropriação indébita

A apropriação indébita consiste em "apropriar-se de coisa alheia móvel, de que tem a posse ou a detenção" (art. 168 do Código Penal).

A coisa, na apropriação indébita, deve ser móvel. Não pode ser imóvel.

O empregado deve ter a posse ou a detenção da coisa para se qualificar o crime.

Difere a apropriação indébita do furto. Na primeira, o empregado detém a coisa e não a devolve ao empregador. No furto, o empregado não detém a posse da coisa e a subtrai de alguém.

Exemplos de apropriação indébita podem ser do caixa que não presta contas do numerário recebido e fica com ele, das ferramentas de trabalho que são usadas, mas não são devolvidas ao final do dia.

Se a coisa é perdida, deve ser restituída ao seu dono. Dispõe o art. 1.233 do Código Civil que quem quer que ache coisa alheia perdida há de restituí-la ao dono ou legítimo possuidor. Não o conhecendo, o descobridor fará por encontrá-lo, e, se não o encontrar, entregará a coisa achada à autoridade competente. Se proceder de forma diversa, o empregado pode ficar sujeito a crime de apropriação de coisa achada (art. 169, parágrafo único, II, do Código Penal).

3.11.2 Receptação

Dispõe o art. 180 do Código Penal que receptação consiste em:

> Adquirir, receber, transportar, conduzir ou ocultar, em proveito próprio ou alheio, coisa que sabe ser produto de crime, ou influir para que terceiro, de boa-fé, a adquira, receba ou oculte.

Exemplo mais comum é o empregado adquirir, receber, transportar ou ocultar mercadoria furtada ou roubada. Isso poderia ocorrer dentro da empresa, no veículo da empresa, no veículo do empregado que está dentro da empresa ou que é utilizado para fazer serviços à empresa.

Se o empregado não sabe nem presume que a coisa é produto de crime, não se configura o crime. Exemplo é a hipótese de o empregado comprar coisa de um desconhecido que tem valor muito inferior ao normal no mercado.

Entendo que deve haver alguma relação do ato com o contrato de trabalho, pois do contrário não se configura a justa causa, mas pode estar caracterizado o crime.

3.11.3 Furto

Furto é "subtrair para si ou para outrem, coisa alheia móvel" (art. 155 do Código Penal).

O furto não é caracterizado por violência ou grave ameaça à pessoa que detém a coisa. Compreende astúcia na subtração, sem a vítima perceber.

A coisa objeto do furto deve ser móvel e não imóvel. Deve, ainda, ser de outra pessoa e não própria.

Para a caracterização do furto, há necessidade de que a coisa deixe de pertencer ao patrimônio da vítima ou já não esteja mais sob a sua vigilância e passe para o patrimônio do acusado.

O crime não se configura se a coisa não for de ninguém (*res nullius*) ou tiver sido abandonada (*res derelicta*). A justa causa de improbidade também não fica evidenciada.

A improbidade do empregado estará caracterizada se subtrair algum objeto da empresa, de um colega de trabalho e até de um cliente do empregador.

No Direito Penal, se o criminoso é primário, e é de pequeno valor a coisa furtada, o juiz pode substituir a pena de reclusão pela de detenção, diminuindo-a de um a dois terços, ou aplicar somente a pena de multa (§ 2º do art. 155 do Código Penal).

No Direito do Trabalho, não importa se a coisa furtada é de pequeno valor, pois mesmo sendo de pequena monta o ato do empregado abala a confiança do empregador no trabalhador. Assim, estará caracterizada a justa causa.

A improbidade também independe do valor da coisa subtraída, pois sempre haverá perda da confiança por parte do empregador no empregado. O importante é o ato desonesto praticado pelo empregado, pouco importando que o trabalhador preste serviços há vários anos para o empregador. É também irrelevante que o furto seja de gêneros alimentícios para a pessoa se alimentar e poder sobreviver, pois importante é a perda da confiança do empregador no obreiro.

Há acórdãos no mesmo sentido:

O simples fato de se tratar de objeto de pequeno valor não bastará, por si só, para afastar a configuração de improbidade e, conseguintemente, de falta grave (TRT 11ª R., rela. Juíza Amélia Branco Bandeira Coelho, *Revista Synthesis*, n. 10/90, p. 229).

Configura-se a justa causa autorizadora da dispensa se provado que o empregado apropriou-se indevidamente de mercadorias da empresa, sendo irrelevante o valor delas e ainda que se trate de gêneros alimentícios (TRT 10ª R., RO 2.527/84, Ac. 2.417/85, 2ª T., rel. Juiz Libânio Cardoso, *DJU* 18-11-1985, p. 20.869).

Improbidade. Comerciária. Furto de mercadoria, embora de pequeno valor, justifica a despedida (TRT 7ª R., RO 170/86, rel. Juiz Antonio M. Cavalcante, *DJ* CE 12-11-1986).

Em certos casos, a jurisprudência trabalhista já desconsiderou a justa causa em razão do pequeno valor da coisa furtada, que não importou em gravidade no ato praticado, levando em conta os longos anos de trabalho do empregado na empresa e ser a primeira falta, o que não me parece correto.

Em outro caso, foi desconsiderada a justa causa por furto do automóvel da empresa, pelo fato de que a empresa tinha conhecimento da doença do filho do empregado e era uma emergência:

Justa causa. Furto de uso. Motorista. Empregado que se utiliza de veículo da empresa, em serviço, para atender a uma emergência (doença grave de seu filho) reconhecida pela empregadora, não pratica furto ou furto de uso, sendo-lhe inexigível outra conduta (TRT 3ª R., RO 748/90, rel. Juiz Aguinaldo Paoliello, *DJ* MG 7-12-1990).

3.11.4 Roubo

Roubo é "subtrair coisa móvel alheia, para si ou para outrem, mediante grave ameaça ou violência à pessoa, ou depois de havê-la, por qualquer meio, reduzido à impossibilidade de resistência" (art. 157 do Código Penal).

O roubo difere do furto, pois no primeiro existe ameaça ou violência à vítima para entregar a coisa. Isso geralmente é feito com uma arma, como revólver, faca etc. No furto, não há ameaça ou violência à vítima, mas apenas subtração da coisa.

Dificilmente o empregado será dispensado por justa causa em decorrência de roubo na empresa, pois já seria um criminoso experiente. Esse tipo de pessoa de um modo geral não é empregado. Na maioria das hipóteses, será decorrente de furto.

3.11.5 Extorsão

Extorsão é "constranger alguém, mediante violência ou grave ameaça, e com o intuito de obter para si ou para outrem indevida vantagem econômica, a fazer, tolerar que se faça ou deixar de fazer alguma coisa" (art. 158 do Código Penal).

Envolve o crime também violência ou grave ameaça contra a vítima. Visa à obtenção de indevida vantagem econômica. Se a vantagem econômica for devida, não se configura o crime.

3.11.6 Estelionato

Estelionato é "obter, para si ou para outrem, vantagem ilícita, em prejuízo alheio, induzindo ou mantendo alguém em erro, mediante artifício, ardil ou qualquer outro meio fraudulento" (art. 171 do Código Penal).

O empregado poderia enganar o empregador visando à obtenção de vantagem ilícita. Se a vantagem for lícita não se configura o crime, embora se existir desonestidade do empregado estará configurada a justa causa para a dispensa do trabalhador.

3.11.7 Dano

Dano é "destruir, inutilizar ou deteriorar coisa alheia" (art. 163 do Código Penal).

Se o dano decorrer de culpa do empregado, por negligência, imprudência ou imperícia, não se configura a justa causa, pois o empregado não tinha a intenção de praticar o ato. O § 1º do art. 462 da CLT exige que o dano culposo tenha previsão no contrato para que seja possível fazer desconto no salário do empregado.

Ao contrário, se o dano for praticado com dolo, com vontade de deteriorar a coisa do empregador, estará caracterizada a falta. O desconto no salário do empregado em virtude do prejuízo causado é autorizado em caso de dolo (§ 1º do art. 462 da CLT). Exemplo é o que ocorre em greves, em que o empregado destrói, inutiliza ou deteriora bens do empregador. Pode ocorrer quando foi suspenso ou advertido e está com raiva do empregador, destruindo um bem da empresa.

3.11.8 Violação de correspondência

Violação de correspondência é "devassar indevidamente o conteúdo de correspondência fechada, dirigida a outrem" (art. 151 do Código Penal).

Se existe autorização para o empregado abrir a correspondência, não se configura o crime.

Se a correspondência está aberta, também não se configura o crime.

A correspondência pode ser do empregador, de qualquer outro empregado da empresa ou de cliente da empresa.

A jurisprudência também entende que há ilícito trabalhista:

> Carteiro. Violação de correspondência. Ilícito penal e trabalhista. Falta grave configurada, que autoriza a demissão por justa causa. Recurso ordinário a que se dá provimento (TRT 1ª R., RO 2.495, 5ª T., rel. Juiz Murilo Antonio de Freitas Coutinho, j. 14-6-1993, *DJ* RJ 23-7-1993).

3.11.9 Falsidade de documento particular

O crime consiste em falsificar, no todo ou em parte, documento particular ou alterar documento particular verdadeiro (art. 298 do Código Penal).

Este ato do empregado é bastante comum, como, por exemplo, adulterar atestado médico, mudando o número de dias em que ficará de licença.

Lembro-me de um caso que julguei no sentido de que o empregado alterava de forma imperceptível o horário contido nos cartões de ponto para receber mais horas extras do que as normais. A olho nu não se verificava a alteração, que somente foi descoberta pelo fato de a empresa contratar por sua conta um perito, que, ampliando a fotografia do cartão de ponto, descobriu que a alteração era feita com caneta vermelha. O número três era alterado para oito, e o empregado recebia horas extras que não prestou.

No mesmo sentido há acórdão na jurisprudência:

> Improbidade. O trabalhador que adultera, por qualquer forma, para visar proveito próprio ou alheio, documento destinado a abonar sua ausência ao serviço, valendo-se da boa-fé do empregador, pratica a falta grave do art. 482, *a*, da CLT (TRT 8ª R., RO 2.554/91, rel. Juiz Georgenor de Sousa Franco Filho, j. 30-4-1992, *DO* PA 19-5-1992).

3.11.10 Uso de documento falso

Fazer uso de papéis falsificados ou alterados (art. 304 do Código Penal).

É comum o empregado apresentar ao empregador atestados médicos falsos para abonar faltas.

Num edifício de apartamentos em que morei, o porteiro adquiriu um atestado médico falso e o apresentou para justificar falta. Enviei carta ao médico que assinava o documento para saber se o empregado tinha sido atendido no local. O médico comunicou que seu receituário e carimbos haviam sido furtados e que a assinatura no documento não era sua. Assim, o empregado foi dispensado por justa causa de improbidade.

3.12 JURISPRUDÊNCIA

Justa causa. Improbidade comprovada. A adulteração de talões de mercadorias pelo empregado, neles fazendo constar valores diversos dos anteriormente anotados pelo empregador, com o fim de embolsar as diferenças, constitui falta suficientemente grave a justificar a sua despedida por justa causa (TRT 3ª R., RO 12.974/92, 1ª T., rel. Juiz Renato Moreira Figueiredo, j. 31-5-1993, *Minas Gerais* II 18-6-1993, p. 87).

Desvio de material de propriedade da empresa importa em quebra de fidúcia justificadora da resilição contratual (TRT 12ª R., ROV 2.392/90, Ac. 2ª T. 1.865/91, rel. Juiz Helmut Anton Schaarschmidt, j. 14-4-1991, *DJ* SC 5-6-1991, p. 31).

A falta de improbidade está suficientemente demonstrada, uma vez que o próprio reclamante, ouvido como testemunha em reclamatória idêntica à sua, reconheceu que utilizava sobras de ração transportada a granel para alimentar animais de sua propriedade (TRT 12ª R., RO – VA – 2.772/90, Ac. 2.063/91, 2ª T, rel. Juiz C. A. Godoy Ilha, j. 23-4-1991, *DJ* SC 17-6-1991, p. 30).

Justa causa. Improbidade. Age com improbidade empregado que exige comissão de 10% das despesas de condução de outros funcionários, que eram fornecidas pela reclamada, principalmente sendo superior hierárquico daquelas pessoas. Justa causa mantida (TRT 2ª R., RO 02970004865, Ac. 02970644996, 3ª T., rel. Juiz Sergio Pinto Martins, *DJ* SP 2-12-1997, p. 144).

Justa causa. Improbidade. Constitui ato de improbidade o empregado requerer e receber o vale-transporte quando ia trabalhar de motocicleta. O ato desonesto do reclamante abala a confiança existente na relação de emprego, além de fazer com que o empregador tenha de pagar parte do vale-transporte (TRT 2ª R., RO 02458200247102002, Ac. 20040591489, 3ª T., rel. Juiz Sergio Pinto Martins, *DJ* SP 16-11-2004, p. 10).

Justa causa. Ato de improbidade. Configuração. Há quebra de confiança entre empregado e empregador, ensejando a despedida por justa causa, o ato do reclamante de entregar o seu cartão de ponto para outro colega bater, em seu lugar. É ato desonesto vez que visou falsificar uma jornada de trabalho não realizada pelo reclamante (TRT 23ª R., RO 00427.2007.0512.23.000, 2ª T., rel. Des. Osmair Couto, *DJE* 13-8-2007).

4
INCONTINÊNCIA DE CONDUTA

4.1 EVOLUÇÃO LEGISLATIVA

A Lei n. 62, de 5 de junho de 1935, reputava justa causa para a dispensa do trabalhador "qualquer ato de improbidade ou incontinência de conduta, que torne o empregado incompatível com o serviço" (art. 5º, *a*).

Dorval Lacerda afirma que o legislador pretendia assimilar a improbidade e a incontinência de conduta. Foi usado o verbo *tornar* no singular. As palavras seriam sinônimas. Os significados seriam os mesmos[1]. Não parece ser assim, pois são duas hipóteses completamente distintas, tanto que o legislador usou a conjunção alternativa *ou*, que significa uma coisa ou outra. Logo, não tinham o mesmo significado.

Uma coisa, porém, pode ser a vontade ou a intenção do legislador. Outra coisa é o que ele inseriu na lei, que vai ser interpretada de acordo com o que ali está escrito. A interpretação literal do dispositivo pode levar à conclusão diversa da vontade do legislador.

A alínea *b* do art. 482 da CLT faz referência apenas a "incontinência de conduta ou mau procedimento" para a dispensa do trabalhador por justa causa. Não é usada a palavra *ato*, como na alínea *a* do art. 482 da CLT.

A improbidade passou a estar prevista na letra *a* do art. 482 da CLT e a incontinência de conduta e o mau procedimento na letra *b*. Nesse dispositivo não mais se usou a expressão "que torne o empregado incompatível com o serviço", pois isso diria respeito a qualquer hipótese de justa causa, em razão de que esta implica a incompatibilidade do empregado em continuar trabalhando.

O inciso II do art. 20 da Lei n. 6.354/76 só considera justa causa a grave incontinência de conduta.

Para o doméstico, a Lei Complementar n. 150 menciona: III - incontinência de conduta ou mau procedimento (art. 27).

---

1. LACERDA, Dorval. *A falta grave no direito do trabalho*. 4. ed. Rio de Janeiro: Edições Trabalhistas, 1976, p. 95.

4.2 CONCEITO

Incontinência vem do latim *incontinentia*. É a qualidade de incontinente. Compreende falta de continência, descontinência.

Incontinente é a pessoa imoderada sob o ponto de vista sexual, em sua sensualidade.

Não se confunde a palavra *incontinente* com *incontinenti*. Esta quer dizer sem demora, sem intervalo.

A incontinência de conduta é o mau procedimento ligado ao desregramento do empregado no tocante a aspectos sexuais praticados no curso da relação de emprego. É o comportamento inadequado do empregado em relação a questões sexuais praticadas na constância do contrato de trabalho.

Caracteriza-se a incontinência de conduta por obscenidades praticadas, a libertinagem, a libidinagem, a pornografia, a masturbação, o atentado violento ao pudor etc. Também se qualifica pelo fato de uma pessoa não respeitar o sexo oposto.

Revela a incontinência de conduta comportamento desregrado do empregado em público. É uma conduta indecente, que fere o mínimo grau de decência que qualquer pessoa deve ter.

Evidencia-se a incontinência de conduta quando há assédio sexual de uma pessoa a outra, que não corresponde a corte, ficando esta constrangida, por inexistir reciprocidade, provando a falta grave para o despedimento.

4.3 DISTINÇÃO

As hipóteses contidas no alínea *b* do art. 482 da CLT são duas. São situações distintas.

Uma coisa é a incontinência de conduta e outra é o mau procedimento.

A lei usa a conjunção alternativa *ou*, porém não no sentido de sinônimos. A incontinência de conduta não abrange o mau procedimento e vice-versa. Trata-se de uma coisa ou outra, mas com significados distintos.

Leciona Dorval Lacerda que:

> vale, para tais efeitos, um depoimento pessoal, dar o meu que, na qualidade de membro da Comissão de Consolidação das Leis do Trabalho, assisti e tomei parte nas discussões a respeito, onde nem uma só vez sequer foi admitida a identidade do mau procedimento e da incontinência de conduta[2].

---

2. LACERDA, Dorval. Op. cit., p. 95.

Mostra, portanto, o depoimento histórico de Dorval Lacerda, que foi um dos elaboradores da CLT, que as hipóteses são distintas.

A lei não deve conter palavras inúteis, pois, do contrário, seria suficiente dizer incontinência de conduta ou somente afirmar mau procedimento, e os significados seriam os mesmos.

Incontinência de conduta não tem, portanto, o mesmo significado de mau procedimento. A primeira está ligada à moral sexual. O mau procedimento é um ato de má-fé do empregado, que não está exatamente tipificado nas demais alíneas do art. 482 da CLT.

O mau procedimento é considerado gênero. Incontinência de conduta pode ser uma das suas espécies, daí por que o legislador agrupou na alínea *b* do art. 482 da CLT situações semelhantes. Pretendeu, porém, o legislador estabelecer significados diversos, pois não teria sentido colocar na lei as duas expressões se elas tivessem os mesmos significados.

4.4 LOCAL DA FALTA

Dorval Lacerda afirma que a incontinência é uma falta que se realiza fora do serviço[3]. Seu argumento seria no sentido de que é uma falta que se caracteriza apenas externamente à empresa, pois se for praticada internamente será capitulada em outra alínea do art. 482 da CLT[4].

A assertiva é incorreta, pois a incontinência de conduta tanto ocorre quando realizada dentro da empresa, como no exemplo do empregado que urina no chão, fora do local apropriado, que é o banheiro, como fora da empresa, nas dependências do cliente que está visitando a serviço do empregador, por exemplo.

Não há como dizer que a falta praticada internamente na empresa será capitulada em outra alínea do art. 482 da CLT.

4.5 RELAÇÃO COM O CONTRATO DE TRABALHO

Wagner Giglio afirma que:

os atos de incontinência de conduta, porém, mesmo quando praticados em circunstâncias alheias à relação de emprego, podem incompatibilizar o faltoso com seus colegas, especialmente com os do sexo oposto. Tais atos revelam o caráter malformado do elemento

---

3. LACERDA, Dorval. Op. cit., p. 96 e 101.
4. LACERDA, Dorval. Op. cit., p. 96.

indesejável, que põe em risco a moralidade e a disciplina que devem imperar no ambiente de trabalho[5].

Dorval Lacerda também dá a entender que a falta pode não ter relação com o contrato de trabalho[6].

Costuma-se fazer a distinção entre o pedreiro e o professor para justificar ou não a justa causa de incontinência de conduta em relação ao fato de ser realizada fora do ambiente de trabalho.

O fato de o pedreiro frequentar bordéis é afirmado como não caracterizador da incontinência de conduta, mesmo que ele faça comentários no ambiente de trabalho.

Entretanto, em relação ao professor, a falta estaria caracterizada, se o professor é visto na zona do meretrício ou então mantém relações sexuais com prostituta, pois o professor deve mostrar reputação ilibada, deve evidenciar que é estudioso e sua atitude repercute no ambiente de trabalho, com outros professores, com a direção da escola e até com os alunos, que passam a desrespeitá-lo e não mais o enxergam como exemplo.

Não vejo como fazer a distinção em relação ao fato de a questão ser realizada fora do local de trabalho, pois em nenhum dos dois casos estará evidenciada a justa causa.

A CLT não estabelece como justa causa o fato de o trabalhador não ter reputação ilibada e de ter deixado de tê-la pelo fato de ter praticado um ato fora do ambiente de trabalho.

O homem é aquilo que é, e não aquilo que pensa que é. A prática dos seus atos é que irá caracterizá-lo, se tem ou não reputação ilibada, mas o ato que pratica fora do local de trabalho e fora da relação de emprego não é justa causa, salvo se assim a lei dispuser, o que não é o caso da situação analisada.

Por uma questão de igualdade do ato dos dois empregados, na condição que têm de empregados e não do grau de hierarquia que têm na empresa ou de instrução, o resultado deve ser o mesmo. Estabelecer justa causa para um e não o fazer para outro é discriminação e violação ao princípio da igualdade (art. 5º, *caput*, da Constituição).

Reza o parágrafo único do art. 3º da CLT que não haverá distinções relativas à espécie de emprego e à condição de trabalhador, nem entre o trabalho intelectual,

---

5. GIGLIO, Wagner. *Justa causa*. 7. ed. São Paulo: Saraiva, 2000, p. 86.
6. LACERDA, Dorval. Op. cit., p. 96.

técnico e manual. Não existe justa causa em nenhum dos dois casos, por nada ter a ver com o contrato de trabalho.

O fato de o empregado procurar frequentar a zona do meretrício ou fazer sexo com prostitutas é uma questão que diz respeito apenas a ele. Uma pessoa normal necessita de sexo como necessidade fisiológica. A pessoa tem relação sexual com quem que lhe aprouver. A hipótese relatada não implica quebra de confiança na relação entre empregado e empregador, por nada ter a ver com ela.

Reconheço que um empregado com comportamento inadequado pode causar prejuízo ao ambiente de trabalho na empresa, mas esse comportamento deveria ser decorrente do contrato de trabalho ou, sendo fora da empresa, causar reflexos nela.

A incontinência de conduta deve, porém, estar ligada ao contrato de trabalho, mesmo que seja praticada externamente ao ambiente de trabalho. Ela estará configurada quando o empregado praticar o ato contra o empregador, contra outros empregados, contra clientes do empregador.

Mesmo que o empregado preste serviços externamente à empresa, a justa causa pode se configurar, desde que tenha relação com o contrato de trabalho. É o que pode ocorrer com o empregado entregador, cobrador, vendedor pracista, *office boy* etc.

A interpretação histórica da Lei n. 62 mostra que a justa causa dizia respeito a "qualquer ato de improbidade ou incontinência de conduta, que torne o empregado incompatível com o serviço" (art. 5º, *a*). Não dispunha que a justa causa dizia respeito ao serviço, mas sim a qualquer ato de improbidade praticado pelo empregado, o que poderia ocorrer contra terceiros em situação alheia ao contrato de trabalho. A alínea *b* do art. 482 da CLT não repetiu a determinação anterior, tendo sido mais restrita. Não mais é mencionado qualquer ato de incontinência de conduta, que compreenderia um ato praticado contra terceiros sem relação com o serviço, mas sim incontinência de conduta. Isso mostra que a incontinência de conduta deve estar relacionada com a relação de emprego.

Ao contrário da justa causa de improbidade, o art. 482 da CLT não usa a expressão "ato de incontinência de conduta", que poderia denotar qualquer ato, mas apenas "incontinência de conduta".

A CLT não dispõe que a justa causa é a incontinência de conduta relacionada com o emprego, mas há necessidade de se fazer a interpretação sistemática da CLT. A alínea *b* do art. 482 da CLT está no Capítulo V, da Rescisão, que diz respeito ao contrato de trabalho. O *caput* do art. 482 da CLT também faz referência ao contrato de trabalho. A CLT é uma norma que diz respeito à relação entre empregado e empregador, que é corporificada no contrato de trabalho. Assim, somente se a questão diz respeito ao trabalho é que a justa causa pode ser aplicada.

A incontinência de conduta deve ter repercussão no ambiente de trabalho, desde que o empregado trabalhe internamente. Se ele presta serviços externos, o ato de incontinência de conduta pode ser praticado contra o cliente ou terceiros, mas deve ter conexão com o contrato de trabalho, ainda que não tenha repercussão no ambiente de trabalho.

Domingos Zainaghi lembra o exemplo de um empregado de banco que foi a uma boate e lá presenciou um *show* de travestis. Uma das pessoas que participavam do espetáculo era exatamente o gerente do banco em que trabalhava. O fato foi comunicado aos superiores hierárquicos, e o empregado foi dispensado por incontinência de conduta[7].

Para mim, o exemplo não mostra incontinência de conduta, pois não tem qualquer relação com o contrato de trabalho. O próprio gerente do banco também deveria ser despedido, pois também foi ao espetáculo e poderia ser um travesti. Houve, no caso, violação ao princípio da igualdade (art. 5º, *caput*, da Constituição).

Examinando-se a questão por outro ângulo, a opção sexual do gerente do banco não é da conta de ninguém. Cada um adota a opção sexual que quiser. Isso pode indicar também discriminação, porque hoje se reconhece a união estável entre pessoas do mesmo sexo, inclusive com concessão de pensão por morte. Na hipótese, a moral na sociedade vê a questão de forma diferente da qual era vista antes do ano 2000. Há várias pessoas famosas que são artistas e trabalham na televisão que são homossexuais e não foram dispensadas por justa causa de incontinência de conduta. O empregador, ao adotar tal atitude, poderia ser responsabilizado por dano moral, exatamente em razão de discriminação cometida contra o empregado. Se o gerente perde o respeito no ambiente de trabalho, deve o empregador mudá-lo de função, de agência ou até dispensá-lo, mas sem justa causa.

O fato de o empregado conviver com gente de má conduta, de reputação duvidosa, não é motivo para a aplicação de justa causa por incontinência de conduta. O empregado pode morar na favela ou no morro, convivendo com gente de má conduta e má índole, com prostitutas e até com traficantes. Onde o empregado mora não é da conta do empregador, nem com quem ele anda fora do serviço. O empregado reside na favela ou no morro, pois ganha mal e não tem dinheiro para comprar uma casa num local adequado e requintado. Pode até não querer ou não gostar de morar naquele local, mas tal convivência não é hipótese de justa causa.

---

7. ZAINAGHI, Domingos Sávio. *A justa causa no direito do trabalho.* São Paulo: Malheiros, 1995, p. 68.

Assim, caso o empregado pratique a incontinência de conduta, mesmo fora da empresa, mas em decorrência do contrato de trabalho ou indiretamente dele proveniente, a justa causa estará caracterizada.

Exemplo pode ser o caso do empregado que mostra seus órgãos genitais pela janela a empregadas de empresa vizinha.

Entretanto, se a justa causa não tem relação com o contrato de trabalho, a penalidade não pode ser aplicada ao empregado.

4.6 ATO ÚNICO

A alínea *b* do art. 482 da CLT não usa a expressão *ato de* para caracterizar a incontinência de conduta.

Em princípio, falar em incontinência de conduta poderia pressupor mais de uma falta praticada, pois a conduta exigiria certa prática ou habitualidade.

Uma única falta pode, porém, caracterizar a justa causa, em razão da gravidade do ato praticado. Se o ato é suficientemente grave, basta que tenha sido praticado uma vez, que é a conduta inadequada, e não que tenha sido repetido.

Não há necessidade de o empregado ser advertido, depois suspenso para, então, ser dispensado por justa causa. A incontinência de conduta é um ato grave, que abala a confiança existente na relação de emprego. Assim, pode haver a dispensa com um único ato praticado pelo empregado.

Empregado que é flagrado mantendo relações sexuais com outra empregada ou outra pessoa alheia à empresa durante a jornada de trabalho comete a justa causa em comentário.

4.7 CAPACIDADE DO TRABALHADOR

Não há dúvida de que o homem é produto do meio social em que vive e assim a matéria tem de ser analisada. Para compreender sua conduta, devem ser identificadas suas causas.

A falta deve ser estudada de acordo com o grau de escolaridade do empregado, de forma que ele entenda que seu ato é incompatível com a moral estabelecida pela sociedade. É o que ocorre com trabalhadores que têm profissões que exigem grau superior, como professores, médicos, advogados, engenheiros etc. É o que também ocorre com os bancários, que geralmente também têm grau maior de instrução do que empregados comuns. Logo, terão condições de discernir melhor seu ato e de entender que não poderiam praticá-lo.

O art. 101 da Lei do Contrato de Trabalho de Portugal previa que:

a existência da justa causa será apreciada pelo tribunal segundo o seu prudente critério, tendo sempre em atenção o caráter das relações entre o trabalhador e a entidade patronal ou os seus superiores hierárquicos, a condição social e grau de educação de uns e outros e as demais circunstâncias do caso.

4.8 INTERRUPÇÃO E SUSPENSÃO DO CONTRATO DE TRABALHO

Estando os efeitos do contrato de trabalho do empregado suspensos ou interrompidos, e sendo apurada a falta, a justa causa estará evidenciada, em razão de que o contrato de trabalho ainda não cessou.

Deve, porém, o ato do empregado ter repercussão no ambiente da empresa ou ser inerente à relação de emprego.

4.9 JURISPRUDÊNCIA

Caracteriza justa causa para o despedimento o comportamento do empregado, em horário de serviço, consistente em urinar no chão do setor em que é encarregado na presença de colegas de trabalho. Ato incompatível com o mínimo de decência e civilidade que razoavelmente é dado ao empregador aguardar e exigir do empregado, mormente quando encarregado do setor industrial. Incontinência de conduta configurada (TRT 9ª R., RO 6.150/91, Ac. 7.892/92, 1ª T., rel. Juiz João Oreste Dalazem, *DJ* PR, 16-10-1992, p. 158).

Justa causa. Incontinência de conduta. Prática de atos libidinosos – A circunstância de estar no exercício da profissão médica não exonera o empregado de abster-se da prática de atos libidinosos, sendo correto enquadrá-lo na alínea *b* do art. 482 da CLT, quando nos autos resta provado o seu desregramento de conduta, ligado à vida sexual, no trato com seus pacientes (TRT 9ª R., RO 706/89, 2ª T., rel. Juiz Lauro Stellfeld Filho, *DJ* PR 4-5-1990, p. 91).

Ainda que abraços e beijos sejam hoje comuns nas vias públicas, não se pode permitir sua prática no recinto de trabalho, sob pena de transformar-se a empresa em "inferninho" do que pouco faltou, no caso, onde a menor foi levada para uma "estufa" (TRT 2ª R., 3ª T., RO 1.732/72, Ac. 135/73, rel. Juiz Albino Feliciano da Silva, j. 9-1-1973, *LTr* 37/629).

Justa causa. Incontinência de conduta. Depoimento da informante. Caracterização. Comete falta resolutória de contrato de trabalho, consubstanciada em incontinência de conduta, o empregado que mantém relações sexuais com empregada doméstica, na cama do próprio empregador. Tratando-se de falta, que pela própria natureza, é praticada às escondidas, o rigor da prova, que deve ser o mesmo de qualquer outra falta, se limita à certeza do ato. Como tudo na vida, a prova não pode ser avaliada quantitativamente, mas qualitativamente, bastando, no caso, que o parceiro do empregado preste a informação acerca do ato faltoso. A simples circunstância de haver a contradita sido acolhida não torna, por si só, as declarações da informante um depoimento sem letras a ponto de não poder ser levado em consideração pelo julgador (TRT 3ª R., RO 1.494/98, 4ª T., rel. Juiz Otávio Linhares Renault, *DJ* MG 2-12-1988).

5
MAU PROCEDIMENTO

5.1 EVOLUÇÃO LEGISLATIVA

O inciso IV do art. 1.229 do Código Civil de 1916 previa hipótese de justa causa para dar o locatário por findo o contrato quanto a vícios ou mau procedimento do locador.

Determinava a alínea *c* do art. 5º da Lei n. 62, de 5 de junho de 1935, justa causa para a dispensa do trabalhador, "mau procedimento ou ato de desídia no descumprimento das respectivas funções".

Dispõe a alínea *b* do art. 482 da CLT que há justa causa para a dispensa do trabalhador em caso de "incontinência de conduta ou mau procedimento".

Para o doméstico, a Lei Complementar n. 150 menciona: incontinência de conduta ou mau procedimento (art. 27, III).

5.2 CONCEITO

O mau procedimento vem a ser um ato faltoso que não pode ser enquadrado nas demais alíneas do art. 482 da CLT. Tudo o que não possa ser encaixado em outras faltas será classificado no mau procedimento. Será, portanto, uma atitude irregular do empregado, um procedimento incorreto, incompatível com as regras a serem observadas pelo homem comum perante a sociedade.

A expressão contida na letra *b* do art. 482 da CLT é imprecisa, pois mau procedimento é uma expressão bastante genérica. Parece que o objetivo do legislador foi exatamente esse, de estabelecer uma vala comum, que não pode ser enquadrada nas demais hipóteses contidas no art. 482 da CLT. Assim, não sendo possível estabelecer uma hipótese específica no art. 482 da CLT, provavelmente será o ato do empregado mau procedimento.

É, portanto, o mau procedimento uma hipótese bastante ampla.

Todos os contratos devem ser executados com base no princípio da boa-fé. Hoje, o art. 421 do Código Civil estabelece que os contratantes são obrigados a guardar, assim na conclusão do contrato, como em sua execução, os princípios da probidade e boa-fé. O empregado deve também proceder com boa-fé no contrato de trabalho e abster-se de praticar atos com má-fé.

O objetivo do legislador parece ser de uma hipótese distinta das demais contidas no art. 482 da CLT. Do contrário, não teria sentido falar em mau procedimento, pois quem comete ato de improbidade, se embriaga habitualmente, revela segredo do empregador, é indisciplinado ou insubordinado comete mau procedimento.

De modo geral, caracteriza-se como mau procedimento a impolidez, a grosseria, a falta de compostura etc. É faltar com o respeito.

Também fica evidenciada a falta quando são feitas brincadeiras que excedam os limites da boa convivência entre as pessoas, mexericos no local de trabalho que trazem repercussão no serviço, prejudicando o ambiente de trabalho etc.

Compreende o mau procedimento usar palavras de baixo calão em ambiente em que essas palavras não costumam ser usadas, como em locais finos ou requintados. Um exemplo poderia ser o do garçom que usa tais palavras num restaurante francês.

As palavras de baixo calão não podem ser usadas para ofender as pessoas, mas apenas empregadas no linguajar do empregado. Se o objetivo das palavras de baixo calão é ofender alguém, pode estar caracterizada a justa causa para ato lesivo à honra ou à boa fama.

O empregado deve ter boa conduta no emprego, que é inerente a qualquer homem normal.

5.3 DISTINÇÃO

As hipóteses contidas na alínea *b* do art. 482 são duas. São situações distintas.

Uma coisa é a incontinência de conduta e outra o mau procedimento.

A lei usa a conjunção alternativa *ou*, mas não com o intuito de sinônimo. O mau procedimento não engloba a incontinência de conduta e vice-versa.

Difere o mau procedimento da incontinência de conduta. Esta abrange um ato ligado à moral sexual. No mau procedimento, há má-fé do empregado na prática de certo ato, que não está exatamente tipificado nas demais alíneas do art. 482 da CLT.

Não se confunde o mau procedimento com a improbidade. Esta envolve desonestidade por parte do empregado que visa obter um proveito. O mau procedimento diz respeito a qualquer outro ato diverso da desonestidade do empregado, que visa causar prejuízo ao empregador.

Distingue-se o mau procedimento da indisciplina. Nesta, o empregado descumpre ordens gerais de serviço, estabelecidas para toda a empresa. No mau procedimento, pratica o empregado um ato com má-fé, que não tem previsão nas outras alíneas do art. 482 da CLT.

A insubordinação, indisciplina, desídia, embriaguez sempre serão espécies de mau procedimento, mas este tem significação específica dentro do contexto da justa causa.

5.4 INTENÇÃO

O mau procedimento revela a intenção do empregado de praticar o ato. A situação só se verifica com a prática do ato.

Em princípio, não é justa causa que se configura por omissão do empregado. A omissão pode caracterizar a justa causa se é comum o empregado urinar no banheiro de porta aberta, principalmente quando pelo local passam clientes, empregadas etc. A omissão consiste justamente em deixar de fechar a porta no referido momento, causando constrangimento às pessoas que passam pelo local, prejudicando o ambiente de trabalho.

5.5 RELAÇÃO COM O CONTRATO DE TRABALHO

A falta tanto poderá ser praticada no ambiente de trabalho, como fora dele. É o que ocorre com o *office boy*, com o vendedor ou cobrador externos etc.

Dorval Lacerda afirma que:

pode existir, como ato faltoso de natureza trabalhista, pela sua prática fora do serviço, mas via de regra é nele que tal prática comumente se revela.

Esclarece em nota de rodapé que

há, entretanto, exemplos típicos de mau procedimento, bastantes para autorizar a despedida, praticados fora da empresa. Entre estes por exemplo o de empregado condenado por insubmissão militar ou deserção[1].

A CLT não mais exige prova da quitação das obrigações do serviço militar para emitir Carteira de Trabalho e Previdência Social (CTPS). Em tese, o empregado poderia ter começado a trabalhar antes dos 18 anos e obter CTPS, podendo cometer a insubmissão militar. Poderia praticá-la e começar a trabalhar

---

1. LACERDA, Dorval. *A falta grave no direito do trabalho*. 4. ed. Rio de Janeiro: Edições Trabalhistas, 1976, p. 96.

sem carteira de trabalho, pois o contrato de trabalho também é verbal. Poderia alegar que perdeu a CTPS e está providenciando outra. O empregador poderia não tomar conhecimento da insubmissão militar ou da deserção.

O exemplo citado, porém, poderia ensejar condenação criminal. Entretanto, não tem qualquer conexão com o contrato de trabalho, direta ou indiretamente.

Hoje, a pessoa poderia estar sujeita à prestação alternativa para se eximir de cumprir a obrigação legal de prestar o serviço militar (art. 5º, VIII, da Constituição).

A falta praticada pelo empregado deve estar, porém, relacionada com o contrato de trabalho. Se o empregado comete mau procedimento fora da empresa e sem conexão com o serviço, não se pode falar em justa causa, embora seja lamentável seu ato. Isso não interfere no contrato de trabalho. Não provoca nenhum abalo na relação entre o empregado e o empregador ou na confiança existente no contrato de trabalho.

O empregado pode bater em sua mulher todas as noites quando chega em casa embriagado. Seu ato é deplorável, porém nada tem a ver com o contrato de trabalho. Não tem nenhuma influência sobre o trabalho. Muitas vezes, nem sequer é de conhecimento do empregador.

O que o empregado faz na sua vida privada não é da conta do empregador. Pode praticar bruxaria com intuito de prejudicar as pessoas, mutilar animais etc. Seu ato é um mau procedimento, mas não tem nenhuma influência sobre o contrato de trabalho. Deve, assim, o ato ter conexão com o contrato de trabalho. Do contrário, não é mau procedimento.

5.6 ATO ÚNICO

Mesmo a alínea *b* do art. 482 da CLT não usando a expressão *ato de* para caracterizar o mau procedimento, uma única falta pode caracterizar a justa causa, em razão da gravidade do ato praticado.

Não há necessidade de o empregado ser primeiro advertido e depois suspenso para, então, ser dispensado por justa causa. O mau procedimento é um ato grave, que abala a confiança existente na relação de emprego e repercute no ambiente de trabalho. Assim, pode haver a dispensa com um único ato praticado pelo empregado, desde que ele seja grave.

Dependendo do caso, se o ato não é grave, há necessidade da reiteração de faltas praticadas pelo empregado para a caracterização do mau procedimento. Assim, somente um conjunto de faltas é que caracterizaria o mau procedimento.

5.7 CAPACIDADE DO TRABALHADOR

O ambiente em que é praticada a falta tem de ser analisado. Se é um ambiente mais ou menos requintado.

O grau de discernimento do empregado a respeito do ato praticado pode influir na aplicação da justa causa, como sua posição hierárquica na empresa, se tem escolaridade etc.

Do trabalhador braçal ou rudimentar não se pode exigir atitude polida ou refinada.

Uma coisa é a falta praticada por um empregado analfabeto ou semialfabetizado. Outra coisa é uma falta praticada por um dirigente ou por empregado que tem certa escolaridade.

Deve-se verificar a conduta normal a ser esperada de um trabalhador, de um homem médio ou então de uma pessoa que tem educação superior.

5.8 INTERRUPÇÃO E SUSPENSÃO DO CONTRATO DE TRABALHO

Estando os efeitos do contrato de trabalho do empregado suspensos ou interrompidos, e sendo apurada a falta, a justa causa estará evidenciada, em razão de que o contrato de trabalho ainda não cessou.

Na maioria dos casos, o ato do empregado deveria ser no ambiente de trabalho, como na hipótese de, mesmo estando suspenso ou interrompido o contrato de trabalho, o obreiro voltar à empresa para pegar cesta básica, tíquete refeição, ir ao banco, e o ato ser praticado. Exemplo ocorreria na hipótese em que estivesse em férias, comparecendo à empresa, ocasião em que profere palavras de baixo calão na presença de clientes.

Se o ato do empregado não ocorre no âmbito da empresa, deve ser inerente ao contrato de trabalho. O ato até pode ter repercussão no ambiente de trabalho, mas se não for relacionado com o contrato de trabalho, a justa causa não existe.

5.9 JURISPRUDÊNCIA

Age mal empregado que, em dia de repouso, faz uso de veículo da empresa para o transporte de familiares e amigos, ao mesmo sobrecarregando e lhe imprimindo velocidade excessiva. Se há ainda a indevida cessão de veículo para que terceiro o conduza, estranho aos quadros da empresa, mais ainda se caracteriza o mau proceder, ensejador do justo despedimento (TRT 9ª R., RO 2.332/88, 2ª T., rel. Juiz Lauro Stellfeld Filho, *DJ* PR 16-8-1989, p. 96).

Patente o mau procedimento do empregado surpreendido pela vigilância da empresa, nas proximidades da mesma, mas em seu horário de trabalho e sem justificar os motivos que o levaram a se retirar do serviço, tendo a prejudicá-lo ainda os fatos admitidos na sindicância realizada na oportunidade. Irrelevante, no caso, para a configuração da falta grave trabalhista a inexistência de comprometimento na área policial (TRT 2ª R., RO 137/84, Ac. 16.927/85, 3ª T., rel. Juiz José Henrique Marcondes Machado).

Justa causa. Mau procedimento. Não configura mau procedimento o fato de a reclamante namorar com o motorista de ônibus de empresa contratada para transportar funcionários da reclamada para casa. A empresa não comprovou que a autora estava mantendo relações sexuais com o motorista na Estrada da Alta Tensão, nem que havia habitualidade no namoro no referido local. O fato em si não pode ser considerado grave, nem foi prejudicial ao serviço, pois deu-se fora do local de trabalho. Incabível, portanto, a dispensa motivada, sendo devidas as verbas rescisórias (TRT 2ª R., RO 02970093582, Ac. 02980053842, j. 3-2-1998, 3ª T., rel. Juiz Sergio Pinto Martins, *DJ* SP 17-2-1998).

Justa causa. Uso de *e-mails* desrespeitosos. O uso de *e-mails* desrespeitosos durante a jornada de trabalho para outras mulheres, como "cachorrão 17 cm" evidencia a existência de justa causa para a dispensa, principalmente pelo fato de o empregado já ter sido advertido anteriormente por outra falta (TRT 2ª T., RO 00911.2002.011.02.00-0, Ac. 20050342384, rel. Juiz Sergio Pinto Martins, j. 2-6-2005).

6
NEGOCIAÇÃO HABITUAL

6.1 EVOLUÇÃO LEGISLATIVA

A justa causa de negociação habitual ou concorrência desleal já era comum antes da existência do Código Comercial. Este passou a regular no art. 84 que o preposto fosse dispensado se estivesse fazendo negociações por conta própria ou alheia sem a permissão do preponente. Não se falava em habitualidade da negociação, mas já havia previsão de não existir permissão do patrão.

Indicava a alínea *b* do art. 5º da Lei n. 62/35 a "negociação habitual por conta própria ou alheia, sem permissão do empregador" para a dispensa por justa causa do empregado. Nessa norma surge o adjetivo *habitual*. Compreende, portanto, a necessidade de a negociação ser habitual e não mera negociação.

A CLT mudou a concepção até então existente, incluindo também a concorrência desleal. Prevê a alínea *c* do art. 482 da CLT a justa causa de:

> (...) negociação habitual por conta própria ou alheia sem permissão do empregador, e quando constituir ato de concorrência à empresa para a qual trabalha o empregado, ou for prejudicial ao serviço.

Na Espanha, são deveres dos trabalhadores não concorrer com a atividade da empresa (art. 5º, *d*, do Estatuto dos Trabalhadores).

6.2 CONCEITO

Negociação vem do latim *negotiatione*, que significa o ato ou efeito de negociar.

Negociar vem do latim *negotiare*. É o ato de fazer negócios, de comércio, de comerciar.

A negociação diz respeito aos atos de comércio praticados pelo empregado.

O atual Código Civil passa, porém, a usar um termo mais amplo do que comerciante, como era previsto no Código Comercial. Trata-se da figura do empresário, que não é apenas quem comercia, mas o industrial, o prestador de serviços, o banqueiro, a pessoa que se dedica a atividades rurais etc. Mostra o art. 966 do atual Código Civil que empresário é quem exerce profissionalmente atividade econômica organizada para a produção ou a circulação de bens ou de serviços para o mercado, que é o conceito moderno trazido do direito italiano.

Assim, a negociação tem de ser entendida de forma mais ampla e não apenas interpretada em relação a atos de comércio, mas em relação a qualquer atividade da empresa.

Negociação, para efeito de justa causa, é a prática de atividades empresariais feitas pelo empregado no curso do contrato de trabalho. Implica, portanto, que o ato seja realizado e não meramente tentado.

A CLT não exige que a concorrência desleal seja feita em concomitância com a negociação habitual para a caracterização da justa causa. O exame superficial da alínea *c* do art. 482 da CLT indicaria que o uso da conjunção aditiva *e* mostraria que a falta só se verifica com a concorrência desleal realizada juntamente com a negociação habitual. Entretanto, não é assim, pois a norma legal usa a palavra *quando*, indicando que se ocorrer também a concorrência desleal a falta estará caracterizada. Não é pressuposto da falta a ocorrência de concorrência desleal, mas pode existir apenas a negociação habitual.

Na Itália, mostra o art. 2.105 do Código Civil que viola o dever de fidelidade o obreiro que realize negociações por conta própria ou de terceiros, em concorrência com o empregador. É o chamado "dever de não concorrência".

6.3 HABITUALIDADE

A justa causa de negociação não compreende um ato único do empregado.

Exige a lei que a negociação seja habitual. Não pode, portanto, ser um único ato, mas deve haver constância, prática, reiteração, repetição, periodicidade, continuidade nessa negociação.

Se o empregado faz negociação uma vez ou outra, não se pode falar em justa causa.

Cada caso terá de ser analisado para verificar qual é o número de vezes que irá caracterizar a justa causa. Pode não ser duas ou três, mas deve ser o número suficiente a demonstrar que existe habitualidade na negociação.

Os procedimentos preparatórios do empregado para chegar à negociação habitual ou à concorrência desleal não evidenciam a justa causa em estudo. O mesmo ocorre com a mera tentativa. É preciso a ocorrência do ato efetivo de negociação ou de concorrência. O procedimento preparatório pode causar outras faltas, como improbidade, mau procedimento, desídia, se há repercussão no serviço de forma a mostrar negligência do empregado, diminuição da sua produção etc.

6.4 NEGOCIAÇÃO POR CONTA PRÓPRIA

Na negociação por conta própria o empregado assume os riscos dessa atividade, que tanto podem ser positivos, tendo lucro, como negativos, tendo prejuízo. Não há repartição dos riscos com outra pessoa.

A negociação por conta própria poderá estar caracterizada quando o empregado tem empresa, é empregado de outra empresa, ou atua como autônomo fazendo negociações habituais, que são prejudiciais ao empregador.

6.5 NEGOCIAÇÃO POR CONTA ALHEIA

Na negociação por conta alheia, o empregado não assume os riscos da atividade. Os riscos ficam por conta de um terceiro. Recebe o obreiro apenas comissões pelas vendas que faz.

Mesmo que a negociação seja feita por conta alheia, ela caracteriza justa causa se for habitual ou se houver prejuízo ao serviço.

Ocorre de o empregado fazer com que sua esposa ou outro parente seu constitua empresa para negociar em nome dela, em prejuízo do empregador. Essa atividade pode ser também desenvolvida por terceiro.

6.6 PERMISSÃO

Essa negociação, segundo a lei trabalhista, deve ser a feita sem permissão do empregador.

A permissão pode ser expressa, porque consta do contrato de trabalho, do regulamento de empresa ou de outro documento. Pode, também, ser verbal, pois o contrato de trabalho também é verbal (art. 443 da CLT).

Pode, ainda, a permissão ser tácita, pois o contrato de trabalho também é estabelecido tacitamente (art. 443 da CLT). A permissão tácita ocorre quando o empregador tolera a negociação do empregado ou quando toma conhecimento da atividade, mas não opõe nenhum obstáculo ao seu desenvolvimento. Não poderá, assim, ser considerada como falta grave para o rompimento do liame empregatício.

Caso a negociação seja feita com permissão tácita ou expressa do empregador, a justa causa estará descaracterizada.

É comum nas empresas e até nas repartições públicas funcionários venderem roupas, joias, bijuterias, comida etc. Se há permissão do empregador ou se a prática é tolerada, não há justa causa. Caso o empregador não permita tais atos, a justa causa estará caracterizada, desde que haja habitualidade no ato e seja prejudicial ao serviço.

O empregado não precisará pedir permissão ao empregador para explorar atividade diversa da desenvolvida na empresa, que não é feita no horário de trabalho, nada tem a ver com o contrato de trabalho e não traz nenhum prejuízo ao serviço. O desenvolvimento da referida atividade não irá configurar justa causa.

A prova da permissão de negociação será do empregado, pois o empregador não poderia provar fato negativo, de que não permitiu a negociação.

6.7 LOCAL

A negociação habitual pode ocorrer no horário de trabalho do empregado, como quando ele usa materiais do empregador, como impressos e inclusive seu telefone.

Poderá, também, acontecer quando o empregado desenvolve essas atividades fora da empresa, como na sua residência ou em outras dependências, mas que tem reflexos no contrato de trabalho.

O trabalhador pode exercer fora do emprego atividade como autônomo. É o que pode ocorrer nas suas horas de folga, em que visa complementar seu orçamento familiar. Se a atividade não é concorrente com a do empregador ou não causa prejuízo ao serviço, não existe justa causa.

6.8 EXCLUSIVIDADE

Não se exige exclusividade como requisito para a configuração do contrato de trabalho. O empregado pode ter mais de um emprego, como mostra a legislação. O art. 138 da CLT admite que o empregado preste serviços em suas férias a outro empregador, se estiver obrigado a fazê-lo em virtude de contrato de trabalho regularmente mantido com aquele. Mostra o art. 414 da CLT que as horas de trabalho do menor que tiver mais de um emprego deverão ser totalizadas.

Muitas vezes, o empregado tem mais de um emprego por necessidade, pois ganha mal e precisa complementar sua renda. É o que muitas vezes acontece com músicos, professores, jornalistas etc.

É lícito ao empregado ter mais de um emprego, pois não há proibição na lei. Aquilo que não é proibido é permitido.

O fato de o empregado ter mais de um emprego não será motivo para caracterização da falta de negociação habitual.

É comum um empregado exercer certa atividade durante o dia e à noite exercer atividade de professor. Se não há relação entre as atividades, não se pode falar em justa causa.

O empregado só estará proibido de exercer outra atividade se assim for estabelecido no contrato de trabalho, hipótese em que o empregador exigirá exclusividade na prestação de serviço do trabalhador.

6.9 CONCORRÊNCIA DESLEAL

O contrato de trabalho tem por pressuposto a confiança entre as partes, a fidúcia. Se a confiança deixa de existir, o contrato de trabalho pode cessar, inclusive por justa causa.

O empregado tem por obrigação inerente ao contrato de trabalho ser leal e ter fidelidade em relação ao empregador. Não pode ser o empregado desleal ao seu empregador, principalmente estabelecendo concorrência nesse sentido. Deve o trabalhador colaborar com o empregador no desenvolvimento de suas atividades, tanto que na Administração de Empresas já chamam o empregado de parceiro.

A letra *d* do art. 5 do Estatuto dos Trabalhadores da Espanha é clara no sentido de que são deveres básicos do empregado não concorrer com a atividade da empresa.

A concorrência desleal é caracterizada pela intenção do empregado de praticar o ato. Há necessidade de dolo do empregado em praticar o ato. Trata-se de um ato de má-fé do empregado, de fraude.

Antes, porém, de haver concorrência desleal, é preciso que tenha havido negociação habitual.

Nem toda a negociação irá caracterizar, porém, a concorrência desleal.

A concorrência desleal é configurada pelo fato de que o empregado explora o mesmo ramo de atividade do empregador. Isso pode ser feito tanto durante o horário de expediente como fora dele. A mera suposição de que existe concorrência desleal ou o fato de que o empregado está adquirindo máquinas para fazer concorrência desleal não caracterizam a justa causa, que exige que o ato tenha, de fato, sido praticado pelo empregado.

A negociação poderia estar caracterizada pela existência do comércio de forma habitual, mesmo que não faça concorrência com o empregador. A concorrência pressupõe o exercício do mesmo ramo de atividade do empregador.

Se o empregado explora outro ramo de atividade fora da empresa, seu ato não é de concorrência desleal, mas pode ser de negociação habitual.

Não se confunde a concorrência desleal com a violação de segredo da empresa. Na violação de segredo da empresa, basta a divulgação do fato. A concorrência desleal compreende o ato de comércio praticado pelo empregado em concorrência com o empregador.

O ato do empregado que recebe comissão de concorrente do empregador não é concorrência desleal, mas mau procedimento ou improbidade, dependendo da hipótese.

É comum profissional liberal, que trabalha em grande escritório, cobrar preço menor do cliente e fazer serviço paralelo ao do empregador, na qualidade de autônomo ou, então, ter escritório próprio em que faz o serviço.

Costuma acontecer, também, de empregado de oficina mecânica ter oficina paralela, angariando seus clientes entre os do empregador. Muitas vezes o serviço pode ser feito na garagem da residência do trabalhador. Haverá, portanto, concorrência desleal.

A concorrência desleal não exige habitualidade, basta que seja feita sem permissão do empregador. Empregado com mais de 10 anos de casa que comete a falta uma única vez deve ser dispensado por justa causa, pois não se exige constância na falta, mas um único ato. Irrelevante que o trabalhador tenha muitos anos de casa como atenuante para a aplicação da justa causa, em razão de que o aspecto importante é a perda de confiança do empregador e da lealdade que o empregado deveria ter a ele, além do prejuízo que o empregador tem.

Se houver permissão do empregador, a concorrência do empregado não será desleal, mas leal.

O empregado que trabalha para outra empresa que explora o mesmo ramo de atividade do seu empregador não comete justa causa de violação de segredo da empresa se não tem conhecimento de atividades negociais ou de produção do seu primeiro empregador.

Em certas profissões, como de professores, jornalistas, músicos, médicos, a permissão é implícita, pois é decorrente dos usos e costumes das partes.

O fato de o professor ministrar aulas em mais de uma escola não quer dizer que pratica concorrência desleal com o empregador, salvo se for exigida exclusividade na prestação de serviços. O professor tem esse procedimento, pois em geral tem baixo salário. É comum o professor ministrar aulas pela manhã numa escola, à tarde em outra e à noite em outra completamente diferente das duas primeiras para poder receber uma remuneração mensal maior. Às vezes, esse fato é até exposto pelo empregado ao empregador, de forma que não se pode caracterizar como concorrência desleal, mas em ato de lealdade do empregado. No caso, o trabalhador exercita uma função de empregado e não abre escola para concorrer com o empregador.

Em relação a jornalistas é comum que eles escrevam em mais de um jornal ou revista, salvo se for estabelecida cláusula de exclusividade. É comum que trabalhem em mais de uma emissora de rádio ou de televisão, como ocorre, por exemplo, na área esportiva ou econômica. De manhã, o jornalista está na rádio, à noite está na televisão que pertence a grupo completamente diverso. Não há justa causa para a dispensa do trabalhador.

Os músicos tocam em mais de um lugar a cada dia. Às vezes, chegam a tocar em mais de uma casa na mesma noite. Nem por isso se configura a justa causa.

Em algumas atividades, ainda se aplica a máxima de que o ordinário se presume e o extraordinário deve ser provado. Assim, o ordinário é muitas vezes ter mais de um emprego nas áreas citadas. O extraordinário, haver cláusula de exclusividade, deve ser provado.

Pode a concorrência desleal ser caracterizada com um único ato, pois a falta é considerada grave para efeito da dispensa do empregado. Uma única falta pode configurar a justa causa, justamente porque o empregador perde a confiança no empregado.

Existe presunção de que na concorrência desleal há prejuízo ao empregador. Provada a concorrência desleal, presume-se o prejuízo. Se a concorrência é desleal, pressupõe-se o prejuízo. Do contrário, ela seria leal e não haveria qualquer prejuízo ao empregador.

Há referência na OIT ao fato de que:

> dispositivos legislativos e contratuais tendem, às vezes, a regular a interdição de fazer concorrência, não somente após a cessação do contrato de trabalho, mas também durante a sua duração. Não nos ocupamos senão das interdições previstas para o período que se segue à cessação do contrato. Quando disposições intervêm referindo-se à interdição para um empregado fazer concorrência a seu empregador durante a duração do contrato, nada mais fazem do que precisar ou reforçar medidas gerais de proteção que decorrem do direito comum. Estas medidas parecem de tal modo justificadas que não suscitam nenhuma oposição[1].

---

1. *Revue Internationale du Travail*, v. XIX, Mars, 1929, p. 425.

O Direito Penal tipifica o crime de concorrência desleal no art. 195 da Lei n. 9.279, de 14 de maio de 1996. Há uma atividade ilícita, que prejudica o direito de outra pessoa. Comete crime de concorrência desleal quem: (a) publica, por qualquer meio, falsa afirmação, em detrimento de concorrente, com o fim de obter vantagem; (b) presta ou divulga, acerca de concorrente, falsa informação, com o fim de obter vantagem; (c) emprega meio fraudulento, para desviar, em proveito próprio ou alheio, clientela de outrem; (d) usa expressão ou sinal de propaganda alheios, ou os imita, de modo a criar confusão entre os produtos ou estabelecimentos; (e) usa, indevidamente, nome comercial, título de estabelecimento ou insígnia alheios ou vende, expõe ou oferece à venda ou tem em estoque produto com essas referências; (f) substitui, pelo seu próprio nome ou razão social, em produto de outrem, o nome ou razão social deste, sem o seu consentimento; (g) atribui-se, como meio de propaganda, recompensa ou distinção que não obteve; (h) vende ou expõe ou oferece à venda, em recipiente ou invólucro de outrem, produto adulterado ou falsificado, ou dele se utiliza para negociar com produto da mesma espécie, embora não adulterado ou falsificado, se o fato não constitui crime mais grave; (i) dá ou promete dinheiro ou outra utilidade a empregado de concorrente, para que o empregado, faltando ao dever do emprego, lhe proporcione vantagem; (j) recebe dinheiro ou outra utilidade, ou aceita promessa de paga ou recompensa, para, faltando ao dever de empregado, proporcionar vantagem a concorrente do empregador; (k) divulga, explora ou utiliza-se, sem autorização, de conhecimentos, informações ou dados confidenciais, utilizáveis na indústria, comércio ou prestação de serviços, excluídos aqueles que sejam de conhecimento público ou que sejam evidentes para um técnico no assunto, a que teve acesso mediante relação contratual ou empregatícia, mesmo após o término do contrato; (l) divulga, explora ou utiliza-se, sem autorização, de conhecimentos ou informações a que se refere o item anterior, obtidos por meios ilícitos ou a que teve acesso mediante fraude; (m) vende, expõe ou oferece à venda produto, declarando ser objeto de patente depositada, ou concedida, ou de desenho industrial registrado, que não o seja, ou menciona-o, em anúncio ou papel comercial, como depositado ou patenteado, ou registrado, sem o ser; (n) divulga, explora ou utiliza-se, sem autorização, de resultados de testes ou outros dados não divulgados, cuja elaboração compreenda esforço considerável e que tenham sido apresentados a entidades governamentais como condição para aprovar comercialização de produtos.

Não é fundamento para o empregador rescindir o contrato de trabalho do empregado por justa causa pelo fato de adquirir produto de empresa concorrente. A Decisão n. 38 da Câmara Social da Corte de Cassação francesa, datada de 22-1-1992, entendeu que não havia causa real e séria para justificar a dispensa de uma secretária que trabalhava para a Renault, que adquiriu um veículo da Peugeot. Os gostos do empregado por esse ou aquele produto não são da conta do empregador, nem fundamento para justa causa. Nesse caso, se o empregador entende que há um desconforto dentro da empresa ou pode prejudicar sua marca no mercado, deve dispensar o empregado sem justa causa.

6.10 PREJUÍZOS

A CLT usa a expressão "ou for prejudicial ao serviço". Ela está colocada na oração entre vírgulas. Trata-se de conjunção alternativa, que diz respeito a tudo que vem antes da expressão. Envolve, portanto, a negociação habitual como a concorrência desleal.

Não dispõe a CLT que a justa causa é causar prejuízo ao serviço, mas for prejudicial ao serviço, que só pode decorrer da negociação habitual ou da concorrência desleal, que é do que trata a alínea *c* do art. 482 da CLT.

Deve a negociação ser prejudicial ao serviço, direta ou indiretamente.

Se o empregado diminui sua produção em decorrência do serviço paralelo que realiza, haverá prejuízo ao serviço. Se, por exemplo, falta ao serviço para cuidar de outras atividades negociais que possui, que nada têm a ver com o serviço, a justa causa pode estar configurada. Não se trata, portanto, de desídia (art. 482, *e*, da CLT), mas da justa causa em estudo, pois o fator determinante é o prejuízo causado ao serviço em razão da negociação habitual.

Na hipótese de a negociação não ser prejudicial ao serviço, ainda que seja habitual, não haverá justa causa. Podemos citar o exemplo do empregado que é sócio de outra empresa, que não opera na mesma área do seu empregador. Não há falta grave a ser punida.

Não sendo a atividade do empregado a mesma do empregador, pois desenvolve suas atividades fora do local de serviço, dificilmente haverá justa causa. A exceção diz respeito ao fato de haver prejuízo ao serviço, pelo fato de ela também ser desenvolvida no serviço, por algum motivo.

Se o empregado faz concorrência desleal com o empregador fora do horário de serviço, evidentemente que ela irá prejudicar o empregador, estando passível o trabalhador de dispensa por justa causa.

A ocorrência de situações prejudiciais ao serviço pode ser, por exemplo, o fato de o empregado chegar constantemente atrasado, de estar sonolento no ambiente de trabalho, em decorrência da negociação habitual ou concorrência desleal que desenvolve, que são feitos no período noturno, até altas horas da noite.

Entretanto, se o empregado não faz concorrência desleal ou negociação habitual, mas exerce outra atividade ou emprego à noite e há prejuízo ou influência no serviço, a justa causa não se tipifica, pois não há concorrência ou negociação habitual. A falta poderá ser tipificada como desídia, como o fato de o empregado chegar atrasado constantemente, de ficar cochilando no expediente etc.

O prejuízo ao serviço não se presume, deve ser provado pelo empregador.

6.11 LUCRO

A atividade do empregado não precisa ser necessariamente lucrativa para caracterizar a justa causa. Em qualquer atividade, o lucro pode ou não existir. Mesmo que, porém, não haja lucro, a justa causa estará caracterizada.

De modo geral, a atividade do empregado tem por objetivo lucro, pois é um ganho a mais em relação ao seu salário na empresa.

Se o empregado pratica a atividade com um fim altruístico, como para ajudar determinado hospital, igreja, entidade beneficente, não se pode falar na justa causa em estudo, em razão de que está ausente qualquer finalidade lucrativa por parte do trabalhador. O trabalho gratuito não configura justa causa.

Não se quer impedir o lucro do empregado, mas coibir a negociação habitual e a concorrência desleal, que abalam a confiança e a fidelidade que o empregador deve ter em relação ao empregado.

6.12 PUNIÇÃO E HABITUALIDADE

Pode existir o problema para o empregador de verificar a negociação e punir o empregado, mas posteriormente não ficar demonstrada a habitualidade da negociação. Nesses casos, o empregador acaba tendo receio em despedir o empregado.

O empregador pode ficar aguardando a habitualidade da negociação, ao saber de um primeiro caso, para despedir o empregado. Entretanto, seu ato pode configurar o perdão tácito em relação à primeira notícia que teve do ato do empregado, em razão do tempo que decorreu da primeira falta.

Deve, assim, o empregador advertir verbalmente ou, de preferência, por escrito, que tomou ciência da negociação do empregado, para que ela não mais se repita, sob pena de ser dispensado por justa causa. Dessa forma, o empregador mostra que não concordou com o ato do empregado, nem o tolerou.

6.13 INTERRUPÇÃO E SUSPENSÃO DO CONTRATO DE TRABALHO

Durante os períodos em que o contrato de trabalho está interrompido, o empregado pode praticar a falta, como no caso de férias, auxílio-doença dos primeiros 15 dias de afastamento etc.

A falta também poderá estar caracterizada quando os efeitos do contrato de trabalho estão suspensos, como durante o recebimento de benefício previdenciário por longo período.

Se a concorrência nesses períodos é desleal em relação ao empregador, a justa causa estará caracterizada. O mesmo ocorre se houve prejuízo ao serviço.

O dever de lealdade do empregado para com o empregador é mantido mesmo que os efeitos do contrato de trabalho estejam interrompidos ou suspensos. Somente com a cessação do contrato de trabalho é que o empregado não mais tem o dever de lealdade para com o empregador, salvo se firmar cláusula de não concorrência, em que terá de cumpri-la pelo tempo estabelecido no contrato.

6.14 AVISO PRÉVIO

A negociação habitual ou a concorrência desleal podem ser praticadas durante o aviso prévio.

Dispõe o § 1º do art. 487 da CLT que a falta de aviso prévio do empregador implica a integração do tempo ao contrato de trabalho para todos os fins.

Dado o aviso prévio, o contrato de trabalho só termina no último dia desse aviso (art. 489 da CLT). Assim, a justa causa pode ser praticada no curso do aviso prévio trabalhado.

Em muitos casos, para evitar a negociação habitual ou a concorrência desleal, o empregador prefere que durante o aviso prévio o empregado não mais trabalhe na empresa, visando evitar prejuízos pelo fato de o empregado ficar com raiva de ter sido dispensado. Assim, o aviso prévio acaba sendo indenizado, sem que o empregado tenha de trabalhar.

Extinto o contrato de trabalho, com o pagamento das verbas rescisórias, o empregador pode descobrir posteriormente que o empregado praticou negociação habitual ou concorrência desleal. Dificilmente a justa causa estará caracterizada, pois o ato de rescisão já foi feito. Pode ser considerado um ato jurídico perfeito, além do que poderia ser entendido que houve perdão tácito do empregador ao empregado pelo decurso do tempo.

MANUAL DA JUSTA CAUSA • Sergio Pinto Martins

Caso a atividade vinha sendo desenvolvida antes da concessão do aviso prévio e é descoberta no seu curso, também ocorrerá a justa causa, perdendo o empregado o restante dos dias de aviso prévio. Caberá ao empregador fazer a prova do ato do empregado, na hipótese de o trabalhador ajuizar ação trabalhista para discutir a dispensa com justa causa depois da concessão do aviso prévio.

Se a atividade de negociação do empregado começa a ser praticada no curso do aviso prévio, dificilmente o empregador conseguirá provar a habitualidade, em razão de que o aviso prévio dura 30 dias. O empregado pode, em vez de sair mais cedo duas horas por dia, preferir não trabalhar nos últimos sete dias do prazo de aviso (parágrafo único do art. 488 da CLT).

6.15 JURISPRUDÊNCIA

Concorrência desleal. Justa causa. Ao constituir uma empresa do mesmo ramo da sua empregadora, clandestinamente, praticaram os reclamantes a concorrência desleal, ensejadora de dispensa por justa causa (TRT 3ª R., RO 1.370/91, 1ª T., rel. Juiz Antonio Miranda de Mendonça, j. 17-2-1992, *Minas Gerais* II 20-3-1992, p. 120).

Falta grave. Negociação habitual. Se o empregado, valendo-se da sua atividade laboral, explora negócio próprio, usando a clientela da empresa em que trabalha, para vender seus produtos em detrimento do seu empregador, comete falta grave motivadora da resilição contratual (TRT 12ª R., ROV 1.987/90, 2ª T., rel. Juiz Helmut Anton Schaarschmidt, j. 11-2-1991, *DJ* SC 8-2-1991, p. 32).

Justa causa. Concorrência. Trabalhando o autor em dois estabelecimentos congêneres e fazendo propaganda de um deles de forma ostensiva e em meios de circulação local, comete falta grave de concorrência prevista na letra *c* do art. 482 da CLT (TRT 10ª R., RO 2.539/85, 2ª T., rel. Juiz Francisco Leocádio, *DJ* 32/87).

Justa causa. Dá justa causa para a sua despedida, por violação de segredo da empresa, a empregada que exibe para concorrente do empregador o álbum contendo os modelos de suas confecções, ainda que produzidos pela mesma empregada (Ref. Art. 482, *c*, CLT) (RO 5874/92, 4ª T., rel. Juiz Orestes Campos Gonçalves, *DJ* MG 6-2-1993).

Justa causa. Violação de segredo da empresa. O empregado pode prestar serviços a vários empregadores, desde que tenha compatibilidade de horário, na mesma função, não se constituindo violação de segredo da empresa a ocupação de emprego em empresa do mesmo ramo, ainda que na mesma atividade empresarial, se o empregado não detém conhecimento de processo de produção ou método de negociação exclusivos da empresa, como ocorreu na hipótese em exame (TRT 2ª R., RO 01677-2002-261-02-00-0, 3ª T., rela. Juíza Mércia Tomazinho, *DJ* SP 6-9-2005).

7
CONDENAÇÃO CRIMINAL

7.1 EVOLUÇÃO LEGISLATIVA

A Lei n. 62, de 1935, não tratou da hipótese de condenação criminal visando à dispensa do trabalhador por justa causa.

Até esse momento, a condenação criminal do empregado não implicava justa causa para a dispensa do trabalhador.

Dispõe a alínea *d* do art. 482 da CLT que é justa causa para a dispensa a condenação criminal do empregado, passada em julgado, caso não tenha havido suspensão da execução da pena.

Constitui motivo justo para a rescisão do contrato de representação comercial, pelo representado, a condenação definitiva por crime considerado infamante (art. 35, *d*, da Lei n. 4.886/65).

No México, considera-se justa causa para a dispensa do trabalhador a sentença executória que imponha ao empregado pena de prisão, que torna impossível o cumprimento da relação de trabalho (art. 47, XIV, da Lei Federal do Trabalho).

O inciso III do art. 42 da Lei Federal do México prevê a suspensão dos efeitos do contrato de trabalho em caso de prisão preventiva do trabalhador seguida de sentença absolutória. Se o trabalhador agiu em defesa da pessoa ou dos interesses da empresa, faz jus aos salários que não recebeu durante a prisão preventiva. Na hipótese de o empregado ser condenado, o empregador pode rescindir o contrato de trabalho, conforme o inciso XIV do art. 47 da mesma norma.

O art. 224 da Lei do Contrato de Trabalho argentina prevê que se a suspensão se originar de denúncia criminal efetuada pelo empregador e esta for rejeitada, o empregado deve ser reintegrado com pagamento dos salários atrasados. Caso o empregador não reintegre o empregado, deverá pagar a indenização pela dispensa, e os salários do período de suspensão preventiva. Se a denúncia criminal é feita por terceiros ou de ofício, o pagamento dos salários é indevido, salvo se o fato causador do processo decorreu ou foi produzido pela prestação laboral.

A alínea *h* do art. 73 do Código de Trabalho do Paraguai mostra que se houver detenção ou prisão preventiva do trabalhador, fica a vaga reservada até 5 dias após a liberação. A alínea *l* do mesmo artigo reza que se a detenção ou prisão for do empregador e houver a paralisação do serviço, o trabalhador também terá cinco dias para retornar ao serviço, contados da soltura do patrão, ficando o contrato suspenso durante o período. Nesse caso, deveria ocorrer hipótese de interrupção e não de suspensão, pois os riscos do empreendimento são do empregador e não do empregado.

O inciso IV do artigo 27 da Lei Complementar n.º 150 usa: condenação criminal do empregado transitada em julgado, caso não tenha havido suspensão da execução da pena.

7.2 JUSTA CAUSA

As hipóteses de justa causa devem, em princípio, ter correlação com o contrato de trabalho, como descumprimento de suas cláusulas, insubordinação, indisciplina, mau procedimento, improbidade etc.

A condenação do empregado, à primeira vista, não é motivo justo para a rescisão do contrato de trabalho. O importante é que o empregado não fique privado da sua liberdade para poder trabalhar.

Na condenação criminal, o contrato de trabalho não se rescinde, mas cessa. É o mesmo que ocorre na morte do empregado, que não mais pode trabalhar.

Não se trata de justa causa a condenação criminal, pois o empregado não comete um motivo disciplinar para ser dispensado. Não apresenta o trabalhador uma falta ou um motivo justo para ser dispensado. A prisão em si não é uma falta para dispensar o trabalhador. Não existe violação de dever do empregado, apenas deixa de trabalhar por estar preso. Há impossibilidade física para o empregado trabalhar, pelo fato de estar preso.

De acordo com a lei, a condenação criminal é hipótese de justa causa, mas tecnicamente não deveria ser, pelos motivos expostos. Deveria ser hipótese de cessação do contrato de trabalho, sem pagamento de indenização ao empregado, devendo ser pago apenas aquilo que ele já adquiriu, ainda que proporcionalmente, e os salários pelos dias trabalhados. Seria uma hipótese de cessação do contrato de trabalho que resolve o pacto laboral sem que o empregado faça jus a indenizações, mas apenas àquilo que já adquiriu na empresa.

É raro a justa causa em comentário ser discutida na Justiça do Trabalho, pois geralmente o empregador não espera tanto tempo para dispensar o empregado e, muitas vezes, consegue capitular a falta em outro dispositivo do art. 482 da CLT.

7.3 FUNDAMENTOS

O empregador perde a confiança num empregado que foi condenado criminalmente. Não quer que uma pessoa assim tenha contato com outros funcionários ou clientes, pois pode vir a prejudicá-lo.

A justa causa também diz respeito ao fato de que o empregado fica impossibilitado de prestar serviços na empresa, pois está preso. Há, portanto, a impossibilidade física para o empregado trabalhar. Logo, por esse ângulo, também não pode ser mantido o contrato de trabalho.

A principal obrigação do empregado no contrato de trabalho é trabalhar. Deve trabalhar para poder receber seu salário. O empregador não tem obrigação de pagar salário sem que haja a prestação do serviço. Assim, a justa causa ocorre pelo fato de que o empregado não pode trabalhar. Torna-se impossível a continuidade ou a execução do contrato de trabalho.

O empregado dá causa a ser condenado, por ter incorrido em dolo ou culpa com seu ato ao cometer o crime ou a contravenção.

7.4 RELAÇÃO COM O CONTRATO DE TRABALHO

A justa causa de condenação criminal não é, em princípio, relacionada com o contrato de trabalho. Os fatos apurados no processo penal não serão, porém, relacionados com o serviço do empregado. Podem ser outros. Do contrário, não teria sentido indicar no art. 482 da CLT várias hipóteses.

Excepcionalmente é que se pode falar que a condenação criminal é decorrente de crime cometido contra a empresa, como na hipótese em que ela deixou a apuração dos fatos para o âmbito do processo penal.

O empregador não poderá dispensar o empregado pela falta cometida de improbidade, mau procedimento etc., em razão do tempo decorrido entre a falta e a aplicação da penalidade. Assim, o empregado só poderá ser dispensado por condenação criminal transitada em julgado.

7.5 SENTENÇA PENAL CONDENATÓRIA

Um dos requisitos para a aplicação da justa causa é a sentença penal condenatória. Se a sentença penal absolveu o empregado por qualquer motivo, não se configura a justa causa.

A alínea *d* do art. 482 da CLT não faz referência ao tipo de crime pelo qual o empregado foi condenado, nem ao fato de que a condenação decorreu de contravenção penal. Menciona apenas "a condenação criminal do empregado, passada em julgado, caso não tenha havido suspensão da execução da pena". Interessa, portanto, a condenação criminal do empregado, tanto faz se decorrente de crime ou de contravenção penal.

A expressão *condenação criminal* inclui qualquer ilícito penal, tanto o crime como a contravenção penal.

7.6 TRÂNSITO EM JULGADO

Para haver a justa causa é preciso que o empregado seja condenado criminalmente por sentença transitada em julgado.

Até o trânsito em julgado da decisão, não há culpado. Presume-se a inocência do réu. O inciso LVII do art. 5º da Constituição é claro no sentido de que "ninguém será considerado culpado até o trânsito em julgado de sentença penal condenatória".

Chama-se coisa julgada ou caso julgado a decisão judicial de que já não caiba recurso (§ 3º do art. 6º da Lei de Introdução às Normas do Direito Brasileiro).

Há coisa julgada "quando se repete ação que já foi decidida por decisão transitada em julgado" (§ 4º do art. 337 do CPC).

Denomina-se coisa julgada material a autoridade que torna imutável e indiscutível a decisão de mérito não mais sujeita a recurso (art. 502 do CPC).

Carlos Maximiliano[1] afirma que coisa julgada é apenas a decisão que haja sido proferida em matéria contenciosa e não comporte recurso de espécie alguma. Modestino, no Digesto, chamava coisa julgada a que põe fim às controvérsias por meio de pronunciamento do juiz: o que sucede, ocorrendo condenação ou absolvição (livro 42, título 1º).

Faz referência o art. 506 do CPC ao fato de que a *sentença* faz coisa julgada, que, portanto, não ocorre fora do processo, mas apenas nessa decisão do juiz.

Terá transitado em julgado a sentença da qual não caiba mais nenhum recurso ou então por já ter se expirado o prazo para recorrer.

Se a sentença ainda estiver em fase recursal, não se caracteriza a justa causa.

A circunstância de alguém ou o empregador ter feito boletim de ocorrência para apuração de crime imputado ao empregado não implica justa causa para a dispensa. Não há trânsito em julgado da ação penal.

---

1. *Comentários à Constituição brasileira de 1946.* 5. ed. Rio de Janeiro: Freitas Bastos, 1954, v. 3, p. 60.

7 • CONDENAÇÃO CRIMINAL

O fato de o empregado estar respondendo a inquérito policial não é motivo para justa causa. O inquérito policial visa descobrir o autor do crime. O empregado, inclusive, não fica impedido de trabalhar.

7.7 SUSPENSÃO CONDICIONAL DA PENA

É preciso também que a sentença criminal transitada em julgado não tenha concedido a suspensão da execução da pena, ou seja, inexista *sursis*. Havendo o *sursis*, o empregado não ficará preso, podendo trabalhar normalmente e não estará caracterizada a justa causa, apenas terá de cumprir as obrigações estabelecidas na sentença.

A execução da pena privativa de liberdade, não superior a dois anos, poderá ser suspensa, por dois a quatro anos desde que: (a) o condenado não seja reincidente em crime doloso. Reincidente é a pessoa que comete novo crime, depois de transitar em julgado a sentença que, no país ou estrangeiro, o tenha condenado por crime anterior (art. 63 do Código Penal); (b) a culpabilidade, os antecedentes, a conduta social e a personalidade do agente, bem como os motivos e as circunstâncias, autorizem a concessão do benefício; (c) não seja indicada ou cabível a substituição da pena (art. 77 do Código Penal). É o chamado *sursis* comum.

A condenação anterior à pena de multa não impede a concessão do benefício.

A execução da pena privativa de liberdade, não superior a quatro anos, poderá ser suspensa, por quatro a seis anos, desde que o condenado seja maior de 70 anos de idade, ou razões de saúde justifiquem a suspensão.

O *sursis* especial ocorre quando, durante o prazo da suspensão, o condenado fica sujeito à observação e ao cumprimento das condições estabelecidas pelo juiz (art. 78 do Código Penal). No primeiro ano do prazo, deverá o condenado prestar serviços à comunidade ou submeter-se à limitação de fim de semana. Se o condenado houver reparado o dano, salvo impossibilidade de fazê-lo, e se as circunstâncias lhe forem inteiramente favoráveis, o juiz poderá substituir a exigência de prestação de serviços ou limitação de fim de semana pelas seguintes condições, aplicadas cumulativamente: (a) proibição de frequentar determinados lugares; (b) proibição de ausentar-se da comarca onde reside, sem autorização do juiz; (c) comparecimento pessoal e obrigatório a juízo, mensalmente, para informar suas atividades.

A suspensão condicional da pena por condenação decorrente de contravenção penal dá-se no período de um a três anos (art. 11 do Decreto-Lei n. 3.688/41).

Revogada a suspensão condicional da pena, o empregado fica obrigado a cumprir a condenação. Deixará de prestar serviços, estando caracterizada a justa causa.

7.8 REGIME ABERTO OU SEMIABERTO

No regime aberto a execução da pena é feita em casa de albergado ou estabelecimento adequado (art. 33, § 1º, c, do Código Penal). O condenado pode trabalhar, frequentar curso ou exercer outra atividade autorizada, permanecendo recolhido durante o período noturno e nos dias de folga (§ 1º do art. 36 do Código Penal). Se o empregado está autorizado a trabalhar, não se configura a justa causa no cumprimento de pena no regime aberto.

No regime semiaberto, a execução da pena é feita em colônia agrícola, industrial ou estabelecimento similar (art. 33, § 1º, b, do Código Penal). O condenado presta serviços no período diurno em colônia agrícola, industrial ou estabelecimento similar. O trabalho externo é admissível, bem como a frequência a cursos supletivos profissionalizantes, de instrução de segundo grau ou superior (§ 2º do art. 35 do Código Penal). Assim, se o empregado está autorizado a trabalhar externamente, a justa causa não fica evidenciada.

7.9 PENAS RESTRITIVAS DE DIREITOS

As penas restritivas de direitos são autônomas e substituem as privativas de liberdade, quando: (a) aplicada pena privativa de liberdade inferior a um ano, ou se o crime for culposo; (b) o réu não for reincidente; (c) a culpabilidade, os antecedentes, a conduta social e a personalidade do condenado, bem como os motivos e as circunstâncias indicarem que essa substituição seja suficiente.

Nos casos em que o empregado cumpre pena restritiva de prestação de serviços à comunidade ou limitação de fim de semana, pode continuar trabalhando na empresa. Não se configura, portanto, a justa causa.

Se o empregado é condenado à proibição do exercício de atividade ou profissão por certo período, não poderá exercer sua função na empresa. A justa causa estará configurada. Isso pode ocorrer em relação a profissionais liberais, como médicos, engenheiros, contadores, advogados etc. Pode ocorrer com o motorista, se for suspensa sua habilitação profissional para dirigir.

A suspensão condicional da pena não se estende às penas restritivas de direitos nem à multa (art. 80 do Código Penal). Logo, se o empregado vai ficar preso ou fica impedido de exercer sua atividade ou profissão, não poderá trabalhar, estando caracterizada a justa causa.

7.10 TEMPO DE PRISÃO ESTABELECIDO PELA CONDENAÇÃO

A lei não dispõe sobre o tempo em que o empregado ficará cumprindo pena para estabelecer a justa causa. Não há um tempo mínimo. Assim, toma-se por base apenas a impossibilidade de o empregado trabalhar. O empregador não teria como ficar esperando o empregado indefinidamente, pois precisa dele para o serviço. Pode haver com sua falta decréscimo na produção e existe necessidade de procurar outro trabalhador para o mesmo posto.

Uma forma de estabelecer um parâmetro seria que o legislador determinasse que a justa causa ocorreria apenas quando o empregado ficasse preso mais de 30 dias. É o que se toma por base para qualificar o abandono de emprego, tendo por fundamento o art. 474 da CLT.

A jurisprudência não acolhe a tese da prisão por mais de 30 dias, diante da ausência de previsão legal.

Diante da falta de previsão na lei, a justa causa se caracteriza independentemente do número de dias em que o empregado estará preso.

7.11 PRISÃO PREVENTIVA

O empregado pode ser preso em virtude da necessidade de averiguações ou prisão preventiva.

A regra da alínea *d* do art. 482 da CLT não trata da dispensa por prisão em decorrência de necessidade de investigação ou por prisão preventiva.

O empregado fica, porém, sem trabalhar, e o empregador não pode contar com ele, em razão de que está preso.

Uma solução poderia ser considerar os efeitos do contrato de trabalho suspensos, visando evitar injustiças, mas, muitas vezes, o empregado fica preso muito tempo. A hipótese de suspensão poderia ser usada quando o empregado é preso por algumas horas ou por alguns dias. O empregador não teria obrigação de pagar salários, pois não houve a prestação de serviços.

A hipótese não se confunde com abandono de emprego, pois o fato de o empregado estar preso não quer dizer que abandonou o emprego, pois está impossibilitado de voltar ao trabalho.

O empregador não pode esperar indefinidamente o empregado ser solto. Precisa dele para o serviço. Tem prejuízo com o fato de que ele não comparece, pois o trabalho deixa de ser feito. Pode implicar diminuição na produção de um setor da empresa ou da própria empresa como um todo, como ocorre com microempresas. O serviço do empregado, nesse caso, é fundamental.

Em razão da omissão da CLT, é o caso de se aplicar o direito comum, conforme a previsão do parágrafo 1.º do art. 8º da CLT. Direito comum é o Direito Civil, no caso.

Dispõe o art. 248 do atual Código Civil que se a prestação do fato tornar-se impossível sem culpa do devedor, resolver-se-á a obrigação. Assim, se a prestação do trabalho se tornar impossível sem que haja culpa do empregado, resolve-se a obrigação, extingue-se o contrato de trabalho, sem pagamento de indenizações, mas apenas do que o empregado já adquiriu pelo seu trabalho.

O inciso III do art. 1.229 do Código Civil de 1916 tinha regra que poderia ser aplicada por analogia, ao mencionar que são justas causas para dar o locatário (empregador) por findo o contrato enfermidade ou qualquer outra causa que torne o locador (empregado) incapaz dos serviços contratados. A outra causa seria a prisão do trabalhador. O referido dispositivo não foi repetido no atual Código Civil, mas seu raciocínio pode ser usado por analogia.

É conveniente que o empregador pondere um número de dias razoável para a caracterização da cessação do contrato de trabalho. No mesmo sentido, deve o juiz verificar o caso para saber o número de dias que seria razoável.

Se a pessoa foi presa por poucos dias e era inocente, não se pode falar em cessação do contrato de trabalho em razão de que o empregado não deu causa ao ato. Ficou impossibilitado de trabalhar por determinação da autoridade competente, que o prendeu.

Pode ocorrer de o empregado ser preso por acusação de má-fé do empregador. Nesse caso, não se pode falar em justa causa ou resolução do contrato de trabalho sem culpa do empregado, mas em dispensa sem justa causa, com o pagamento de todas as verbas devidas ao empregado. Os salários do período de prisão também seriam devidos, pois o empregador é quem deu causa à prisão do empregado.

Caso o empregador tenha agido de boa-fé, fazendo apenas a comunicação dos fatos para a autoridade policial apurá-los, não se pode falar em culpa ou dolo do primeiro. A hipótese dependerá do número de dias em que o empregado ficou preso para se verificar a cessação ou não do contrato de trabalho, sem pagamento das indenizações pertinentes.

7.12 ANISTIA

Dispõe o inciso II do art. 107 do Código Penal que se extingue a punibilidade pela anistia, graça ou indulto.

Anistia quer dizer esquecimento. É o perdão. Nela, o crime fica excluído. Faz desaparecer suas consequências penais. Extingue a ação penal, a infração penal e a condenação. Se a pessoa cometer outra infração penal, não será considerada reincidente. A suspensão condicional da pena pode ser concedida em relação a indivíduo que foi anistiado. Pode a anistia ser concedida antes da sentença ou depois do seu trânsito em julgado. Somente é concedida a anistia por lei do Congresso Nacional (arts. 21, XVII, e 48, VIII, da CF). Pode ser geral ou restrita e incondicionada ou condicionada.

É impossível a concessão de anistia em relação a crimes hediondos, à prática de tortura, ao tráfico ilícito de entorpecentes e drogas afins e ao terrorismo (art. 5º, XLIII, da Constituição e Lei n. 8.072/90).

Havendo anistia, não se configura a hipótese da alínea *d* do art. 482 da CLT. Não há, portanto, justa causa para a dispensa com base na referida alínea, mas pode existir outra falta.

O indulto é concedido coletivamente aos condenados, como ocorre por ocasião do Natal. É de competência privativa do presidente da República (art. 84, XII, da Constituição), que pode delegar o ato ao Ministro do Estado, ao Procurador-Geral da República ou ao Advogado-Geral da União. Os réus devem ser primários e ter cumprido uma parte da pena.

A graça é concedida à pessoa determinada. É uma espécie de indulto individual.

Na graça e no indulto, há a extinção da punibilidade, mas persistem os efeitos do crime. Só podem ser concedidos depois do trânsito em julgado da condenação. Excluem a punibilidade e não o crime.

A graça e a anistia são proibidas ao condenado por crime de tortura (§ 6º do art. 1º da Lei n. 9.455/97).

Menciona o inciso II do art. 67 do Código Penal que se houver extinção da punibilidade nada impede a propositura da ação civil e, portanto, a configuração da justa causa.

Iniciada a execução da pena, com a prisão do empregado, mesmo que posteriormente tenha sido concedido indulto ou graça, a justa causa estará configurada. Estando o empregado preso, não poderá trabalhar.

7.13 LIVRAMENTO CONDICIONAL

O livramento condicional pressupõe condenação penal transitada em julgado, sem a concessão da suspensão condicional da pena. O condenado cumpre parcialmente a condenação. O empregado estava preso e obrigado a cumprir a pena privativa de liberdade. Logo, a justa causa estava configurada e não é descaracterizada pelo livramento condicional.

7.14 SUSPENSÃO E INTERRUPÇÃO DO CONTRATO DE TRABALHO

O fundamento da justa causa em estudo é o fato de o empregado não poder trabalhar. Se o empregado não está trabalhando em virtude de os efeitos do seu contrato de trabalho estarem suspensos ou interrompidos, não pode o pacto ser rescindido por justa causa.

Caso deixem de existir as hipóteses de suspensão e interrupção do contrato de trabalho e o empregado for condenado, sem concessão da suspensão condicional da pena, não poderá trabalhar. Aí, então, estará configurada a justa causa.

7.15 EMPREGADO ESTÁVEL

O empregado estável e o dirigente sindical só podem ser dispensados mediante inquérito para apuração de falta grave.

O art. 493 da CLT mostra que a dispensa se dá em relação aos itens do art. 482 da CLT. Logo, também inclui a condenação criminal.

Mesmo que o empregado confesse a condenação criminal ou haja prova da condenação, ainda assim é necessário o inquérito para apuração de falta grave, em razão da exigência da lei.

A prova pode ser documental ou até obtida pela confissão do empregado.

7.16 JURISPRUDÊNCIA

Empregado para o qual houve resolução contratual, por condenação criminal de sentença transitada em julgado, que cumpre parte da pena e é libertado por indulto, não pode alegar despedida sem justa causa pelo empregador, se impossibilitado fisicamente da prestação de serviços por condenação criminal, não socorrendo *in casu*, o alegado descumprimento do art. 482 da CLT (TST, RR 4.180/72, Ac. 827/73, 1ª T., rel. Min. Lima Teixeira, *DJU* 13-8-1973, p. 5.693).

Muito embora condenado o empregado à pena de reclusão, uma vez colocado sob o regime de prisão-albergue, estaria ele possibilitado de continuar prestando seus serviços à empresa. Não se configuraria, portanto, a justa causa prevista na letra *d* do art. 482 da CLT, uma vez que não se encontrava impedido de dar continuação à sua prestação de trabalho. Tal impossibilidade, pela ausência física do empregado, cujo contrato laboral é pactuado *intuitu personae*, configura a justa causa resilitiva, e não a condenação criminal, em si, que não figura como ilícito trabalhista no elenco taxativo de tais possibilidades apontadas no art. 482 da CLT (TRT 2ª R., RO 2.134/74, Ac. 9.368/74, 3ª T., rel. Juiz Francisco Garcia Monreal Jr., j. 5-11-1974, *DO* ESP 10-12-1974, p. 31).

8
DESÍDIA

8.1 HISTÓRICO

Estabelecia o item 2 do art. 84 do Código Comercial que os prepostos poderiam ser dispensados por incapacidade para desempenhar os deveres e obrigações a que se sujeitaram. Era hipótese de desídia, embora não houvesse referência expressa no texto à referida palavra.

Dispunha o inciso IV do art. 1.229 do Código Civil de 1916 sobre hipótese de justa causa para dar o locatário por findo o contrato quanto a vícios ou mau procedimento do locador.

Determinava a alínea *c* do art. 5º da Lei n. 62, de 1935, justa causa para a dispensa do trabalhador: "mau procedimento ou ato de desídia no descumprimento das respectivas funções". Desídia não deixava de ser uma espécie de mau procedimento, mas não se podia dizer que mau procedimento e desídia eram sinônimos, diante da conjunção alternativa *ou*.

A alínea *e* do art. 482 da CLT prevê desídia no desempenho das respectivas funções para a dispensa por justa causa. A alínea passou a tratar somente da desídia. O mau procedimento foi reunido com a incontinência de conduta na alínea *b* do art. 482 da CLT.

A desídia não deixa de ser um mau procedimento, num sentido amplo, porém ambos têm significados distintos, razão pela qual foram na CLT separados.

Na Espanha, o Estatuto dos Trabalhadores considera justa causa: (a) as faltas repetidas e injustificadas de assistência ou pontualidade ao trabalho (art. 54, 2, *a*) e (b) a diminuição continuada e voluntária no rendimento de trabalho normal ou pactuado (art. 54, 2, *e*).

Em Portugal, o Código do Trabalho considera justa causa o desinteresse repetido no cumprimento, com a diligência devida, de obrigações inerentes ao exercício do cargo ou posto de trabalho a que está afeto (art. 351, 2, *d*), assim como as faltas não justificadas ao trabalho que determinem diretamente prejuízos ou riscos graves para a empresa, ou cujo número atinja, em cada ano civil, cinco seguidas ou 10 interpoladas, independentemente de prejuízo ou risco (art. 351º, 2, *g*), reduções anormais de produtividade (art. 351º, 2, *m*).

O inciso V do artigo 27 da Lei Complementar n. 150 menciona "desídia no desempenho das respectivas funções".

8.2 DENOMINAÇÃO

A palavra *desídia* é proveniente do latim *desidia*.

A denominação é desídia e não *dissídia*, como muitas vezes se verifica nas petições. A última palavra não existe, mas, se se entender de forma contrária, seria proveniente de dissídio, de litígio, que não é a hipótese discutida.

8.3 CONCEITO

Um dos deveres do empregado no contrato de trabalho é ser diligente. Deve trabalhar com afinco, sendo pontual.

O empregado labora com desídia no desempenho de suas funções quando o faz com negligência, preguiça, má vontade, displicência, desleixo, indolência, omissão, desatenção, indiferença, desinteresse, relaxamento, incúria, descaso, falta de diligência.

A desídia pode também ser considerada como um conjunto de pequenas faltas, que mostram a omissão do empregado no serviço, desde que haja repetição dos atos faltosos.

Desídia é a justa causa em que o empregado deixa de cumprir a obrigação de trabalhar diligentemente no exercício de sua função.

8.4 DISTINÇÃO

A desídia não se confunde com a improbidade. Nesta, o empregado pratica um ato desonesto em relação ao empregador. A desídia é um conjunto de pequenas faltas praticadas pelo empregado. Isoladamente, elas não têm grande significância, mas à medida que são repetidas causam a falta grave.

Distingue-se a desídia do abandono de emprego. Neste, o empregado não mais tem interesse em trabalhar na empresa. Na primeira, o empregado trabalha de forma negligente, com desatenção para com o empregador.

Desídia não se confunde com mau procedimento, até porque na alínea *e* do art. 482 da CLT não mais está incluído o último, como ocorria com a letra *c* do art. 5º da Lei n. 62. O mau procedimento pode ser considerado gênero, sendo a desídia uma de suas espécies. Entretanto, têm contextos diferentes. A desídia é um conjunto de pequenas faltas que dão origem à dispensa por justa causa. O mau procedimento é uma falta diferenciada que não pode ser incluída nas demais alíneas do art. 482 da CLT.

Faltar várias vezes ao serviço ou chegar constantemente atrasado representam hipótese de desídia, pois compreendem o desempenho da respectiva função, a vontade de não trabalhar. Nas hipóteses citadas, o empregado não está cumprindo adequadamente suas respectivas funções. Muitas vezes, o horário de trabalho do empregado é especificado no contrato de trabalho. Não se pode, portanto, dizer que está sendo indisciplinado, pois não está descumprindo uma ordem geral da empresa, estabelecida no regulamento de empresa, nem seu chefe lhe determinou que cumprisse aquele horário, em razão de que este tinha sido anteriormente estabelecido. O empregado é desidioso, negligente no desempenho das suas funções[1]. Se o empregado é advertido por desídia e não quer cumprir a ordem, pode estar caracterizada a indisciplina, se a ordem é geral; ou a insubordinação, se a ordem é pessoal.

8.5 DESEMPENHO

Desempenho é o ato ou efeito de desempenhar. O verbo *desempenhar* tem o significado de cumprir, exercer, executar.

O legislador quer dizer com desempenho o cumprimento da obrigação do empregado de trabalhar. Isso já mostra que a desídia só irá ocorrer em decorrência do trabalho do empregado.

8.6 RESPECTIVAS FUNÇÕES

Função tem o sentido de cargo, serviço, ofício. Representa o conjunto de obrigações e atribuições de uma pessoa na sua atividade profissional.

Respectiva função indica o desenvolvimento do trabalho do empregado na empresa, quais as funções que desempenha. Indica, portanto, que a falta só é evidenciada pelo desenvolvimento do trabalho do empregado.

---

1. Antonio Lamarca entende que a impontualidade e a falta de assiduidade constituem atos de indisciplina (*Manual das justas causas*. 2. ed. São Paulo: Revista dos Tribunais, 1983, p. 418). No mesmo sentido, o entendimento de Messias Pereira Donato, que entende que a falta é disciplinar e não de desídia (*Curso de direito do trabalho*. 3. ed. São Paulo: Saraiva, 1979, p. 351) e Wagner Giglio (*Justa causa*. 7. ed. São Paulo: Saraiva, 2000, p. 146).

Se o empregado não está exercendo a respectiva função que deveria exercer, não se pode falar em desídia, mas em incapacidade do empregado para exercer outra função.

8.7 RELAÇÃO COM O CONTRATO DE TRABALHO

A desídia deve ter relação com o contrato de trabalho. Decorre, portanto, do pacto laboral.

Ela pode ocorrer pelo fato de o empregado estar sendo desleixado no desenvolvimento do seu trabalho, como também por não comparecer pontualmente à empresa ou faltar constantemente sem justificativa.

O legislador, ao usar a expressão *desempenho das respectivas funções*, mostra que a justa causa só se refere ao contrato de trabalho. É o que pode ser chamado de desídia funcional. Se o empregado é negligente em relação a outras questões fora da empresa e que não têm relação com o contrato de trabalho, não há que se falar em desídia para a dispensa por justa causa do trabalhador.

A justa causa de desídia ocorre apenas no desenvolvimento do serviço do empregado.

Pode a desídia ficar caracterizada pelo fato de ser realizada dentro ou fora da empresa, mas deve estar relacionada com o contrato de trabalho. Empregados que prestam serviços externamente, como vendedores, cobradores, *office boys* e motoristas, praticarão a desídia desde que ela esteja relacionada com o serviço.

A justa causa não ocorre quando o empregado tem os efeitos de seu contrato de trabalho suspensos ou interrompidos, pois dependerá do desempenho das respectivas funções. Assim, se o empregado não está trabalhando por estar doente, não se pode falar que é desidioso.

8.8 CARACTERIZAÇÃO

Fica evidenciada a desídia pelo fato de o empregado não prestar serviços na qualidade e quantidade normal a que está acostumado a trabalhar. Em princípio, há necessidade de o empregado ter a intenção de não trabalhar adequadamente.

Não se considera que a diminuição na produção normal do empregado é desídia quando ele está doente, com problemas de visão ou de audição, que são alheios à sua vontade.

A diminuição da produção deve ser analisada em decorrência do estado físico do trabalhador.

Também não se configura a baixa produção se o empregado trabalha com métodos ultrapassados, se a tecnologia empregada é ultrapassada, se o material é de má qualidade. Não há intenção do empregado de trabalhar dessa forma.

Quanto maior for o grau de escolaridade, de qualificação e de hierarquia do empregado na empresa, maior será o dever de diligência do trabalhador. Exige-se de um chefe, diretor ou gerente maior grau de diligência na empresa. O mesmo não ocorre com um trabalhador braçal, em que o seu grau de diligência será menor.

Para efeito de aferir a produção, há necessidade de se verificar o padrão médio dos trabalhadores da empresa. Se o empregado está num patamar abaixo do padrão da maioria dos trabalhadores, ele é improdutivo, podendo estar atuando com desídia.

De vez em quando, pode ocorrer de o empregado ser descuidado, de errar, pois todo homem é falível, porém isso não pode se repetir com constância, sob pena de caracterizar a desídia.

A justa causa de desídia pode ser caracterizada por dolo ou culpa.

No dolo, o empregado tem intenção de praticar o ato, como na hipótese de o empregado ser desatento, preguiçoso ou trabalhar com má vontade. Tem intenção de trabalhar nessas condições.

Muitas vezes, o empregado tem a intenção de praticar certo ato com desídia para forçar que o empregador o dispense sem justa causa. É o caso do empregado que chega atrasado constantemente visando ser dispensado ou da hipótese inversa, em que o trabalhador pede ao empregador para dispensá-lo e seu pedido é recusado, passando a agir com desídia. O seguinte acórdão mostra a hipótese:

> Rescisão do contrato de trabalho. Pedido de dispensa recusado. Desídia funcional. É justa a dispensa do empregado que pede ao empregador para ser dispensado e, não sendo aceito o pedido, torna-se desidioso na realização dos deveres funcionais (TRT 8ª R., RO 1.530/88, rel. Juiz Vicente Malheiros da Fonseca, j. 29-3-1989).

Pode a desídia ser culposa, por negligência ou imprudência. Negligência haverá com o desinteresse, a falta de atenção ou de zelo do empregado no desenvolvimento do serviço. O segurança da empresa pode ser negligente na vigilância e permitir o furto ou estar dormindo e sumirem objetos da empresa. Pode ocorrer também de o empregado produzir peças com negligência, que acabam se tornando defeituosas.

Se a baixa produção do empregado não é caracterizada pela sua intenção ou por negligência, mas sim em razão de suas condições físicas, do fato de que está atingindo certa idade, não se pode falar em desídia.

Desídia por imprudência é o fato de o empregado proceder sem cautela, prevenção ou zelo. É imprudente o motorista que ultrapassa em local proibido, que não verifica os freios quando se dirige para local de serra etc.

A imperícia do empregado ocorre quando é proveniente de falta de capacidade, de competência, de habilidade ou de aptidão para realizar o serviço.

Subervie afirma que "o patrão tem direito de despedir o operário ou o empregado em virtude da insuficiência de suas capacidades profissionais"[2].

A imperícia, porém, não implica justa causa de desídia. Faltam ao trabalhador conhecimentos técnicos, teóricos ou práticos para desempenhar certa atividade. O trabalhador poderia ser experimentado no serviço por até 90 dias, mediante a celebração de contrato de experiência, que visa verificar a aptidão do trabalhador para aquele serviço. Se o empregado não sabe fazer o serviço, não deveria ter sido contratado ou então deve ser treinado para esse fim. A falta não pode ser imputada ao trabalhador.

Se o empregador proporcionou treinamento ao empregado ou a técnica necessária, não se pode dizer que o trabalhador é imperito, mas, provavelmente, desidioso, ao trabalhar com negligência ou por não querer aprender.

Caso o trabalhador esconda do empregador a sua falta de aptidão para o trabalho ou faça declarações falsas nesse sentido, incorre em improbidade, pois seu ato foi desonesto para com o empregador.

No caso da sabotagem, o empregado tem intenção de praticar o ato com dolo e assumir os riscos do seu procedimento. Não é hipótese de desídia, mas de improbidade, pois mostra a desonestidade do empregado e se caracteriza com um único ato.

8.9 ATO ÚNICO

Geralmente, para a caracterização da desídia é preciso mais de uma falta. Na maioria dos casos, uma única falta não é tipificada como desídia. Há necessidade de um conjunto de faltas do empregado.

Estabelecia a alínea *c* do art. 5º da Lei n. 62/35 justa causa para a dispensa do trabalhador por ato de desídia no descumprimento das respectivas funções. A alínea *e* do art. 482 da CLT não mais menciona ato de desídia. Faz referência apenas à desídia. Isso poderia implicar a necessidade de mais de um ato de desídia para a caracterização da justa causa.

As faltas anteriores devem, porém, ter sido objeto de punição ao empregado, ainda que sob a forma de advertência verbal, pois, do contrário, presume-se que o empregado foi perdoado. A configuração se dará com a última falta.

---

2. SUBERVIE, P. *L'embauchage et le débauchage des travailleurs salariés*. Paris: 1939, p. 83.

A reiteração de faltas médias e leves previstas no Código de Trânsito Brasileiro pode indicar desídia do motorista para aplicação da justa causa. Uma única falta não irá caracterizar a justa causa. A partir da segunda falta já se pode dizer que há negligência do empregado na condução do veículo, podendo ser aplicada a justa causa, devendo o empregado ser advertido ou suspenso pela primeira falta praticada.

O empregado que costuma faltar ou chegar constantemente atrasado ao serviço é desidioso. Para a caracterização da justa causa é mister que haja habitualidade nas faltas injustificadas. Um único atraso ou falta não mostra que o empregado é desidioso.

O número de faltas para a caracterização da desídia vai depender de cada caso concreto e assim terá de ser analisado. Não há como estabelecer fórmula matemática para esse fim.

Para que haja a configuração da desídia, o empregado deve ter sido punido pelas faltas anteriores. Do contrário, somente a última não irá configurar desídia, em razão de haver presunção de que o empregador perdoou as faltas anteriormente praticadas ou de que não existiram faltas. A punição tem sentido pedagógico, para que o empregado entenda seu ato e não mais o pratique. O objetivo de cada penalidade não é, pelo menos em princípio, dar fundamento no futuro à hipótese de justa causa.

Não há necessidade de em primeiro lugar o empregado ser advertido verbalmente; em segundo lugar, por escrito; em terceiro, suspenso e depois dispensado, pois não há previsão legal a respeito da gradação das penalidades. Isso irá depender da gravidade do fato. Se o empregador tiver adotado o referido procedimento, será mais fácil a tipificação da justa causa com a última falta do empregado.

A última penalidade não tem por objetivo agravar as anteriores, mas serve para, no conjunto das faltas, aquilatar se o empregado está sendo negligente na prestação dos serviços.

Entretanto, se a falta for grave, a desídia pode ser configurada com um único ato. Exemplo é o do vigia que é encontrado dormindo no serviço e permite que haja furto na empresa, ou mesmo que não exista o furto, já que sua função é vigiar o patrimônio da empresa e não dormir, pois poderia ter ocorrido um sinistro, como incêndio. Não importa, portanto, o que efetivamente aconteceu, mas o que poderia ter acontecido com esse ato do empregado. Poderia ocorrer o fato de o empregado incumbido de apagar os refletores do campo de futebol do clube ter se esquecido de desligá-los, e as luzes ficarem acessas toda a noite e uma parte da manhã, implicando prejuízo ao empregador com a alta conta de energia elétrica.

Motorista que trafega com veículo que apresenta sinais de estar fundindo o motor, como emissão de fumaça e mau funcionamento do motor, que falha, caracteriza a justa causa com um único ato se ele não parar o veículo para consertá-lo. Seu ato é grave, pois funde o motor e causa prejuízos ao empregador.

Um médico que é negligente numa cirurgia, na qual esqueceu um bisturi ou esparadrapo dentro do paciente, pode ser dispensado por justa causa pelo hospital, pois seu ato é extremamente grave.

Há jurisprudência que considera a possibilidade de uma única falta caracterizar a desídia:

> Justa causa. Desidioso é o empregado que, na execução do serviço, revela má vontade e pouco zelo. Essa falta só se concretiza, como é óbvio, na empresa. Embora a desídia se prove, na maioria dos casos, através de atos repetidos, é admissível a sua caracterização com um único ato. Recurso de revista provido (TST, RR 326961/96.7-2ª R., Ac 4.543/97, 3ª T., rel. Min. José Zito Calasãs Rodrigues, *DJU* 29-8-1997, p. 40.565).

> Justa causa. Desídia. Configura-se de duas formas: repetidos atos que constituem individualmente faltas veniais ou, diferentemente, um só ato de tal gravidade que justifique o despedimento (TRT 2ª R., REX RO 14.355/85, Ac. 19.251/86, 8ª T., rel. Juiz Valentin Carrion, j. 10-11-1986, *LTr* 52-4/442).

8.10 AVISO PRÉVIO

A desídia pode ficar configurada após o empregado receber o aviso prévio do empregador ou quando o empregado concede o aviso ao empregador. A partir desse momento, o trabalhador começa a trabalhar com descaso, pois sabe que não irá mais prestar serviços ao empregador. Às vezes, entende que deve praticar um ato de represália ao empregador, pelo fato de ter sido dispensado. Assim, passa a proceder com desídia.

Deve o empregador advertir e suspender o empregado, se for o caso; se persistir a falta, dispensá-lo por justa causa.

O empregado irá perder o tempo restante do aviso prévio se incidir em hipótese de justa causa (art. 491 da CLT), além de deixar de receber férias proporcionais, 13º salário proporcional e indenização de 40% do FGTS. Não levantará o FGTS e o seguro-desemprego.

Se o empregado receber aviso prévio indenizado ou não trabalhar no aviso prévio, não se pode falar em desídia no respectivo período, pois o trabalhador não estava no desempenho das suas respectivas funções.

8.11 GARANTIA DE EMPREGO

Pode ocorrer de o empregado, ao adquirir a garantia de emprego, como do cipeiro, da grávida, do dirigente sindical, do acidentado etc., passar a agir com desídia. Seu fundamento é o fato de que não pode ser dispensado, daí começa a fazer "corpo mole", como se diz na gíria.

É o mesmo que poderia ocorrer quando em relação a empregado estável, que tinha dez anos de casa sem opção do FGTS antes de 5 de outubro de 1988, que passa a agir com desídia no emprego.

Às vezes, o objetivo do empregado é tentar fazer com que o empregador o dispense apenas para receber uma indenização considerável. A empresa o dispensa para se ver livre de um trabalhador problemático.

8.12 JURISPRUDÊNCIA

Demonstrada a desídia face a prova, abre oportunidade o empregado para ser despedido por justa causa, mormente quando, no horário reservado ao serviço na empresa, executa trabalho de seu interesse particular (TST, AI 1.142/74, Ac. 1.442/74, 1ª T., rel. Min. Lima Teixeira, *DJU* 5-11-1974, p. 8.250).

Irrelevante para a caracterização da falta grave a função exercida pelo empregado, como contínuo, pois está provado nos autos que por sua incúria, ao deixar de entregar aos diretores da empresa carta comunicando realização de reunião, que a ela deveriam comparecer, praticou ato desidioso, por negligência, sendo justa a dispensa (TRT 2ª R., RO 02890154224, Ac. 3.162/91, 2ª T., rela. Juíza Maria Aparecida Duenhas, *DJ* SP 26-3-1991).

Constitui ato de desídia grave a omissão do registro de horário de ronda, confessada pelo trabalhador e em momento coincidente com arrombamento e furto na empresa (TRT 12ª R., RO-V – 2.336/90, Ac. 1.042/91, 1ª T., rel. Juiz Câmara Rufino, j. 29-1-1991, *DJ* SC 22-4-1991, p. 48).

Justa causa. Motorista. Quebra do motor. O motorista profissional conhecendo todos os sintomas e sinais que denunciam defeito grave no motor do veículo que dirige, pratica falta grave se, ouvindo barulho característico que denota irregularidade, insiste em mantê-lo funcionando provocando com isso a quebra e inutilização completa do motor, revelando, com isso, grave imperícia e resultando na prática de desídia, justificando a dispensa por justa causa (TRT 9ª R., RO 3.814/89, 3ª T., rel. Juiz Euclides Alcides Rocha, j. 5-9-1990, *DJ* PR 5-10-1990, p. 86).

Justa causa. Desídia. Cobrador de ônibus. A prestação de contas do cobrador de transporte coletivo, ao final da jornada, constitui dever de ofício. O repasse incompleto da féria do dia configura comportamento desidioso que, na reiteração, enseja a aplicação da justa causa (TRT 2ª R., RO 029000122265, 5ª T., rela. Juíza Wilma Nogueira de Araújo Vaz de Lima, j. 31-3-1992, *DJ* SP 14-4-1992, p. 99-100).

Faltas injustificadas consecutivas. A configuração da desídia não depende, necessariamente, de faltas reiteradas em épocas distintas. O empregado que se ausenta do trabalho por treze dias consecutivos, num contrato de cinco meses, sem justificativa, incide, sim, em desídia, pois que age com descaso pelo emprego e desrespeito pelo contrato, já que não observa a sua obrigação primeira, qual seja a de comparecer ao trabalho (TRT 2ª R., Proc. 32.019/02, Ac. 60.659/02, rela. Juíza Maria de Fátima Zanetti Barbosa e Santos, j. 12-9-2002, *Revista Trimestral de Jurisprudência*, Ementário n. 2/04. São Paulo: LTr, 2004, p. 146).

Justa causa. Desídia. É desidioso o empregado que falta injustificadamente, tendo sido advertido e suspenso, principalmente no desenvolvimento da função de vigilante, em que o obreiro é pago para vigiar o patrimônio de outras pessoas, que fica, portanto, desguarnecido (TRT 2ª R., RO 02970005195, Ac. 02970645151, 3ª T., rel. Juiz Sergio Pinto Martins, *DO* ESP 2-12-1997).

9
EMBRIAGUEZ

9.1 HISTÓRICO

Na Bíblia verifica-se também a referência à embriaguez:

> Sendo Noé lavrador, passou a plantar uma vinha. Bebendo do vinho, embriagou-se e se pôs nu dentro de sua tenda. Cam, pai de Canaã, vendo a nudez do pai, fê-lo saber, fora, a seus dois irmãos. Então, Sem e Jafé tomaram uma capa, puseram-na sobre os próprios ombros de ambos e, andando de costas, rostos desviados, cobriram a nudez do pai, sem que a vissem. Despertando Noé da sua embriaguez, soube o que lhe fizera seu filho mais moço (Gênesis 9, 20-24).

Na mitologia grega existia um deus ébrio: Baco, o deus do vinho.

Previa o inciso IV do art. 1.229 do Código Civil de 1916 que uma das hipóteses para caracterizar a rescisão por justa causa por parte do locatário eram os vícios do locador. Entre esses vícios poderia estar incluída a embriaguez. Essa regra não foi repetida no Código Civil atual.

Rezava a letra *b* do art. 54 do Decreto n. 20.465, de 1º de outubro de 1931, ao tratar da Caixa de Aposentadoria e Pensões dos servidores públicos, que era falta grave a embriaguez habitual ou em serviço. No mesmo sentido a alínea *b* do art. 90 do Decreto n. 22.872, de 29 de junho de 1933, ao criar regras sobre o Instituto de Aposentadorias e Pensões dos Marítimos.

A letra d do art. 5º da Lei n. 62, de 5 de junho de 1935, dispunha que "a embriaguez, habitual ou em serviço, constitui justa causa para a resolução do contrato de trabalho pelo empregador".

O art. 3º da Lei n. 4.249 estabelecia que:

> Embriagar-se por hábito, de tal modo que por atos inequívocos se torne nocivo ou perigoso a si próprio, a outrem, ou à ordem pública – Pena: internação por três meses a um ano em estabelecimento correcional adequado.

Era, portanto, nesse aspecto considerada doença e deveria haver internação, apesar do seu aspecto penal.

O art. 62 do Decreto-Lei n. 3.688/41 (Lei das contravenções penais) prevê a embriaguez como contravenção:

> Apresentar-se publicamente em estado de embriaguez, de modo que cause escândalo ou ponha em perigo a segurança própria ou alheia: Pena – prisão simples, de 15 dias a três meses, ou multa. Parágrafo único. Se habitual a embriaguez, o contraventor é internado em casa de custódia e tratamento.

A determinação acima passou para a letra *f* do art. 482 da CLT: "embriaguez habitual ou em serviço", como hipótese de justa causa para a rescisão do contrato de trabalho pelo empregador.

O inciso VI do artigo 27 da Lei Complementar n. 150 considera: embriaguez habitual ou em serviço.

No México, considera-se justa causa quando o trabalhador se apresentar em estado de embriaguez ou sob influência de alguns narcóticos ou drogas, salvo se exista prescrição médica. Antes de iniciar os serviços, o trabalhador deve pôr o empregado a par e apresentar a prescrição subscrita pelo médico (art. 47, XIII, da Lei Federal do Trabalho).

9.2 CONCEITO

Embriaguez é o estado do indivíduo embriagado. Indica bebedeira, ebriedade.

Embriagar é o ato de causar ou produzir embriaguez. É o ato de ingerir bebidas alcoólicas, de embebedar-se.

A Organização Mundial de Saúde define alcoolismo como:

> o estado psíquico e também geralmente físico, resultante da ingestão do álcool, caracterizado por reações de comportamento e outras que sempre incluem uma compulsão para ingerir álcool de modo contínuo e periódico, a fim de experimentar seus efeitos psíquicos e, por vezes, evitar o desconforto da sua falta; sua tolerância, podendo ou não estar presente.

A Associação Médica Britânica entende que embriaguez significa:

> que o indivíduo está de tal forma influenciado pelo álcool, que perdeu o governo de suas faculdades a ponto de tornar-se incapaz de executar com prudência o trabalho a que se consagra no momento[1].

---

1. Citado por A. Almeida Júnior e J. B. de O. Costa Júnior (*Lições de medicina legal*. 16. ed. São Paulo: Nacional, 1979, p. 152, nota de rodapé n. 1).

A embriaguez é proveniente de álcool, de drogas ou de entorpecentes[2]. As drogas podem implicar um estado inebriante, como o uso de éter, ópio, morfina, maconha, cocaína etc.[3]. A lei não fez distinção quanto à forma da embriaguez.

O álcool é uma substância psicoativa, que age sobre o sistema nervoso central da pessoa. Ela pode interferir no funcionamento do cérebro, implicando consequências sobre a memória, a concentração, o equilíbrio etc.

O ébrio tem uma diminuição da capacidade de trabalho e, portanto, da sua produção. Está frequentemente cansado. Não tem as mesmas condições físicas normais de outros trabalhadores que não ficam embriagados.

Muitas vezes, o clima frio induz a pessoa a beber, em razão das calorias que são ingeridas com a bebida e que dão uma sensação térmica de calor. Com o uso constante, pode vir o abuso.

A pobreza do trabalhador, que não ganha o suficiente para dar à sua família uma vida digna, pode dar ensejo à embriaguez. Seria espécie de compensação o empregado beber para se esquecer de seus problemas. É a fuga da realidade.

9.3 DISTINÇÃO

Não se confunde a embriaguez com o hábito de beber ou com a ingestão de bebida alcoólica. A pessoa pode ter ingerido bebida alcoólica, mas não ficar embriagada.

A lei trabalhista tipifica como justa causa a embriaguez e não o ato de beber. Somente o empregado embriagado será dispensado e não aquele que vez ou outra toma um aperitivo e não fica embriagado. O empregador não poderá punir o empregado somente pelo fato de que ele estava bebendo, mas apenas se estiver embriagado. O fato de o trabalhador estar bebendo não quer dizer que irá ficar embriagado. Exceção pode ser a proibição de beber na empresa, inclusive no horário do almoço. O descumprimento da determinação implicará indisciplina.

A embriaguez pode ser considerada como espécie de mau procedimento, pois uma pessoa normal não se apresenta embriagada. Entretanto, com ele não se confunde. A embriaguez consiste no ato de o empregado ficar embriagado. O mau procedimento é qualquer outra falta que não puder ser elencada nas demais alíneas do art. 482 da CLT.

---

2. No mesmo sentido Wagner Giglio (*Justa causa*. 7. ed. São Paulo: Saraiva, 2000, p. 153).
3. É também o entendimento de Evaristo de Moraes Filho (*Contrato de trabalho*. Rio de Janeiro, 1994, p. 190) e de Mozart Victor Russomano (*Comentários à CLT*. 17. ed. Rio de Janeiro: Forense, 1997. v. 1, p. 668).

A embriaguez habitual também não deixa de ser uma incontinência de conduta num sentido genérico. Entretanto, na incontinência a ideia é de conduta de natureza sexual, que não acontece na embriaguez, que é o ato de ficar embriagado.

9.4 CLASSIFICAÇÃO

A embriaguez poderá ser: (a) ocasional, que ocorre de vez em quando, esporadicamente; (b) habitual, quando existe com frequência.

A embriaguez permanente é a embriaguez crônica. Poderá o empregado apresentar-se constantemente embriagado, hipótese em que a embriaguez será crônica. É a pessoa doente, que necessita beber. Desenvolve o indivíduo o *delirium tremens*.

Quanto à vontade da pessoa, a embriaguez pode ser voluntária e involuntária. Será voluntária a embriaguez quando o empregado tem intenção de ficar bêbado.

A embriaguez involuntária é a acidental, em que o trabalhador pode ter ingerido a bebida por não saber do que se tratava, por pensar que era um remédio. Poderia ocorrer de o empregado tomar um remédio para determinada doença e ficar com sintomas de embriaguez. Pessoas que têm labirintite ou problemas de ouvido podem perder o equilíbrio e parecer bêbadas. Nesses casos, não se caracteriza a justa causa, pois a situação é acidental ou fortuita.

Embriaguez culposa é a que a pessoa fica embriagada, por passar dos limites normais da bebida, em razão da sua negligência à baixa resistência ao álcool.

Embriaguez simples é a que ocorre com o homem normal.

Embriaguez patológica é a decorrente de um estado de fraqueza ou de enfermidade já existente.

A embriaguez plena ou completa impede a pessoa de praticar atos. No caso da embriaguez semiplena ou incompleta, a pessoa ainda detém domínios sobre seus atos.

Se a pessoa bebe juntamente com a comida ou está com o estômago cheio, a embriaguez pode ficar retardada ou até atenuada. Entretanto, se o estômago está vazio, a absorção é mais rápida na corrente sanguínea, e a embriaguez é mais rápida.

Fatores como o peso, a idade e o sexo podem influenciar na tolerância à bebida.

9.5 FUNDAMENTOS DA JUSTA CAUSA

O Estado tem interesse na saúde das pessoas, até mesmo para que não haja gastos desnecessários com o sistema de saúde. Nas propagandas de bebidas alcoólicas, como de cervejas e aguardente de cana, já se verifica a frase: "beba com moderação" ou às vezes a afirmação de que a bebida em excesso pode causar dependência e doença.

A embriaguez é fundamento para justa causa, pois o empregador tem interesse em preservar a harmonia, a ordem interna e a disciplina no ambiente de trabalho e a boa execução do serviço. O ébrio pode gerar desarmonia, perturbando o ambiente de trabalho, assim como dar mau exemplo para outros empregados. O trabalhador coloca em risco o nome da empresa.

Quando vai consumir a bebida, a pessoa tem discernimento e raciocínio para não fazê-lo, pois sabe que é prejudicial à saúde.

O empregado embriagado não produz o necessário, podendo causar prejuízos aos bens da empresa, acidentes do trabalho e tornar-se indisciplinado e violento. Em pouco tempo, o empregado pode ter sua capacidade física e mental reduzida.

A embriaguez pressupõe que o empregado perdeu o controle das suas capacidades físicas e não pode executar normalmente o trabalho.

Afirma-se que a empresa deixa de ter confiança no empregado embriagado. Isso, de fato, pode ocorrer em relação a empregados que ocupam cargo de chefia ou direção, mas não ocorre em relação a outros empregados mais desqualificados, como o pedreiro, em que há até certa tolerância das empresas de construção civil, salvo se houver abusos.

Não deixa de ser a embriaguez um mau procedimento do empregado[4], pois o trabalhador correto assim não procederá. Ela degenera a imagem e a moral do homem. Pode proporcionar até o crime.

Na embriaguez habitual, o empregado causa constrangimento em outros trabalhadores. Dá mau exemplo, principalmente para os mais jovens ou para os menores. Pode desagregar o ambiente. O trabalhador pode causar risco no desenvolvimento de suas atividades na empresa.

9.6 FASES

Álcool é uma substância psicoativa. Pode interferir no funcionamento do cérebro. Pode comprometer funções como memória, concentração e atenção.

O ébrio passa por três fases: de excitação, de confusão e de sono.

---

4. No mesmo sentido, LACERDA, Dorval de. *A falta grave no direito do trabalho*. 4. ed. Rio de Janeiro: Edições Trabalhistas, 1976, p. 162; SOUZA NETTO, Francisco de Andrade. *Da rescisão do contrato de trabalho de duração indeterminada*, 1937, p. 76.

Na fase de excitação, a pessoa se mostra alegre e extrovertida. O indivíduo fica eufórico, com as pupilas dilatadas, com a respiração e os pulsos acelerados, a pele úmida. Dá uma falsa sensação de segurança e de superioridade. Cada pessoa tem certa característica. Por exemplo: os tímidos ficam calados; os extrovertidos ficam valentes; os sentimentais fazem confidências etc.

Na fase de confusão, a pessoa tem visão dupla (diplopia), zumbido no ouvido, percepções incorretas, principalmente à dor, existe dificuldade em se expressar, com palavras pastosas. A pessoa não consegue caminhar em linha reta, nem ficar em pé.

Na fase de sono, o indivíduo tem a queda da pressão sanguínea e mostra-se sonolento. Não consegue ficar em pé ou sentado. As pupilas ficam contraídas e a pele pálida. A respiração e o pulso estão lentos. Fica a pessoa inconsciente. Só reage a estímulos violentos. Ao acordar, tem mal-estar, sede, mau gosto na boca e fadiga. Fica cansado. Tudo lhe incomoda.

Grau de embriaguez	Dose de álcool no sangue
Sinais subclínicos	0,4 a 0,8 g/L
Embriaguez clínica leve	0,8 a 2 g/L
Embriaguez moderada	2 a 3 g/L
Coma alcoólico	4 a 5 g/L
Dose mortal	acima de 5g/L

Prevê o art. 165 do Código de Trânsito Brasileiro (Lei n. 9.503, de 23-9-1997) que dirigir sob a influência de álcool ou de qualquer outra substância psicoativa que determine dependência, é infração gravíssima. Não faz distinção em relação ao grau de álcool no sangue do motorista. Pode, portanto, ser qualquer grau.

Como a CLT não faz distinção quanto ao grau de embriaguez, qualquer grau será considerado como justa causa, desde que o empregado esteja efetivamente embriagado, habitualmente ou em serviço.

Dificilmente o empregado se apresentaria na empresa na segunda ou terceira fases. A exceção pode ser o caso do vigia que bebeu muito durante a noite e acabou dormindo no serviço, tendo sido acordado por outro empregado pela manhã.

Dependendo do caso, o empregador não deveria aplicar a penalidade, pois o empregado poderia ter-se embriagado em razão do nascimento de seu filho, do falecimento de um parente etc. Nesses exemplos, deveria ser advertido para que a falta não viesse a ocorrer novamente. Entretanto, se o ato é grave, como da embriaguez em serviço, o empregado poderia ser dispensado de imediato, sem qualquer tolerância por parte do empregador.

9.7 ESPÉCIES

A letra *f* do art. 482 da CLT trata de duas hipóteses distintas para a caracterização da justa causa: (a) embriaguez habitual; (b) embriaguez em serviço. O legislador usou a conjunção alternativa *ou* indicando que não são idênticas ou sinônimas as hipóteses, mas distintas.

Délio Maranhão afirma que a embriaguez habitual é uma violação geral de conduta do empregado, que tem reflexos no contrato de trabalho, e a embriaguez em serviço é uma obrigação específica da execução do contrato[5].

A embriaguez fortuita ou decorrente de força maior não constitui justa causa para o despedimento. É o que ocorreria se uma pessoa trocasse os copos, dando de beber a alguém que não bebe ou não pode beber.

A embriaguez por uso de drogas deverá ser investigada em cada caso, pois o empregado pode tomá-las em razão de prescrição médica, por estar doente, e parecer embriagado. A morfina, por exemplo, é usada para tratamento de estágios avançados contra o câncer, quando o paciente sente muita dor.

9.8 JUSTA CAUSA

Wagner Giglio entende que a embriaguez patológica não é motivo para a dispensa por falta grave do empregado, por se tratar de doença[6].

O alcoolismo é reconhecido como doença pela Organização Mundial de Saúde. Consta o alcoolismo da Classificação Internacional de Doenças (CID) nos códigos: 10 (transtornos mentais e do comportamento decorrentes do uso do álcool), 291 (psicose alcoólica), 303 (síndrome de dependência do álcool) e 305.0 (abuso do álcool sem dependência). Assim, o empregado deve ser tratado e não dispensado, sendo enviado ao INSS ou ao sistema de saúde pública.

Dispensar o empregado por justa causa não vai ajudar a recuperar o indivíduo. Este fica sem o emprego e com maiores dificuldades para se tratar.

Há jurisprudência que considera que a embriaguez não é causa para a dispensa do empregado, por ser doença:

> Embriaguez. Na atualidade, o alcoolismo crônico é formalmente reconhecido como doença pelo Código Internacional de Doenças – CID da Organização Mundial de Saúde – OMS, que o classifica sob o título de síndrome de dependência do álcool (referência F-10.2). É patolo-

---

5. SÜSSEKIND, Arnaldo; MARANHÃO, Délio; VIANNA, Segadas. *Instituições de direito do trabalho.* 20. ed. São Paulo: LTr, 2002. v. 1, p. 574.
6. GIGLIO, Wagner. Op. cit., p. 165.

gia que gera compulsão, impele o alcoolista a consumir descontroladamente a substância psicoativa e retira-lhe a capacidade de discernimento sobre seus atos. Clama, pois, por tratamento e não por punição. O dramático quadro social advindo desse maldito vício impõe que se dê solução distinta daquela que imperava em 1943, quando passou a viger a letra fria e hoje caduca do art. 482, *f*, da CLT, no que tange à embriaguez habitual. Por conseguinte, incumbe ao empregador, seja por motivos humanitários, seja porque lhe toca indeclinável responsabilidade social, ao invés de optar pela resolução do contrato de emprego, sempre que possível, afastar ou manter afastado do serviço o empregado portador dessa doença, a fim de que se submeta a tratamento médico visando recuperá-lo. Recurso de embargos conhecido, por divergência jurisprudencial, e provido para restabelecer o acórdão regional (TST, ERR 586.320/99.1, SBDI-1, rel. Min. João Oreste Dalazen, j. 19-4-2004, *DJ* 21-5-2004, *LTr* 68-07/832).

Recurso de Revista. Patronal. Alcoolismo. Diante do posicionamento da OMS, que catalogou o alcoolismo como doença no Código Internacional de Doenças (CID), sob o título de síndrome de dependência do álcool (referência F-10.2), impõe-se a revisão do disciplinamento contido no art. 482, letra *f*, da CLT, de modo a impedir a dispensa por justa causa do trabalhador alcoólatra (embriaguez habitual), mas, tão somente, levar à suspensão de seu contrato de trabalho, para que possa ser submetido a tratamento médico ou mesmo a sua aposentadoria, por invalidez. Recurso de revista conhecido em parte e desprovido (TST, AIRR – RR 813281/2001.6, 2ª T., rel. Min. José Luciano de Castilho Pereira, *DJU* 22-9-2006).

Recurso de revista. Nulidade do julgado. Negativa de prestação jurisdicional. Inocorrência. A Corte de origem consignou expressamente as razões do seu convencimento, não havendo falar em negativa de prestação jurisdicional. Inviolado o art. 93, IX, da Constituição da República.

Alcoolismo. Não caracterização da justa causa. Reintegração. Revela-se em consonância com a jurisprudência desta Casa a tese regional no sentido de que o alcoolismo crônico, catalogado no Código Internacional de Doenças (CID) da Organização Mundial de Saúde – OMS, sob o título de síndrome de dependência do álcool, é doença, e não desvio de conduta justificador da rescisão do contrato de trabalho. Registrado no acórdão regional que – restou comprovado nos autos o estado patológico do autor –, que o levou, inclusive, – a suportar tratamento em clínica especializada não há falar em configuração da hipótese de embriaguez habitual, prevista no art. 482, *f*, da CLT, porquanto essa exige a conduta dolosa do reclamante, o que não se verifica na hipótese. Recurso de revista não conhecido, integralmente (RR – 153000-73.2004.5.15.0022, 3ª T., rela. Mina. Rosa Maria Weber, *DEJT* 6-11-2009).

Recurso de revista. Justa causa. Embriaguez. A embriaguez habitual ou em serviço só constitui justa causa para rescisão do contrato de trabalho pelo empregador quando o empregado não é portador de doença do alcoolismo, também chamada de síndrome de dependência do álcool. Recurso de revista conhecido e desprovido (RR 200040-97.2004.5.19.0003 8, 1ª T., rel. Min. Luiz Philippe Vieira de Mello Filho, *DJ* 18-4-2008).

Recurso de revista. Inquérito para apuração de falta grave. Alcoolismo. Justa causa. O alcoolismo crônico, nos dias atuais, é formalmente reconhecido como doença pela Organização Mundial de Saúde – OMS, que o classifica sob o título de síndrome de dependência do álcool, cuja patologia gera compulsão, impele o alcoolista a consumir descontroladamente a substância psicoativa e retira-lhe a capacidade de discernimento sobre seus atos. Assim é que se faz necessário, antes de qualquer ato de punição por parte do empregador, que o empregado seja encaminhado ao INSS para tratamento, sendo imperativa, naqueles casos em que o órgão previdenciário detectar a irreversibilidade da situação, a adoção das providências necessárias à sua aposentadoria. No caso dos autos, resta incontroversa a condição do obreiro de dependente químico. Por conseguinte, reconhecido o alcoolismo pela Organização Mundial de Saúde como doença, não há como imputar ao empregado a justa causa como motivo ensejador da ruptura do liame empregatício. Recurso de revista conhecido e provido (Proc. TST-RR-1864/2004-092-03-00, 1ª T., rel. Min. Lelio Bentes Corrêa, *DJ* de 28-3-2008).

Agravo de instrumento. Recurso de revista. Alcoolismo crônico. Justa causa. Da violação ao art. 482, *f*, da CLT. A decisão do Regional, quanto ao afastamento da justa causa, não merece reparos, porquanto está em consonância com o entendimento desta Corte Superior, inclusive da SBDI-1, no sentido de que o alcoolismo crônico é visto, atualmente, como uma doença, o que requer tratamento e não punição. Incólume o art. 482, alínea *f*, da CLT. Agravo de instrumento conhecido e não provido (AIRR 34040-08.2008.5.10.0007, 8ª T., rela. Mina. Dora Maria da Costa, j. 14-4-2010, *DEJT* 16-4-2010).

Alcoolismo patológico é doença e não falta grave. A consequência jurídica é o encaminhamento ao INPS, e não, o despedimento (TST, RR 4.176/1976, Ac. 898/1977, 3ª T., rel. Min. Ary Campista, *DJU* 24-6-1977, p. 4.307).

O alcoolismo é doença e, por isso, não enseja a resolução culposa do contrato. Doença não constitui justa causa. Segundo a Organização Mundial de Saúde que a classificou em três categorias distintas – psicose alcoólica, síndrome de dependência do álcool e abuso alcoólico, sem dependência, atribuindo a cada um Código Internacional de Doenças (CID), o alcoolismo é moléstia crônica e incurável, tendendo à desagregação total da personalidade, embora em muitos casos possa ser posta sob controle. Daí porque a prova do fato relatado na defesa seria de todo ociosa (TRT 1ª R., RO 13.663/1996, 1ª T., rel. Juiz Luiz Carlos Teixeira Bonfim, j. 29-9-1998, conforme *Dicionário de decisões trabalhistas*, de Benedito Calheiros Bonfim, Silvério dos Santos e Cristina Kaway Stamato, Rio de Janeiro, Edições Trabalhistas, 30. ed., p. 244, verbete 875).

Justa causa. Alcoolismo. Ausência de exames médicos demissionais. A embriaguez habitual, segundo a jurisprudência mais moderna e consentânea com os anseios que ora se constatam em relação ao alcoolismo, tanto cível como trabalhista, tem afirmado tratar-se de doença como todas as demais enfermidades graves, e não desvio de conduta. Anulação da despedida por justa causa que se declara, sendo devidas as parcelas decorrentes da extinção do ajuste sem justo motivo, sendo indevida a reintegração postulada. A ausência de exames médicos demissionais, ainda que importe afronta ao art. 168, II da CLT e às disposições da NR 7, itens 7.1 e 7.22 da Portaria nº 3.214/78, não autoriza se declare a ineficácia da despedida e, tampouco, se entenda protraída a eficácia da mesma, ressalvada a posição da Relatora. Recurso parcialmente provido (TRT 4ª R., RO 01098.018/96-6, 1ª T., rela. Juíza Magda Barros Biavaschi, *DJ* RS 8-3-1999).

A doença não seria um problema do empregador, mas do Estado. Este é responsável pela saúde das pessoas.

A embriaguez é hipótese de justa causa porque a lei assim dispõe, pois o fato de o empregado apresentar-se embriagado poderá causar prejuízo à empresa e a seus clientes e, inclusive, ele mesmo pode se acidentar. Entender de forma contrária é negar vigência à alínea *f* do art. 482 da CLT. O juiz não pode investir-se na condição de legislador e desprezar o conteúdo da alínea *f* do art. 482 da CLT.

No TST, há acórdãos no mesmo sentido:

> Justa causa. Embriaguez. É certo que o alcoolismo configura-se como doença. Este fundamento, contudo, não é suficiente para afastar a justa causa prevista no art. 482, alínea *f*, da CLT. Recurso de revista provido (TST, RR 24935/1996, 3ª T., rel. Min. Carlos Alberto Reis de Paula, *DJU* 7-8-1998, p. 729).

> Justa causa. Alcoolismo. O alcoolismo é uma figura típica de falta grave do empregado ensejadora da justa causa para a rescisão do contrato de trabalho. Mesmo sendo uma doença de consequência muito grave para a sociedade é motivo de rescisão contratual porque a lei assim determina. O alcoolismo é um problema de alçada do Estado que deve assumir o cidadão doente, e não do empregador que não é obrigado a tolerar o empregado alcoólatra que, pela sua condição, pode estar vulnerável a acidentes de trabalho, problemas de convívio e insatisfatório desempenho de suas funções. Revista conhecida e desprovida (TST, RR 524.378/1998.0, 3ª T., rel. Juiz Lucas Kontoyanis, *DJU* 17-9-1999, p. 207).

Enquanto a embriaguez estiver na CLT como hipótese de dispensa com justa causa, ela assim tem de ser entendida. Do contrário, a letra *f* do art. 482 da CLT será considerada letra morta.

A hipótese contida na letra *d* do art. 482 da CLT, que trata de condenação criminal do empregado, não é tecnicamente justa causa. Entretanto, enquanto a lei assim a considerar, será justa causa para a dispensa do empregado, pelo fato de que ele não pode trabalhar na empresa.

O legislador, no futuro, deve modificar a hipótese, mas, enquanto não o faz, deve a falta ser considerada justa para a dispensa do empregado.

O responsável pela saúde das pessoas é o Estado e não o empregador.

Não se pode dizer que a letra *f* do art. 482 da CLT viola o princípio da igualdade, contido no *caput* do art. 5º da Constituição.

Leciona Celso Ribeiro Bastos que: "a igualdade não assegura nenhuma situação jurídica específica, mas na verdade garante o indivíduo contra toda má utilização que possa ser feita na ordem jurídica"[7].

O mesmo autor menciona que:

> em Direito, o princípio da igualdade torna-se de mais difícil conceituação porque o que ele assegura não é a mesma quantidade de direito para todos os cidadãos. A igualdade nesse sentido é uma utopia. Nela todos disporiam de igual quantidade de bens, seriam remunerados igualmente e todas as profissões teriam a mesma dignidade. Nesse mundo, todos seriam efetivamente iguais[8].

---

7. BASTOS, Celso Ribeiro. *Comentários à Constituição do Brasil*. São Paulo: Saraiva, 1989, v. 2, p. 13.
8. BASTOS, Celso. *Curso de direito constitucional*. São Paulo: Celso Bastos, 2002, p. 319.

Já afirmou Themístocles Brandão Cavalcante que "todos têm o mesmo direito, mas não o direito às mesmas coisas"[9].

A letra *f* do art. 482 da CLT está tratando de hipótese de justa causa para a dispensa do trabalhador, que abala a fidúcia que deve existir na relação de emprego. O empregado embriagado não está sendo discriminado pelo ato que cometeu, mas porque a lei considera a hipótese justa causa para o despedimento, principalmente pelo fato de poder causar acidentes e prejuízos ao empregador.

A pessoa embriagada, que não está doente, mas aparece nessas condições no serviço, está cometendo falta grave, inclusive cometendo mau procedimento. Não está sendo tratada de forma diferenciada, desumana ou degradante (art. 5º, III, da Constituição). Nada impede, inclusive, que seja submetida a tratamento, e o INSS conceda auxílio-doença. O empregador, com a dispensa, não está impedindo o empregado de perceber o benefício previdenciário, que independe da rescisão do contrato de trabalho, mas da manutenção da qualidade de segurado e de período de carência.

9.9 EMBRIAGUEZ HABITUAL

A embriaguez habitual ou crônica está muito mais para uma doença do empregado, que necessita de tratamento, do que para justa causa. Entretanto, existe a previsão da lei.

A embriaguez habitual enquadra-se num conceito amplo de incontinência de conduta. Uma pessoa normal não deveria beber em excesso, indo além das suas capacidades físicas de beber.

Para a caracterização da embriaguez habitual, há necessidade da sua repetição. Um único ato não caracteriza tal hipótese.

Não há fórmula matemática para caracterização da habitualidade. Cada caso tem de ser examinado em particular. Dependendo do caso, a reincidência poderia caracterizar a embriaguez. Em outras hipóteses, haveria necessidade de o empregado ficar embriagado várias vezes, como muitas vezes durante a semana, todas as semanas durante o mês. O empregado poderá ter sido advertido ou suspenso anteriormente com a primeira falta.

A lei, para o caso, não faz referência que a embriaguez tem de ser observada em serviço, mas que seja habitual. Logo, ela pode ser apurada fora do serviço, mas deve ter reflexos no serviço. Do contrário, não tem sentido a justa causa,

---

9. CAVALCANTE, Themístocles Brandão. *Princípios gerais de direito público*. Rio de Janeiro: Borsoi, 1958, p. 198.

pois ela não se refere ao contrato de trabalho. Alto executivo que fica embriagado habitualmente fora do serviço, mas que trabalha normalmente, sem cometer qualquer deslize não pode ser dispensado com justa causa. Não se pode dizer que o empregador perdeu a confiança em tal empregado, se nada trouxe de negativo para o serviço. O receio do empregador de o empregado trazer algum problema deve ser evidenciado pelo prejuízo causado pelo trabalhador e não pela mera probabilidade. O entendimento majoritário, porém, é no sentido de que a embriaguez não precisa ter relação com o contrato de trabalho, bastando que ela seja habitual, ainda que fora do serviço.

A embriaguez habitual traz consequências na vida social do empregado, mas o que importa é que ela tenha consequências no trabalho, como o fato de o empregado estar dormindo no serviço, em razão de que estava embriagado.

A CLT estabelece a justa causa em razão da embriaguez habitual e não pelo fato de que o empregado bebe habitualmente ou tem o hábito de beber, mas não fica embriagado. É o que pode ocorrer fora da empresa, no horário de almoço etc.

O art. 62 do Decreto-Lei n. 3.688/41 (Lei das Contravenções Penais) prevê a embriaguez como contravenção: "apresentar-se publicamente em estado de embriaguez, de modo que cause escândalo ou ponha em perigo a segurança própria ou alheia". A norma penal exige, portanto, que a pessoa se apresente publicamente embriagada. É um requisito fundamental para a caracterização da contravenção. Esta não ocorrerá se o empregado fica embriagado em sua casa.

Não há previsão na CLT de que a embriaguez habitual deve ser pública. Entretanto, se o empregado fica bêbado habitualmente na sua casa e não transparece o fato, não se pode falar em justa causa, se não há mau exemplo a ser dado na empresa[10].

Muitas vezes, se o empregado fica embriagado habitualmente, o fato acaba tendo consequências no próprio serviço e até mesmo acaba ficando embriagado no próprio trabalho.

A alínea *f* do item 2 do art. 54 do Estatuto dos Trabalhadores da Espanha considera justa causa para a dispensa do trabalhador apenas a embriaguez habitual ou toxicomania se repercutirem negativamente no trabalho. Se não houver a repercussão negativa, não se caracteriza a falta do empregado.

---

10. No mesmo sentido é o entendimento de Antonio Lamarca (*Manual das justas causas*. 2. ed. São Paulo: Revista dos Tribunais, 1983, p. 483-484). Délio Maranhão também exige certa publicidade da falta, por ser uma falta estranha ao contrato de trabalho (*Instituições de direito do trabalho*. 20. ed. São Paulo: LTr, 2002. p. 574, nota 80).

9.10 EMBRIAGUEZ EM SERVIÇO

A CLT tipifica a embriaguez em serviço como hipótese de justa causa para a dispensa do empregado.

A embriaguez em serviço se caracteriza por uma única falta. Será desnecessária a habitualidade nessa falta, a repetição do ato praticado pelo empregado, bastando um único ato. Pode a embriaguez ser ocasional, mas deve ser revelada no serviço. O empregado não precisará anteriormente ter sido advertido ou suspenso.

Motorista de ônibus que está embriagado no serviço pode ser dispensado por justa causa, mesmo que isso ocorra uma única vez, pois seu ato é muito grave. Coloca em risco não somente a si próprio, mas também os passageiros do ônibus e as pessoas que transitam por onde passa. Pode causar a morte de pessoas e prejuízos sérios ao empregador.

O motorista profissional empregado tem o dever de submeter-se a exames toxicológicos com janela de detecção mínima de 90 dias e a programa de controle de uso de droga e de bebida alcoólica, instituído pelo empregador, com sua ampla ciência, pelo menos uma vez a cada dois anos e seis meses, podendo ser utilizado para esse fim o exame obrigatório previsto na Lei n. 9.503/97 (Código de Trânsito), desde que realizado nos últimos 60 dias (art. 235-B, VII, da CLT). A recusa do empregado em submeter-se ao teste ou ao programa de controle de uso de droga e de bebida alcoólica previstos no inciso VII será considerada infração disciplinar, passível de punição nos termos da lei (parágrafo único). A expressão infração disciplinar mencionada na lei é a justa causa.

Em relação a empregados estáveis, a doutrina entende que há necessidade da repetição da falta, que não se caracterizaria com um único ato. De fato, o art. 493 da CLT faz referência à repetição da falta, mas também menciona que se a natureza da falta representar séria violação dos deveres e obrigações do empregado, a justa causa estará caracterizada. Exemplo pode ser o do motorista de ônibus, que tem estabilidade ou garantia de emprego, e fica embriagado uma única vez. Poderá ser dispensado por justa causa, em razão do perigo de colocar em risco a vida de outras pessoas. Não se exige repetição. O ato do empregado é grave.

A embriaguez ocorrida na casa do empregado não é justa causa, por não ter reflexo no serviço.

O trabalhador pode prestar serviços internos e externos na empresa. O empregado pode fazer serviços externos, como o motorista, o vendedor, o *office boy*, e ficar embriagado. É o caso em que o empregado representa o empregador externamente ou usa uniforme da empresa. Está, portanto, em serviço. A embriaguez que ocorrer nessas condições tipificará a justa causa.

Se o empregado embriaga-se contumazmente fora do serviço, transparecendo esse ato no serviço, está caracterizada a falta grave.

A ingestão de álcool durante o horário de serviço sem que exista embriaguez não tipifica a justa causa.

O ato de beber no intervalo para repouso e alimentação como aperitivo ou acompanhamento da refeição não pode ser considerado como justa causa, desde que o empregado não fique embriagado. O uso da bebida de forma moderada não irá caracterizar a justa causa. No mesmo sentido, entende a jurisprudência:

> Justa causa. Embriaguez. Inocorrência. Se o empregado, no seu intervalo para almoço, ingere bebida alcoólica, com moderação e apenas como acompanhamento da refeição, não se configura a justa causa para a dispensa do empregado a ingestão de cerveja, comprovadamente fora do período de trabalho (TRT 3ª R., RO 13.129/95, 2ª T., rel. Juiz Bolívar Viegas Peixoto, j. 12-12-1995, *DJ* MG II 26-1-1996, p. 23).

Caso a embriaguez seja observada em dia de descanso e lazer, não há que se falar em embriaguez em serviço.

Embriaguez em serviço não é apenas a que ocorre a partir do momento em que o empregado marca seu cartão de ponto e começa a trabalhar, mas o fato de se apresentar embriagado na portaria da empresa. O trabalhador já teria ingressado no interior da empresa e estaria pronto para iniciar o trabalho.

Os tribunais trabalhistas já assim decidiram:

> Falta grave. Embriaguez em serviço. O fato de o empregado haver se apresentado embriagado à entrada do serviço não impede a caracterização da "embriaguez em serviço", pois já adentrara na empresa com o fito de trabalhar. Inadmissível aguardar que realizasse alguma tarefa, podendo prejudicar-se e ao serviço, para melhor evidenciar a natureza da falta (TRT 2ª R., RO 26.690/90-9, 7ª T., rela. Juíza Lucy Mary Marx Gonçalves da Cunha, j. 26-10-1992, *DJ* SP 5-1-1992, p. 158).

> Comprovada nos autos a prática de falta grave pelo empregado condutor de veículo rodoviário de passageiros que se apresenta embriagado no repouso interjornada, justifica-se o despedimento motivado (TRT 12ª R., ROV 5597/97, 1ª T., Ac. 00661/98, rel. Juiz Carlos Alberto Pereira Oliveira).

> A falta, para ser considerada grave, tem que ter força para soterrar o elemento fidúcia que une as partes no contrato de trabalho, seja pela reiteração ou por ato único. Ao comparecer embriagado para trabalhar, o motorista de ônibus comete falta grave, ainda que seja a primeira vez (TRT 3ª R., RO 04168/91, 1ª T., rel. Juiz Antonio Miranda de Mendonça, *DJ* MG 24-7-1992, p. 31).

> Embriaguez em serviço. Constituem justa causa para dispensa do empregado ingerir habitualmente bebida alcoólica durante a jornada de trabalho e manifestado estado de embriaguez (TRT 2ª R., RO 24.731/90-9, 7ª T., rel. Juiz Gualdo Amaury Formica, j. 2-12-1992, *DJ* SP 9-12-92, p. 202).

Embriaguez em serviço. A embriaguez em serviço constitui falta máxima para o empregado que, em virtude da função exercida necessite da mais alta vigilância e atenção, como é o caso do motorista (TRT 2ª R., RO 029930331458, 2ª T., rela. Juíza Yone Frediani, j. 5-12-1994, *DJ* SP 11-1-1995, p. 67).

Justa causa. Embriaguez em serviço. A embriaguez em serviço, devidamente provada, prescinde do critério de habitualidade para configurar a justa causa capitulada no art. 482, alínea *f*, da CLT (TRT 12ª R., RO 2015/93-V-A, 1ª T., rel. Juiz J. F. Câmara Rufino, j. 17-3-1995, *DJ* SC 12-5-1995, p. 62).

Há certas profissões em que o empregado pode ficar bêbado em razão do exercício da sua atividade. É a embriaguez funcional. Exemplo pode ser o caso de moças que devem induzir o cliente a beber, mas que acabam também bebendo, ainda que com doses mais diluídas. Em muitos casos, essas moças nem sequer são registradas ou consideradas empregadas. Em outros casos, há exploração de prostituição ou exercício dela. Mesmo assim, não se poderá falar em justa causa.

Exemplo também pode ser o de empregados que trabalham para indústria de bebidas e têm de experimentá-las. É o provador de bebidas, como o caso do mestre-cervejeiro, que tem de experimentar a cerveja para verificar sua qualidade, seu gosto, seu cheiro etc. Acidentalmente esse trabalhador pode ficar embriagado. Nesse caso, não se pode falar em justa causa, em razão da função que desenvolve na empresa. Sua função não é, porém, beber ou ficar embriagado, mas provar a bebida. O caso terá de ser analisado com cuidado pelo empregador, em razão do tipo de atividade do empregado.

9.11 O ATUAL CÓDIGO CIVIL

Dispõe o inciso II do art. 4º do atual Código Civil que é relativamente incapaz o ébrio habitual.

Com base na regra acima seria possível dizer que o ébrio habitual não mais cometeria justa causa, pois seria relativamente incapaz.

A embriaguez em serviço, que ocorre uma ou algumas vezes, sem que o trabalhador esteja na condição de ébrio habitual, continuará a ser considerada hipótese de justa causa.

Reza o parágrafo 1.º do art. 8º da CLT que o direito comum será fonte subsidiária do Direito do Trabalho, naquilo em que não for incompatível com os princípios fundamentais deste. Subsidiário tem o sentido do que vem em reforço ou apoio de. É o que irá ajudar, que será aplicado em caráter supletivo ou complementar. O direito comum é o Civil ou Comercial. Entretanto, o parágrafo 1.º do art. 8º da CLT tem de ser interpretado sistematicamente com o *caput* do mesmo dispositivo, no sentido de que somente nos casos de falta de disposições previstas na CLT é que irá ser aplicado o Código Civil. Se a CLT trata do tema, não é o caso de se observar o Código Civil.

Quando o Código Civil de 1916 determinava a maioridade aos 21 anos e a CLT considerava o trabalhador capaz para o trabalho aos 18 anos, não se entendia que uma norma tinha revogado a outra, mas sim que tinham campos distintos de aplicação. Uma coisa era a maioridade civil. Outra coisa era a capacidade para o menor trabalhar.

O mesmo ocorre em relação à justa causa de embriaguez. O fato de o ébrio habitual ser considerado para fins civis relativamente incapaz não quer dizer que é incapaz para fins trabalhistas, tanto que pode trabalhar. Para efeitos do trabalho, a embriaguez habitual irá caracterizar a justa causa.

Dessa forma, não pode ser observada a regra do inciso II do art. 4º do atual Código Civil, por haver previsão específica na CLT sobre a justa causa de embriaguez habitual (art. 482, *f*, da CLT). O Código Civil não trata de justa causa para a dispensa para se dizer que revogou a CLT.

Uma coisa é a capacidade civil da pessoa. Outra hipótese é a capacidade sob o ponto de vista trabalhista e os efeitos que a CLT dispõe para determinada situação.

É claro que a regra do inciso II do art. 4º do atual Código Civil é mais razoável, pois considera o ébrio habitual como doente. Entretanto, enquanto a CLT não for modificada, a embriaguez habitual é considerada como justa causa para a dispensa do empregado.

9.12 SUSPENSÃO E INTERRUPÇÃO DO CONTRATO DE TRABALHO

A embriaguez em serviço necessita que o contrato de trabalho esteja em curso. É preciso que o empregado esteja trabalhando. Assim, se os efeitos do contrato de trabalho estão interrompidos (o funcionário está em férias) ou estão suspensos (aposentadoria por invalidez), não se pode falar na justa causa.

A embriaguez habitual, se se entender que ela não decorre da vigência do contrato de trabalho, poderá se configurar se os efeitos do contrato de trabalho estiverem suspensos ou interrompidos.

9.13 AVISO PRÉVIO

A embriaguez poderá ocorrer no curso do aviso prévio, porém há necessidade de que ele seja trabalhado. Se o aviso prévio for indenizado, não há embriaguez em serviço, e a embriaguez habitual não irá mais ter repercussão no serviço, pois, para o empregador, aquele trabalhador não é mais do interesse da empresa.

9.14 PROVA

A prova da embriaguez deveria ser feita por exame de dosagem alcoólica, mas nem sempre as empresas têm médico e laboratório para esse fim.

O médico poderá constatar a embriaguez por meio do exame dos globos oculares, que ficam com abundância de irrigação sanguínea e, portanto, vermelhos, ou pelo exame do pulso, pois são elevados os batimentos cardíacos. Se o empregado aparenta sonolência. Pode ser verificado se o empregado está suando intensamente, se está babando ou vomitando. Se tem boa memória. É possível verificar o hálito do empregado, a dificuldade em articular palavras. Se consegue ficar em pé ou caminha normalmente. Poderia, ainda, ser constatada a embriaguez por exame de urina.

Por meio do exame de sangue é possível constatar a dosagem alcoólica. Poucos minutos depois da ingestão de bebida alcoólica já é possível encontrar álcool no sangue. Na fase de excitação, no sangue da pessoa deve haver concentração de álcool de 1,5 parte por mil. Na segunda fase, deve estar acima de 2 partes por mil e na terceira fase, de 3 a 3,5 partes por mil. Acima de 5 partes por mil a pessoa pode ter intoxicação fatal.

O bafômetro também pode indicar a embriaguez, mas as empresas não costumam ter tal aparelho, que é usado pela polícia rodoviária para verificar se os motoristas estão embriagados.

Geralmente, a prova da embriaguez é feita por testemunhas, que irão indicar o mau hálito do empregado, a impossibilidade de a pessoa ficar em pé ou de andar em linha reta, a dificuldade em articular palavras, a sudoração intensa, a atitude alterada etc.

Não se pode, portanto, exigir uma rigidez absoluta da prova, diante do fato de que o empregado não quer fazer exame ou a empresa não tem condições materiais de fazê-lo.

9.15 CONCLUSÃO

A melhor solução seria a revogação da alínea *f* do art. 482 da CLT, para se considerar a embriaguez como doença e o empregado ser tratado.

O atual Código Civil deu um passo muito importante nesse sentido, mas não revogou o dispositivo da CLT.

10
VIOLAÇÃO DE SEGREDO DA EMPRESA

10.1 EVOLUÇÃO LEGISLATIVA

Estabelecia a alínea *d* do art. 54 do Decreto n. 20.465, de 1º de outubro de 1931, a justa causa de "violação do segredo do qual, por força do cargo, o empregado esteja de posse". A alínea *d* do art. 16 do Decreto n. 24.615, de 9 de julho de 1934, tinha a mesma redação. O segredo deveria estar na posse do empregado, como um invento, e não deveria ser do seu conhecimento.

Determinava a alínea *e* do art. 91 do Decreto n. 183, de 26 de dezembro de 1934, a justa causa de "violação de segredo de que o empregado tenha conhecimento por força do cargo". Não mais se fazia referência ao fato de que o empregado estaria na posse do segredo, mas que teria conhecimento dele por força do cargo. A hipótese legal era um pouco restrita, pois se o empregado tivesse conhecimento por força de outro fato ou da sua função, não haveria justa causa.

Dispunha a letra *e* do art. 5º da Lei n. 62/35 a justa causa de violação de segredo de que o empregado tenha conhecimento. Não se falava na espécie de segredo, nem que ele deveria ser da empresa. Logo, o segredo poderia ser amplo, inclusive em relação aos colaboradores da empresa. O importante era o segredo de que o empregado tivesse conhecimento.

A letra *g* do art. 482 da CLT prevê a violação de segredo da empresa como hipótese de justa causa para a dispensa do empregado. O legislador passou a usar a expressão *violação de segredo da empresa* e não que o empregado deveria ter conhecimento, como ocorria na Lei n. 62.

No México, há justa causa quando o trabalhador revelar os segredos de fabricação ou dar a conhecer assuntos de caráter reservado, com prejuízos para a empresa (art. 47, IX, da Lei Federal do Trabalho).

10.2 CONCEITO

Comete falta grave de violação de segredo da empresa o empregado que divulga fatos, atos ou coisas pertencentes ao empregador, sem seu consentimento, o que não deveria ser tornado público, configurando prejuízo àquele.

Exemplos seriam a divulgação do empregado de marcas e patentes, de fórmulas, de questões relativas ao negócio do empregador.

Seria a hipótese de um funcionário da empresa conseguir a fórmula da Coca-Cola e divulgá-la para os concorrentes.

10.3 DISTINÇÃO

Não se confunde a violação de segredo da empresa com a concorrência desleal. Esta importa um ato negocial do empregado em prejuízo do empregador. Na violação de segredo, basta a divulgação de algo que o empregado deveria guardar confidencialmente em relação ao empregador. Não se trata de um ato negocial ou de comércio.

10.4 FUNDAMENTOS

Um dos deveres do empregado no contrato de trabalho é a fidelidade para com o empregador. O empregado deve guardar lealdade em relação ao empregador. Deve colaborar com o empregador no desenvolvimento do trabalho.

O empregado tem uma obrigação positiva, de fazer, de prestar serviços ao empregador de forma diligente. Tem, também, uma obrigação negativa, de não fazer, de não violar os segredos do empregador.

O empregado deve guardar sigilo quanto às informações que recebe do empregador, não podendo divulgá-las, principalmente a terceiros, notadamente quando sejam concorrentes do empregador. Deve guardar o dever de fidelidade para com o empregador. A confidencialidade é, portanto, essencial nessa relação. A fidelidade, lealdade do empregado ao empregador, é característica do contrato de trabalho. O empregador confia no empregado. Este, portanto, não pode revelar os segredos da empresa. Haveria uma perda da confiança do empregador no empregado caso este praticasse ato que revelasse os segredos da empresa. Tem, portanto, o empregado o dever de fidelidade para com o empregador.

Prevê o art. 85 da Lei do Contrato de Trabalho da Argentina que o trabalhador deve observar os deveres de fidelidade que derivem da índole de suas tarefas, guardando reserva ou segredo das informações a que tenha acesso e que exijam tal comportamento da sua parte.

10.5 SEGREDO

Segredo é um fato, ato ou coisa que deve ser ocultada dos outros. É, portanto, tudo o que deve ser ocultado de outras pessoas. É o que não pode ser revelado a outras pessoas e, assim, não pode ser divulgado.

Antonio Lamarca entende que o segredo compreende processo ou método. Processo, se houver fabricação, correspondendo a segredo de fábrica. Método, se disser respeito ao negócio, em que seria segredo do negócio[1].

A palavra *segredo* empregada na lei não diz respeito à confidência ou ao mistério.

Conhecimento o empregado adquire no exercício da sua atividade na empresa. O conhecimento integra a formação profissional do empregado.

O segredo compreende dado reservado da empresa que não pode ser divulgado.

O dito popular mostra que o segredo é a alma do negócio.

Por se tratar de segredo, deve ser do conhecimento de poucos. A empresa que detém o segredo não tem interesse em que seja divulgado.

Segredo é o que não pode ser divulgado e é de conhecimento e uso exclusivo do empregador. A divulgação pode causar prejuízo direto ou indireto ao empregador. Se o ato, o fato ou a coisa é de conhecimento comum de várias pessoas ou do público, não é segredo.

Mesmo o segredo patenteado, que já conta com a proteção do Estado, não pode ser divulgado. É o que ocorre com a fórmula da Coca-Cola, que é registrada, mas não pode ser revelada, pois, do contrário, a empresa teria prejuízo.

A divulgação deve compreender efetivamente um segredo da empresa. Se não há segredo a respeito da questão, o empregado não comete justa causa. Caso o segredo seja falso, o empregado comete um ato de má-fé ao revelá-lo, tornando indigno de confiança do empregador. Pode incorrer em mau procedimento, em improbidade, dependendo do caso, mas não na justa causa em estudo.

É recomendável que o empregador coloque aviso no sentido de que não tolerará divulgação de segredos da empresa. Entretanto, mesmo que não o faça, a justa causa pode ficar caracterizada, pois o empregador não tem obrigação de avisar a seus empregados o que considera secreto na empresa.

A exceção pode dizer respeito a empregados que não têm discernimento mental suficiente para saber o que é segredo da empresa ou não, o que pode ou não ser revelado. Nesse caso, não têm intenção de revelar segredo, inexistindo

---

1. LAMARCA, Antonio. *Manual das justas causas*. 2. ed. São Paulo: Revista dos Tribunais, 1983, p. 459.

justa causa. Devem ser avisados sobre o que não podem comentar para efeito da caracterização da justa causa.

10.6 ESPÉCIES DE SEGREDO

Inicialmente, só se falava em violação de segredo de indústria e de comércio. O art. 1º da Lei n. 62/35 dispunha que a referida norma só se aplicava aos empregados da indústria ou do comércio. Assim, não se aplicava aos empregados da área de serviço.

Hoje, pode existir violação de segredos de serviços, como de divulgação dos dados técnicos relativos à elaboração de certo programa de computador, de um produto de um banco etc.

Os segredos de indústria compreendem marcas e patentes, fórmulas, inventos, modificações de produtos.

São segredos de comércio ou de serviço questões relativas a preços de bens, situação financeira da empresa, promoções ou estratégias de vendas etc.

10.7 FORMA DE CONHECIMENTO

O empregado pode tomar conhecimento do segredo pelo fato de exercer cargo ou função na empresa, inclusive de confiança.

Pode receber a informação sem ter qualquer intenção ou ocasionalmente. Mesmo assim, deverá guardar sigilo do segredo do empregador.

Pode a informação ser revelada por superior hierárquico ou, em tese, até por inferior hierárquico.

Não há distinção para efeito de justa causa o fato de o segredo ter sido adquirido em razão do cargo ou da função, ou se o foi por acaso. A falta estará caracterizada nos dois casos. Entretanto, é muito mais grave a falta praticada pelo empregado que exerce um cargo ou função de confiança do que em relação a outro empregado comum.

10.8 VIOLAÇÃO

Violação é o ato ou efeito de violar. O verbo *violar* tem o significado de infringir, desrespeitar.

A violação pode compreender violência, mas o que interessa mais é o prejuízo para o empregador.

Não menciona a CLT que o segredo deve ser divulgado ou revelado, mas que ele deve ser violado.

Ocorrerá, porém, violação se o empregado revelar o segredo da empresa a outra pessoa ou a concorrente da empresa. Pode, porém, existir violação sem revelação, como na hipótese em que o empregado utiliza o segredo em proveito próprio, sem divulgá-lo a terceiros, mas causa prejuízo ao empregador. Pode ocorrer revelação sem violação, como no caso da divulgação de um empregado a outro para que o último possa desenvolver seu mister na empresa.

Mesmo que não haja a divulgação do segredo a terceiros, o empregado incorrerá na falta se utilizar os segredos da empresa em razão do exercício da sua atividade nela, como em benefício próprio.

Pressupõe a violação do segredo que não haja autorização da empresa para revelar o que não pode ser divulgado. Se a empresa permite a revelação ou divulgação do seu segredo, não se pode falar em justa causa.

Pode ocorrer revelação de segredo, mas não violação. É o caso do empregado que comenta o segredo com sua esposa, mas ele não é transmitido a outras pessoas, nem resulta qualquer prejuízo ao empregador. Se sua mulher, que é empregada da empresa, divulga o segredo para terceiros e até para concorrentes, haverá violação de segredo da empresa.

Deve compreender a violação, em princípio, a divulgação a um terceiro, causando prejuízo ao empregador ou a ameaça de produzi-lo, mas pode ser a utilização do segredo pelo próprio empregado em benefício próprio. Constatada a violação, pode ser presumido o prejuízo. O prejuízo pode não ser imediato, mas futuro, em razão da divulgação do segredo, daí se falar num prejuízo em potencial ou na ameaça de produzi-lo.

A violação pode ser direta, em que efetivamente há um prejuízo ao empregador com a revelação do empregado, ou indireta. Nesta, o empregado pode, por dolo, deixar documentos em sua mesa de trabalho após o expediente, pois sabe que outras pessoas irão vê-los, quando isso não poderia ocorrer. O empregado tem a intenção de violar o segredo da empresa. O trabalhador poderia, no mesmo exemplo, por culpa, divulgar o segredo da empresa, pois foi negligente ao esquecer os referidos documentos sobre sua mesa, após o término do serviço, assumindo o risco da revelação do segredo. Entretanto, a violação, como o nome diz, exige ação, intenção do empregado e não culpa. Na culpa, não se evidenciando a intenção de violar o segredo da empresa, descaracterizada estará a justa causa. Pode indicar desídia, se houver repetição na divulgação.

O segredo também poderá ser revelado no ambiente de trabalho, em que o empregado divulga o que não poderia ser revelado. Isso pode ocorrer em razão do cargo de chefia, de direção ou de confiança que o empregado exerce. O empregado divulga o segredo a outros empregados e até a superiores hierárquicos. Pode-se alegar que seria um atenuante, pois não foi divulgado o segredo ao concorrente da empresa, mas mesmo assim é violação do segredo da empresa e implica justa causa, pois a confiança depositada no empregado deixou de existir. Poderia ocorrer a situação inversa, em que o empregado que exerce cargo de direção ou de confiança divulga o segredo a outros empregados, que estão em grau inferior na hierarquia da empresa.

Não haverá justa causa de violação de segredo da empresa se o superior hierárquico tem de apresentar o segredo ao empregado para que este possa desenvolver o seu serviço. Ao contrário, se o superior não pode divulgar o segredo e o subordinado o faz, trazendo prejuízo ao empregador, haverá a justa causa.

O sigilo bancário impede que o empregado bancário divulgue informações internas do empregador ou da conta corrente dos clientes. Se exerce cargo de confiança bancária e assim procede, mais ainda estará justificada a justa causa para a dispensa, em razão da confiança especial depositada pelo banco no empregado.

10.9 VIOLAÇÃO PARCIAL

Pode haver justa causa na violação incompleta de segredo da empresa. É a hipótese de o empregado revelar segredo da empresa, consistente em um novo produto que vai ser lançado no mercado, como um veículo, mas deixar de informar todos os dados para esse fim. O ato do empregado frustra a novidade que poderia ser causada no mercado. O novo produto poderia ser copiado pelo concorrente antes do lançamento e ser apresentado ao mercado como produto dele. A divulgação pode frustrar estratégia de vendas ou de *marketing* da empresa. Logo, a empresa tem prejuízo com o ato do empregado.

Em outra situação, se a revelação de uma fórmula for feita parcialmente, sem que sejam fornecidos todos os elementos, impedindo que o novo produto seja colocado no mercado, a justa causa de violação de segredo da empresa pode não estar configurada. Pode existir justa causa de improbidade, de mau procedimento, mas não de violação de segredo da empresa, pois a violação não foi integral e não causou prejuízo à empresa.

10.10 TENTATIVA DE VIOLAÇÃO

A tentativa de violação não será justa causa, pois, se o ato não chegou a ser realizado, por circunstância alheia à vontade do empregado, não existe a justa causa de violação de segredo da empresa. Pode tipificar outra falta, dependendo do caso, como improbidade ou mau procedimento.

É a hipótese em que o empregado iria apresentar determinado produto da empresa, que implicaria divulgação de segredo, porém a empresa se antecipa e coloca o produto no mercado. Não chegou a haver violação de segredo da empresa.

10.11 VIOLAÇÃO DE SEGREDO ILÍCITO

O empregado que revelar atos ilegais praticados pelo empregador, como venda de entorpecentes, receptação, furto, fraude etc., inclusive os praticados contra os consumidores, não comete justa causa.

Trata-se de um procedimento de probidade do empregado.

O trabalhador não pode ser conivente com procedimentos ilícitos do empregador.

A revelação deve ser feita à autoridade pública competente para analisar a questão ou à pessoa que possa evitar prejuízos a terceiros. Se houver a divulgação a quem não seja autoridade pública ou a quem não possa evitar prejuízos a terceiros, a justa causa estará caracterizada, pois haverá violação de segredo da empresa.

É o caso, por exemplo, do empregado que avisa ao serviço de defesa do consumidor, de fiscalização de alimentação, ou à Delegacia Regional do Trabalho sobre questão relativa à higiene e à segurança do trabalho.

Pode a revelação ser feita ao consumidor, para que ele não compre determinado produto que possa prejudicá-lo, como no caso de fazer mal à saúde.

10.12 REVELAÇÃO EM DEPOIMENTO TESTEMUNHAL

Se o empregado for depor como testemunha em juízo, prestará compromisso de dizer a verdade, sob pena de incorrer em crime de falso testemunho (art. 342 do Código Penal). Nesse caso, se houver a divulgação de segredo da empresa, não existirá a justa causa, pois o empregado tem obrigação legal de dizer a verdade.

A exceção pode dizer respeito ao fato de que o empregado não pode depor sobre fatos a cujo respeito, por estado ou profissão, deva guardar sigilo (art. 448, II, do CPC).

Profissionais liberais têm de guardar sigilo por força da sua profissão, como o médico, o advogado etc. Não podem, portanto, revelá-lo, sob pena de incidir em falta de ética profissional. Caso divulguem segredo da empresa e não do exercício da profissão, incorrerão em justa causa.

Cometerá crime de violação de segredo profissional quem revelar, sem justa causa, segredo de que tem ciência em razão de função, ministério, ofício ou profissão, e cuja revelação possa produzir dano a outrem (art. 154 do Código Penal).

10.13 EMPRESA

A CLT faz referência à violação do segredo da empresa e não do empregador. Está de acordo com a teoria institucionalista, de que a empresa é uma instituição (arts. 2°, 10 e 448 da CLT).

Parece que a afirmação contida na lei é mais acertada, pois a violação do segredo diz respeito à empresa.

Empresa é a atividade organizada para a produção de bens e serviços ao mercado com finalidade de lucro.

Não se pode falar em violação de segredo do empregador, pois empregador é apenas aquele que tem empregados, podendo até mesmo ser pessoa física, mas não é quem tem um processo produtivo.

Hoje, de acordo com o atual Código Civil, exerce atividade empresarial tanto o empregador pessoa jurídica, como o empresário em nome próprio, na condição de pessoa física.

O segredo a ser violado não é, portanto, de qualquer pessoa, como de um empregado ou de clientes do empregador, mas da empresa para a qual trabalha o empregado.

Se o segredo divulgado pelo empregado não disser respeito à empresa ou ao contrato de trabalho, não existe a justa causa. Irá se tratar de um segredo privado, mas que não compreende a empresa nem é decorrente do contrato de trabalho.

Caso o empregado divulgue segredo das pessoas físicas dos sócios, que não têm relação com a empresa, não existe a justa causa, pois a pessoa jurídica tem existência distinta da dos seus membros.

A violação de segredos da pessoa física do profissional liberal, que não tem a ver com a clientela, como a vida pessoal do médico, a do advogado, a do engenheiro, a do arquiteto, não representa hipótese de justa causa, pois não diz respeito à empresa, mas à pessoa física.

10.14 RELAÇÃO COM O CONTRATO DE TRABALHO

A violação do segredo da empresa vai ocorrer no curso do contrato de trabalho, pois a falta retrata motivo para o término do pacto laboral.

Terminado o contrato de trabalho, não se pode falar na justa causa em discussão.

A obrigação do empregado de guardar segredo em relação ao empregador deve subsistir mesmo após o término do contrato de trabalho. Muitas vezes, o empregador estabelece cláusula no contrato de trabalho proibindo o empregado de divulgar segredos do empregador. O empregado pode ser condenado a pagar indenização por perdas e danos do empregador caso viole a cláusula ou o segredo do empregador, além de cometer crime de violação de segredo.

A exceção diz respeito ao empregado usar os conhecimentos ou as aptidões adquiridas na empresa para o exercício da sua profissão, pois não seria cabível o empregado ter de mudar de função ou profissão somente para não utilizar os conhecimentos obtidos em empregos anteriores. Não poderá, porém, utilizar métodos ou processos que sejam de propriedade exclusiva da empresa para a qual prestou serviços.

Se a violação do segredo da empresa nada tem a ver com o contrato de trabalho, não existe a justa causa.

10.15 ATO ÚNICO

A violação do segredo da empresa pode ser caracterizada por um único ato. Não há necessidade de reiteração na falta, pois se o segredo foi divulgado, o empregador perdeu a confiança no empregado, além do que pode causar seu ato prejuízos à empresa.

A justa causa é evidenciada pelo ato único em relação a segredos importantes.

Se a divulgação de certo fato não é tão importante assim ou não é segredo, não há justa causa. Nesses casos, há necessidade de reiteração da falta, podendo constituir outra justa causa, como de mau procedimento ou de improbidade, dependendo da hipótese. É o que ocorre com o empregado que revela o movimento diário da empresa para um freguês. Tal fato não é tão importante assim, mas, se repetido, pode tipificar a justa causa em comentário.

Para o empregado estável, um único ato de violação de segredo da empresa configura a justa causa, desde que seja grave. Não há necessidade da repetição do ato, pois, do contrário, o prejuízo do empregador seria muito grande.

10.16 SUSPENSÃO OU INTERRUPÇÃO DO CONTRATO DE TRABALHO

Mesmo quando os efeitos do contrato de trabalho estejam suspensos ou interrompidos, a justa causa pode ficar caracterizada.

Exemplos podem ser as hipóteses de o empregado estar em férias ou afastado por doença por mais de 15 dias. O contrato de trabalho ainda está em vigor e o empregado deve guardar o dever de lealdade para com a empresa, mesmo não trabalhando. Se divulgar o segredo da empresa nessas hipóteses, a justa causa estará configurada.

10. 17 AVISO PRÉVIO

Como a justa causa depende da manutenção do contrato de trabalho, se o empregado praticar a violação durante o aviso prévio trabalhado, a falta estará evidenciada.

10.18 JURISPRUDÊNCIA

Empregado que subtrai da empresa documentos sigilosos, com o intuito de deles se utilizar em empresa concorrente para a qual passou a trabalhar, comete falta grave a ensejar rescisão do contrato de trabalho (TST, RR 1.780/74, Ac. 1.317/74, 2ª T., rel. Min. Thélio da Costa Monteiro, *DJU* 22-10-1974, p. 7.810).

Justa causa. Telefonista. Telecard. Caracterizada a violação de segredo da empresa pela telefonista que repassou senhas sigilosas dos cartões Telecard a terceiros, causando prejuízo financeiro e moral à empresa, e provando-se o ato faltoso através de prova testemunhal e confissão emitida em sindicância, correta a dispensa por justa causa (TRT 3ª R., RO 5.615/92, 4ª T., rel. Juiz Orestes Campos Gonçalves, j. 9-1-1993, *Minas Gerais* II 20-2-1993, p. 88).

11
INDISCIPLINA

11.1 EVOLUÇÃO LEGISLATIVA

Estabelecia a alínea *e* do art. 54 do Decreto n. 20.465, de 1º de outubro de 1931, como justa causa para a dispensa do trabalhador a "prática de indisciplina ou ato grave de insubordinação". Entendia-se que deveria haver reiteração na indisciplina.

A alínea *g* do art. 90 do Decreto n. 22.872, de 29 de junho de 1932, passou a estabelecer a justa causa para "atos de indisciplina ou de insubordinação". Não mais se fazia referência à prática de indisciplina, mas a ato de indisciplina.

Previa a alínea *f* do art. 5º da Lei n. 62/35 a justa causa de ato de indisciplina ou insubordinação.

Determinou a alínea *h* do art. 482 da CLT a justa causa de ato de indisciplina ou de insubordinação.

O Estatuto do Trabalhador Rural previa a justa causa de "ato reiterado de indisciplina ou insubordinação" (art. 86, *f*). Havia necessidade de reincidência do empregado rural na falta para haver justa causa.

O inciso VIII do artigo 27 da Lei Complementar n.º 150 estabeleceu: ato de indisciplina ou de insubordinação.

Na Espanha, o Estatuto dos Trabalhadores considera justa causa a indisciplina ou desobediência no trabalho (art. 54, 2, *b*).

11.2 CONCEITO

Disciplina vem do latim *disciplina*. Tem o significado de regime de ordens impostas ou consentidas. É uma forma de funcionamento regular da organização; submissão a normas de conduta.

A indisciplina no serviço diz respeito ao descumprimento de ordens gerais de serviço. Todos os empregados devem observá-las e não um ou alguns empregados especificamente.

O empregado, por exemplo, deixa de observar ordens gerais dadas pelo empregador, como as contidas no regulamento da empresa, em ordens de serviço, circulares, portarias. São ordens impessoais, que não dizem respeito à pessoa do trabalhador.

Configura-se indisciplina se o empregado se recusa a ser revistado na saída do serviço, desde que a revista seja feita moderadamente. O mesmo ocorre se na empresa existe determinação no sentido de proibir que as pessoas fumem, principalmente por questões de segurança, ou de o empregado beber, inclusive no horário de almoço. Seria o caso da empresa que exige uniforme de todos os seus empregados ou do setor de produção. A transgressão à determinação do empregador implicará a justa causa.

11.3 DISTINÇÃO

A CLT faz referência à indisciplina ou insubordinação para a caracterização da justa causa.

Apesar de a alínea *h* do art. 482 da CLT usar a conjunção alternativa *ou*, não são sinônimas as palavras e indicam hipóteses diversas. Se as palavras fossem sinônimas, bastaria colocar na lei uma delas e não as duas.

O legislador colocou as faltas de indisciplina e de insubordinação na mesma alínea, pois elas são semelhantes, por compreenderem significado comum de desobediência, mas cada uma tem um sentido específico.

A lei quer significar que tanto a indisciplina como a insubordinação são hipóteses de justa causa para a dispensa.

Pode-se dizer que a indisciplina é gênero e a insubordinação é espécie. Um ato de insubordinação sempre será de indisciplina, num sentido amplo. Entretanto, um ato de indisciplina pode não ser de insubordinação.

A indisciplina implica descumprimento de ordens gerais de serviço. Diz respeito a insubordinação a descumprimento de ordens pessoais de serviço.

11.4 FUNDAMENTOS

As empresas estabelecem organização interna, determinando regras que devem ser cumpridas por todas as pessoas. Assim, determinam regras disciplinares, que devem ser obedecidas pelos empregados.

A falta de observância de normas gerais subverte o ambiente da empresa. O empregador fica fragilizado ao dar ordens gerais ao empregado que não são cumpridas. Daí, então, a dispensa por justa causa.

11.5 ORDENS

O empregado está sujeito a ordens gerais e pessoais. Em relação às ordens gerais é que o empregado comete indisciplina.

As ordens podem ser escritas ou orais. As escritas podem estar contidas no regulamento ou em qualquer outro documento da empresa. A regra geral deve ser de conhecimento do empregado. É exemplo a entrega que o empregador faz ao empregado de um exemplar do regulamento da empresa quando de sua admissão. Pode ser o caso de o empregador afixar o regulamento da empresa no local em que há publicidade de qualquer ato, como no quadro de avisos.

Podem as ordens também ser orais, como pode ser verbal o contrato de trabalho (art. 443 da CLT). São as ordens estabelecidas na empresa por força do costume nela vigorante. Para que haja o cumprimento das ordens orais, o empregado deve ter conhecimento delas.

As ordens gerais são dadas pela direção da empresa, pelo proprietário.

11.6 ATO

A palavra *ato* na alínea *h* do art. 482 da CLT tanto diz respeito a indisciplina como a insubordinação. Não menciona a CLT a palavra *atos*, no plural, que mostraria a necessidade de reincidência.

Ato significa ação, intenção. O ato deve ser praticado com dolo pelo empregado, indicando sua intenção. Não se evidencia, em princípio, justa causa por culpa, por negligência, imprudência ou imperícia do empregado.

Não é exatamente qualquer ato que irá causar a falta, mas o ato de indisciplina relacionado com o contrato de trabalho. Se o ato não decorre do contrato de trabalho, em que o empregado não está cumprindo uma determinação de ordem geral, não se pode falar em justa causa.

11.7 ATO ÚNICO

Para que o empregado seja considerado indisciplinado, deve ter cometido mais de uma falta. Uma única falta não enseja a justa causa, salvo se o ato for muito grave.

Há, portanto, necessidade de repetição de faltas para que o empregado seja considerado indisciplinado.

As faltas anteriores devem ter sido punidas pelo empregador, seja com advertência ou suspensão, se for o caso.

O objetivo é pedagógico, para que o empregado não mais cometa faltas. Se ele persiste em praticá-las, aí então estará caracterizada a justa causa.

O ato faltoso do empregado em se recusar a cumprir as determinações do empregador quanto a normas de segurança de trabalho ou uso de equipamentos de proteção individual (parágrafo único do art. 158 da CLT) é conduta tipificada como indisciplina quando implica o descumprimento de ordens gerais de serviço. É o caso de o empregador determinar, genericamente, no regulamento de empresa ou no contrato de trabalho, que o empregado deve usar os equipamentos de proteção individual. Em certos casos, haverá necessidade de reiteração da falta para caracterizar a justa causa.

Quanto ao empregado estável ou detentor de garantia de emprego, a falta também pode ser única, se pela natureza represente séria violação dos deveres e obrigações do empregado. O empregado terá de reincidir na falta, caso ela não seja tão grave assim (art. 493 da CLT).

11.8 LOCAL

Em princípio, o ato de indisciplina deve ser praticado internamente na empresa, pois o empregado descumpre ordens gerais a serem aplicadas no trabalho.

Pode a falta dizer respeito ao trabalho externo, desde que compreenda ordens gerais, como não fumar no veículo, em razão de que ele carrega produtos inflamáveis ou explosivos.

11.9 DIREITO DE RESISTÊNCIA

O empregado pode descumprir determinadas ordens do empregador, alegando o chamado *ius resistenciae*, o direito de resistência.

Só se pode falar em indisciplina quando o empregado deve obedecer a ordens gerais. Não são ordens do superior hierárquico, mas ordens que todos os empregados devem cumprir na empresa.

O dono da empresa ou o diretor pode dar ordens gerais aos empregados.

Se a pessoa não tem poderes de dar ordens ao empregado, não se pode falar em indisciplina e elas não precisariam ser cumpridas.

Não há indisciplina do empregado que não cumpre afirmação de terceiro, estranho à empresa e ao contrato de trabalho.

O empregado só deve cumprir ordens gerais legítimas. Não precisa cumprir ordens imorais dadas pelo empregador. Caso deixe de cumprir a referida determinação, não se configura a indisciplina, justamente porque a ordem é ilegítima.

É claro que o padrão moral se modifica com o tempo. Algo que era imoral em certo momento pode deixar de sê-lo em outro período ou em outro local.

O trabalhador também não tem de cumprir ordens ilegais ou contrárias aos bons costumes.

Da mesma forma, o empregado não é obrigado a cumprir ordens que atentem contra a sua vida, segurança, saúde ou honra.

O art. 5º da Constituição garante ao empregado a liberdade de pensamento e sua manifestação (IV), a liberdade de consciência e de crença (VI), de religião e de convicção filosófica e política (VIII). Entretanto, no ambiente de trabalho o empregado não pode ficar fazendo manifestações ou propagações de caráter político ou religioso. O empregado pode manifestar sua opinião, porém sem prejudicar o ambiente de trabalho e o próprio serviço.

Entre profissionais liberais ou empregados que têm certo grau de instrução, pode não configurar justa causa um empregado negar-se a cumprir determinada ordem técnica, por entender que ela está errada, ou por existir outro meio técnico a ser seguido, desde que a ordem seja geral.

O empregado deve cumprir ordens relativas ao contrato de trabalho. Se o empregador pede que cumpra ordens que nada têm a ver com o contrato de trabalho, não comete indisciplina se não as observa.

A ordem contrária à previsão contratual não pode ser dada unilateralmente ao empregado, nem lhe causar prejuízo (art. 468 da CLT).

Terminado o trabalho do dia e estando o empregado fora da empresa, não é indisciplinado o trabalhador que não cumpre ordens gerais do empregador. Outra poderia ser a situação se, terminado o serviço do dia, o empregado permanecesse nas dependências da empresa e descumprisse ordem geral. Nesse caso, se a recusa não for justificada, existe a justa causa.

São deveres do motorista profissional empregado submeter-se a exames toxicológicos com janela de detecção mínima de 90 dias e a programa de controle de uso de droga e de bebida alcoólica, instituído pelo empregador, com sua ampla ciência, pelo menos uma vez a cada dois anos e seis meses, podendo ser utilizado para esse fim o exame obrigatório previsto na Lei n. 9.503/97 (Código de Trânsito), desde que realizado nos últimos 60 dias (art. 235-B, VII, da CLT). A recusa do empregado em submeter-se ao teste ou ao programa de controle de uso de droga e de bebida alcoólica previstos no inciso VII será considerada infração disciplinar, passível de punição nos termos da lei (parágrafo único). O Código de Trânsito considera infração gravíssima o motorista dirigir sob a influência do álcool ou de qualquer outra substância psicoativa que determine dependência. A expressão infração disciplinar mencionada na lei é a justa causa.

O fato de o motorista não se submeter a teste e ao programa de controle de uso de droga e de bebida alcoólica é considerado justa causa para a dispensa do empregado.

Não se pode dizer que o empregado é indisciplinado para o cumprimento de ordem se está em férias. Nesse período, não tem obrigação de trabalhar.

No intervalo para descanso e alimentação, o empregado não está trabalhando. Não se pode dizer que tem obrigação de cumprir ordens nesse período, salvo ordens gerais que devem ser observadas na empresa, como de não fumar.

Caso o empregado esteja em dia de descanso, como domingo ou feriado, não se pode falar em indisciplina, pois esses dias não são de trabalho, mas de descanso. A exceção diz respeito ao fato de o empregado trabalhar em domingos e feriados e folgar em outros dias.

11.10 GREVE

Empregado que participa de greve legal não comete justa causa de indisciplina, pois a greve implica a suspensão dos efeitos do contrato de trabalho (art. 7º da Lei n. 7.783/89). São os casos em que a empresa não paga salários, não cumpre a norma coletiva de trabalho etc.

Entretanto, se a greve é sem fundamento e os empregados cometem excessos na empresa, violando regras gerais do empregador, podem cometer a justa causa em estudo.

11.11 APRECIAÇÃO DA FALTA

Na apreciação da falta, deve-se verificar o grau de discernimento do empregado a respeito do ato praticado ou a sua escolaridade, para demonstrar se o empregado tinha intenção na prática do ato e entende que ele era incorreto.

Em certos casos, deve-se verificar se o empregado está cansado e cometeu a indisciplina em razão do excesso de trabalho, da prestação de serviços em ambiente insalubre, se o empregado está doente etc.

Ao ponderar sobre a aplicação da justa causa, devem-se verificar os antecedentes do empregado. Se já cometeu alguma falta anterior ou se é a sua primeira.

Se já cometeu outras faltas, o empregador pode não tolerar a última, a que seria de indisciplina.

Quanto maior for o grau de hierarquia do empregado na empresa, mais grave pode ser a falta cometida.

11.12 JURISPRUDÊNCIA

Configura-se ato de indisciplina o desrespeito por parte do empregado à norma de funcionamento da empresa, desnecessária se revelando a preexistência de sanções pedagógicas, quando a indisciplina, pela gravidade da falta, abala a fidúcia que deve imperar nas relações de trabalho (TRT 3ª R., RO 06082/91, 4ª T., rel. Juiz Luiz Octávio Linhares Renault, *DJ* MG II 24-7-1992, p. 38).

Trabalhista. Justa causa. Indisciplina. Recurso improvido. O uso de veículo em benefício próprio, fora do horário de trabalho, causando atropelamento em pedestre com lesão corporal e material caracteriza a indisciplina e autoriza a dispensa do obreiro nos termos do art. 482, *h*, da CLT (TRF 3ª R., RO 90.03.00565-6, 1ª T., rel. Juiz Silveira Bueno, j. 4-12-1990, *DJ* SP 19-12-1990, p. 80).

Comete falta grave de indisciplina o empregado que se nega a submeter-se ao revistamento (TRT 2ª R., RO 02870137138, 1ª T., rel. Juiz José Serson, *DJ* SP 19-10-1988, p. 64).

Dá justa causa para a sua dispensa o empregado, vigilante, com passado funcional não isento de mácula e que abandona seu posto para receber, em local isolado, pessoa estranha aos quadros da empresa, afrontando proibição do empregador (TRT 9ª R., RO 776/86, Ac. 2.125/86, 2ª T., rela. Juíza Carmen Amin Ganen).

12
INSUBORDINAÇÃO

12.1 EVOLUÇÃO HISTÓRICA

Previa a alínea *e* do art. 54 do Decreto n. 20.465, de 1º de outubro de 1931, como justa causa para a dispensa do trabalhador a "prática de indisciplina ou ato grave de insubordinação". A insubordinação só se configuraria se fosse grave. Não ocorria se fosse média ou leve.

A alínea *g* do art. 90 do Decreto n. 22.872, de 29 de junho de 1932, passou a estabelecer a justa causa para "atos de indisciplina ou de insubordinação". A insubordinação não precisava mais ser grave.

Dispunha a alínea *f* do art. 5º da Lei n. 62/35 a justa causa de ato de indisciplina ou insubordinação.

Reza a alínea *h* do art. 482 da CLT sobre a justa causa de ato de indisciplina ou de insubordinação.

O inciso VIII do artigo 27 da Lei Complementar n.º 150 estabeleceu: ato de indisciplina ou de insubordinação.

Estabelecia o Estatuto do Trabalhador Rural o "ato reiterado de indisciplina ou insubordinação" para efeito da dispensa do trabalhar rural por justa causa (art. 86, *f*).

No México, há justa causa quando o trabalhador desobedecer ao patrão ou a seus representantes, sem causa justificada, sempre que se trate de trabalho contratado (art. 47, XI, da Lei Federal do Trabalho).

Em Portugal, considera-se justa causa a desobediência ilegítima às ordens dadas por responsáveis hierarquicamente superiores (art. 351, 2, *a*, do Código de Trabalho).

12.2 ETIMOLOGIA

Subordinação vem do latim *subordinatione*[1] ou de *subordinatio*[2], *onis*[3], significando submissão, sujeição. A submissão ou sujeição não podem, porém, levar o trabalhador à escravidão ou à servidão.

Encontra-se também a origem da palavra subordinação em *sub* (baixo) *ordine* (ordens), que quer dizer estar debaixo de ordens, estar sob as ordens, sob o domínio ou autoridade de outrem.

12.3 DENOMINAÇÃO

Emprega o art. 3º da CLT a denominação *dependência*. Este termo não é adequado, pois o filho pode ser dependente do pai, mas não é a ele subordinado. A denominação mais correta é, portanto, subordinação (parágrafo único do art. 6º da CLT). É também a palavra mais aceita na doutrina e na jurisprudência.

O contrário de subordinação será exatamente a insubordinação.

12.4 CONCEITO

Vincenzo Cassì afirma que a subordinação é "uma situação particular de dependência jurídica do trabalhador perante o credor do trabalho"[4].

Domenico Napoletano entende que a subordinação é a inserção do trabalhador na empresa[5]. Somente a inserção do trabalhador na empresa não mostra a subordinação. A inserção do trabalhador na empresa é decorrente do contrato de trabalho.

Amauri Mascaro Nascimento afirma que subordinação é:

uma situação em que se encontra o trabalhador, decorrente da limitação contratual da autonomia da sua vontade, para o fim de transferir ao empregador o poder de direção sobre a atividade que desempenhará[6].

Arion Sayão Romita traz definição objetiva de subordinação:

---

1. FERREIRA, Aurélio Buarque de Holanda. *Novo dicionário Aurélio da língua portuguesa*. 2. ed. Rio de Janeiro: Nova Fronteira, 1986, p. 1621.
2. SILVA, De Plácido e. *Vocabulário jurídico*. 19. ed. Rio de Janeiro: Forense, 2002, p. 775.
3. HOUAISS, Antonio. *Dicionário Houaiss da língua portuguesa*. Rio de Janeiro: Objetiva, 2001, p. 26.
4. CASSÌ, Vincenzo. *La subordinazione del lavoratore nel diritto del lavoro*. Milão: Giuffrè, 1947.
5. NAPOLETANO, Domenico. *Il lavoro subordinato*. Milão: Giuffrè, 1955.
6. NASCIMENTO, Amauri Mascaro. *Iniciação ao direito do trabalho*. 28. ed. São Paulo: LTr, 2002, p. 164.

é a integração da atividade do trabalhador na organização da empresa mediante um vínculo contratualmente estabelecido, em virtude do qual o empregado aceita a determinação, pelo empregador, das modalidades de prestação de trabalho[7].

Subordinação é a obrigação que o empregado tem de cumprir as ordens determinadas pelo empregador em decorrência do contrato de trabalho.

Supondo-se que o contrato de trabalho fosse uma moeda, o empregado vê um lado da moeda como subordinação, enquanto o empregador enxerga o outro lado da moeda como poder de direção. A subordinação é o aspecto da relação de emprego visto pelo lado do empregado, enquanto o poder de direção é a mesma acepção vista pela ótica do empregador.

Isso quer dizer que o trabalhador empregado é dirigido, é comandado por outrem: o empregador. Se o trabalhador não é dirigido pelo empregador, mas por ele próprio, não se pode falar em empregado, mas em autônomo ou outro tipo de trabalhador. A subordinação é o estado de sujeição em que se coloca o empregado em relação ao empregador, aguardando ou executando ordens.

A subordinação não pode ser considerada como *status* do empregado, como menciona Domenico Napoletano[8]. Subordinação é decorrente da atividade do empregado, ao prestar serviços ao empregador.

A insubordinação está ligada ao descumprimento de ordens pessoais de serviço. Não são ordens gerais do próprio empregador, mas ordens do chefe, do encarregado, ligadas ao serviço, como o fato de o empregado não fazer serviço que lhe foi determinado no dia.

O empregado pode cometer insubordinação se recebe uma ordem pessoal de não fumar num certo recinto da empresa, pois ali próximo há elementos inflamáveis e explosivos.

12.5 DISTINÇÃO

Usa a CLT a expressão *ato de indisciplina ou de insubordinação* para a caracterização da justa causa.

Não são sinônimas as palavras *indisciplina* e *insubordinação*, mesmo que a alínea *h* do art. 482 da CLT use a conjunção alternativa *ou*. São hipóteses diversas.

As faltas de indisciplina e de insubordinação foram postas na mesma alínea em razão da sua semelhança, pois têm sentido de desobediência.

---

7. ROMITA, Arion Sayão. *A subordinação no contrato de trabalho*. Rio de Janeiro: Forense, 1979, p. 82.
8. NAPOLETANO, Op. cit., p. 94-97.

Depreende-se da lei que tanto a indisciplina como a insubordinação são hipóteses distintas de justa causa.

A indisciplina é gênero e a insubordinação é espécie. Um ato de insubordinação sempre será de indisciplina, num sentido amplo. Entretanto, um ato de indisciplina pode não ser de insubordinação, pois não representa a falta de observância de ordens pessoais de serviço.

A indisciplina compreende descumprimento de ordens gerais de serviço. Concerne a insubordinação a descumprimento de ordens pessoais de serviço. É o desrespeito do empregado às ordens dos superiores hierárquicos.

12.6 ESPÉCIES

São várias as espécies de subordinação:

a) *econômica*: o empregado dependeria economicamente do empregador para poder sobreviver. Contudo, essa orientação não é precisa, pois o filho depende economicamente do pai até certa idade, porém, à primeira vista, não é empregado deste último. O empregado rico não depende economicamente do patrão. Pode trabalhar apenas para se manter ocupado. O empregado tem no emprego sua única ou principal fonte de subsistência[9]. Entretanto, o empregado pode ter mais de um emprego, por não haver exclusividade no contrato de trabalho, além de poder, em tese, ter outras fontes de renda, como aplicações financeiras, aluguéis etc. Professores de faculdades de Direito geralmente não dependem economicamente do empregador, pois muitos exercem atividade pública, como juízes, promotores, procuradores etc.;

b) *técnica*: a subordinação técnica tem o sentido de que o empregado dependeria das determinações técnicas do empregador, de como tecnicamente o trabalho deve ser desenvolvido. Assim, estaria sob as ordens do empregador[10]. Associa Herz a subordinação técnica à econômica. Entretanto, os altos empregados, executivos, não dependem do empregador, mas este depende tecnicamente daqueles. É o que ocorre muitas vezes com uma pessoa altamente especializada em programação de computadores. O empregador é que acaba dependendo tecnicamente dessa pessoa. O advogado e o contador muitas vezes têm total autonomia técnica, pois empregam sua técnica no respectivo mister que é desenvolvido em prol do empregador, mas são subordinados. Nem sempre, porém, é o caso de se

---

9. CUCHE, Paul. *Du rapport de dependence*: élément constitutif du contrat de travail. *Revue Critique*, p. 412, 1913.
10. HERZ, E. *Le contrat de travail*, Paris. p. 898.

observarem determinações técnicas do empregador, como quando o empregado tem técnica aperfeiçoada;

c) *moral*: Carlos de Bonhomme S. W. entende que há subordinação moral do empregado, que teria obrigação de cooperar, com eficiência e lealdade, para o fim econômico da empresa[11]. Cooperação, lealdade e eficiência são deveres do empregado para com o empregador;

d) *social*: Jean Savatier afirmava que certos trabalhadores seriam dependentes sociais de seus empregadores, no sentido da subsistência do trabalho proporcionado pelo empregador, dos instrumentos oferecidos e de não assumirem riscos de sua atividade. A subordinação social seria uma segunda etapa da subordinação econômica. O empregado dependeria socialmente do empregador para poder realizar seus compromissos sociais. Essa teoria foi defendida no Brasil por Oliveira Viana, na condição de consultor jurídico do Ministério do Trabalho, Indústria e Comércio[12];

e) *funcional*: decorrente da função exercida pelo empregado no contrato de trabalho. O empregado deve cumprir ordens para o desempenho de suas funções;

f) *hierárquica*: a subordinação hierárquica significa a situação do trabalhador na empresa, por se achar inserido no âmbito da organização empresarial, recebendo ordens de superiores e se reportando a essas pessoas;

g) *jurídica*: a subordinação jurídica decorre do contrato de trabalho. O empregado está sujeito a receber ordens em decorrência do pacto laboral, sendo proveniente do poder de direção do empregador, de seu poder de comando, que é a tese mais aceita. O empregado está subordinado ao empregador em razão do contrato de trabalho e da lei (art. 3º da CLT). O parágrafo único do art. 6º da CLT faz referência à subordinação jurídica. É no contrato de trabalho que são observados os limites e os fundamentos da subordinação;

h) *objetiva*: verifica-se o modo da realização da prestação dos serviços, como ocorre quando alguém trabalha para outrem. Importante é a atividade desenvolvida pelo trabalhador no contrato de trabalho. Decorre a subordinação objetiva da previsão da lei;

i) *subjetiva*: o empregado está sujeito a ser dirigido pelo empregador. Este tem o direito de dirigir, comandar, fiscalizar o empregado. Toma-se por base a pessoa envolvida na relação de emprego, que é o empregado, o estado em que está sujeito a ordens e fiscalização do empregador;

j) *direta ou imediata*: que ocorre com o empregador;

---

11. *Revista dos Tribunais*, p. 352, jun. 1943.
12. VIANA, Oliveira. *Boletim do Ministério do Trabalho, Indústria e Comércio*, n. 33, p. 101; *Revista dos Tribunais*, p. 161, 1937.

k) *indireta ou mediata*: é a verificada com o tomador dos serviços. Da Súmula 331 do TST depreende-se a existência de subordinação indireta com o tomador dos serviços, que estabelece como o serviço deve ser feito, mas quem dirige efetivamente o trabalho do empregado é o empregador;

l) *típica*: é a inerente ao contrato de trabalho. Ocorre com o empregado urbano, rural, doméstico, o trabalhador temporário, o diretor empregado, o aprendiz e nos contratos de trabalho especiais. O trabalhador temporário não deixa de ser subordinado à empresa de trabalho temporário durante os 180 dias da prestação de serviços. É a empresa que determina onde o trabalhador deve prestar serviços. Em contratos de trabalho especiais, pode haver subordinação diferenciada, como de artistas (Lei n. 6.533/78), jogador de futebol (Lei n. 9.615/98), treinador de futebol (Lei n. 8.650/93) etc.;

m) *atípica*: é a pertinente a outros contratos, como no trabalho do eventual, do estagiário, no serviço voluntário, no representante comercial autônomo. O representante comercial autônomo tem, em certos casos, na lei ou no contrato a previsão de subordinação, ao determinar que deve prestar contas, tem zona exclusiva de vendas e deve apresentar relatórios;

n) *estrutural*: é a que ocorre pelo fato de o trabalhador estar inserido na estrutura da empresa, na sua organização. O trabalhador não é subordinado à estrutura da empresa. Se esta está desestruturada ou não tem estrutura, então não haveria subordinação. A subordinação é decorrente do contrato de trabalho e da hierarquia da empresa. A estrutura não dá ordens;

o) *algorítmica*: é a subordinação ao algorítmico que ocorreria nos aplicativos de comida ou de transporte com o trabalhador. Entretanto, a subordinação é a pessoas e não a sistemas eletrônicos.

Acaba criando a nova tecnologia uma nova forma de subordinação, pois o empregado pode até não ficar subordinado diretamente ao empregador, mas indiretamente. Passa a existir uma *telessubordinação*. Na telessubordinação, há subordinação a distância, uma subordinação mais tênue do que a normal. A insubordinação também pode ocorrer, como no caso de o empregado a distância não querer cumprir determinada ordem de serviço. A vigilância que o empregador faz sobre esses empregados é muito menor e a prova da insubordinação, dependendo do caso, será mais difícil.

12.7 FUNDAMENTOS

O empregado tem um dever de obediência às determinações do empregador. O art. 3º da CLT é claro no sentido de que o empregado é dependente, isto é, subordinado ao empregador. O empregador dirige o trabalho do empregado (art. 2º da CLT).

A insubordinação é um desrespeito à hierarquia na empresa e ao poder de direção do empregador. A hierarquia interna deve ser observada. Por uma questão de harmonia, o empregado deve obedecer às ordens pessoais que lhe são dadas na empresa.

Se o empregado não cumpre as ordens pessoais que lhe são dadas, há desrespeito ao empregador e à hierarquia estabelecida na empresa. A disciplina interna na empresa fica subvertida. Isso prejudica o ambiente de trabalho e o poder de comando do empregador.

O superior hierárquico, ao dar uma ordem que é descumprida, fica completamente desrespeitado e pode ser ridicularizado no ambiente de trabalho.

12.8 ORDENS

O empregado está sujeito a ordens gerais e especiais ou pessoais. Em relação às ordens especiais ou pessoais é que o empregado comete insubordinação.

As ordens podem ser escritas ou orais. As escritas podem estar contidas no regulamento da empresa ou qualquer outro documento do empregador. As ordens também podem ser orais, como pode ser verbal o contrato de trabalho (art. 443 da CLT). Ordens orais podem ser determinadas pelo superior hierárquico do empregado. O trabalhador só poderá cumprir ordens pessoais orais se tiver conhecimento delas.

12.9 ATO

A palavra *ato* na alínea *h* do art. 482 da CLT tanto se refere à indisciplina como à insubordinação.

Ato quer dizer ação, intenção. Deve haver dolo do empregado em praticar o ato. Não se evidencia, em princípio, justa causa por culpa, por negligência, imprudência ou imperícia do empregado.

O ato de insubordinação só pode dizer respeito ao contrato de trabalho. Se o ato não decorre do contrato de trabalho, em que o empregado não está cumprindo uma determinação de ordem pessoal, não se pode falar em justa causa.

12.10 ATO ÚNICO

A alínea *h* do art. 482 da CLT faz referência a ato de insubordinação. Não dispõe que seriam atos, no plural, o que mostraria a necessidade de reincidência.

Uma única falta de insubordinação pode não configurar a justa causa, salvo se a falta for grave.

O empregado deve ter sido punido pelas faltas anteriores.

Geralmente, o empregador adverte ou suspende o empregado, visando corrigir sua falta. A advertência ou suspensão tem efeito pedagógico, de forma que o empregado não reincida na mesma falta.

Somente se o ato do empregado for grave é que será dispensado por justa causa, como nos casos em que subverte gravemente a hierarquia da empresa ou o ato é acompanhado de outra falta, como de ofensas, impropérios etc.

Assim, em caso de falta levíssima e involuntária, o empregado deveria ser advertido oralmente. Em caso de falta leve, a advertência deveria ser oral, se for a primeira, ou por escrito. Se a falta for grave, o empregado poderia ser dispensado por justa causa, desde que já tivesse sido punido anteriormente. Ressalto que a lei não estabelece a ordem anteriormente mencionada, mas ela pode servir de efeito pedagógico ou para evidenciar a justa causa.

Normalmente, é a reincidência nas faltas que irá caracterizar a justa causa.

O ato faltoso do empregado em se recusar a cumprir as determinações do empregador quanto a normas de segurança de trabalho ou uso de equipamentos de proteção individual (parágrafo único do art. 158 da CLT) é conduta tipificada como insubordinação quando implica o descumprimento de ordens pessoais de serviço. É o caso do chefe que determina ao empregado o uso do equipamento de proteção individual e este não o faz. Nesse caso, se o ato for grave, a dispensa será imediata. Em outros casos, haverá necessidade da reiteração da falta do uso do equipamento de proteção individual para o empregado ser dispensado. Assim, o empregado deverá primeiro ser advertido ou suspenso e, na reiteração, dispensado por justa causa.

Em relação ao empregado estável ou detentor de garantia de emprego, a falta também pode ser única, se pela natureza represente séria violação dos deveres e obrigações do empregado. Poderá haver necessidade de repetição da falta, se ela não for tão grave assim (art. 493 da CLT).

12.11 LOCAL

A falta pode tanto ser praticada internamente na empresa como externamente. É o que ocorre com empregados que prestam serviços externos, como vendedores, cobradores, motorista, *office boy*.

12 • INSUBORDINAÇÃO

Pode também a falta ser observada nas dependências ou em relação ao cliente da empresa, desde que diga respeito a ordens pessoais.

12.12 DIREITO DE RESISTÊNCIA

O empregado pode resistir ao cumprimento de determinadas ordens do empregador. É o chamado *ius resistenciae*.

Só se pode falar em insubordinação quando o empregado deve obedecer a ordens do superior hierárquico. Se a pessoa não é superior hierárquico do empregado, se está num mesmo grau do empregado, não há insubordinação.

O dono da empresa ou o diretor pode dar ordens pessoais a determinado empregado. Para evitar problemas, deveria dar sua ordem ao chefe do empregado, visando evitar a discussão de que uma pessoa passou por cima da outra.

Se a pessoa não tem poder de dar ordens ao empregado, não se pode falar em insubordinação e elas não precisariam ser cumpridas. O chefe de uma seção não pode dar ordens a empregado de outra seção.

Quem não cumpre determinação de inferior hierárquico não comete insubordinação. Não se trata propriamente de uma ordem, mas de uma orientação ou afirmação, que não precisa ser necessariamente cumprida.

Da mesma forma, não há insubordinação do empregado que não cumpre afirmação de terceiro, estranho à empresa e ao contrato de trabalho.

O empregado só deve cumprir ordens legítimas. Não precisa cumprir ordens imorais dadas pelo superior. Caso deixe de cumprir a referida determinação, não se configura a insubordinação, justamente porque a ordem não é legítima. Exemplo pode ser o diretor de um hospital determinar que o médico empregado suspenda a operação de um doente, somente porque o paciente não pagou o hospital em outra oportunidade em que aí esteve internado. A hipótese citada traz consequências à vida da pessoa. O médico que não procedesse à intervenção cirúrgica poderia incorrer em crime de omissão de socorro, de lesão corporal ou de homicídio, dependendo do caso.

É claro que o padrão moral se modifica com o tempo. Algo que era imoral em certo momento pode deixar de sê-lo em outro período ou em outro local.

O trabalhador também não tem de cumprir ordens ilegais ou contrárias aos bons costumes.

A alínea *a* do art. 483 da CLT mostra que é fundamento para o empregado considerar rescindido o contrato de trabalho quando lhe forem exigidos serviços proibidos por lei e contrários aos bons costumes. Há, portanto, previsão na própria CLT para o empregado não cumprir ordens imorais, ilegais ou contrárias aos bons costumes.

Dispõe o art. 22 do Código Penal que, se o crime é cometido sob coação irresistível ou em estrita obediência a ordem, não manifestamente ilegal, de superior hierárquico, só é punível o autor da coação ou da ordem. Se o empregado sabe que a ordem é manifestamente ilegal, não tem obrigação de cumpri-la. Se o faz, pode incidir em crime.

Da mesma forma, o empregado não é obrigado a cumprir ordens que atentem contra a sua vida, segurança, saúde ou sua honra.

Dispõe a alínea *c* do art. 483 da CLT que o empregado pode considerar rescindido o contrato de trabalho quando correr perigo de mal considerável.

O art. 5º da Constituição garante ao empregado a liberdade de pensamento e sua manifestação (IV), a liberdade de consciência e de crença (VI), de religião e de convicção filosófica e política (VIII). Entretanto, no ambiente de trabalho o empregado não pode ficar fazendo manifestações ou propagações de caráter político ou religioso. O empregado pode manifestar sua opinião, porém sem prejudicar o ambiente de trabalho e o próprio serviço.

Entre profissionais liberais ou empregados que têm certo grau de instrução, pode não configurar justa causa quando um empregado se nega a cumprir determinada ordem técnica, por entender que ela está errada ou por existir outro meio técnico a ser seguido. Exemplo pode ser o do diretor de hospital que determina que o médico empregado faça a cirurgia do paciente de acordo com um determinado método e o empregado não cumpre, alegando que existe técnica mais moderna que dispensa intervenção cirúrgica e a técnica sugerida poderia matar o paciente ou causar-lhe grave sequela. Empregado engenheiro poderá se negar a cumprir ordem do empregador se entender e demonstrar que os cálculos estruturais estão incorretos e podem implicar problemas na estrutura do prédio. A responsabilidade técnica pelo ato de fazer será do empregado que o cumpriu e não de quem deu a ordem. O ideal é que o subordinado converse educadamente com o superior, mostrando o erro ou incorreção no procedimento determinado.

O empregado deve cumprir ordens relativas ao contrato de trabalho. Se o empregador lhe pede que cumpra ordens que nada têm a ver com o contrato de trabalho ou alheias à sua função, não comete insubordinação. Exemplo pode ser o ato de determinar ao porteiro que faça serviços de jardinagem. São serviços alheios ao contrato.

A ordem contrária à previsão contratual não pode ser dada unilateralmente ao empregado, nem lhe causar prejuízo (art. 468 da CLT).

A alínea *a* do art. 483 da CLT é clara no sentido de que o empregado poderá rescindir o contrato de trabalho se lhe forem exigidos serviços alheios ao contrato.

Terminado o trabalho do dia e estando o empregado fora da empresa, não é insubordinado se não cumpre ordens do superior hierárquico. Outra poderia ser a situação se, terminado o serviço do dia, o empregado permanece nas dependências da empresa e recebe uma ordem de serviço urgente do chefe e deixa de cumpri-la. Nesse caso, se a recusa não for justificada, existe a justa causa.

Se o empregado está cansado e alega isso para deixar de fazer horas extras, não pode ser tido por insubordinado, pois poderiam ocorrer acidentes no período em que prestasse horas extras. Terminada a jornada de trabalho, o empregado só estaria obrigado a fazer horas extras em caso de necessidade imperiosa, seja por motivo de força maior, seja para atender à realização ou conclusão de serviços inadiáveis, ou cuja inexecução possa acarretar prejuízo manifesto (art. 61 da CLT).

Em casos de urgência ou de acidente na estrada de ferro, o empregado não poderá recusar-se, sem causa justificada, a executar serviço extraordinário, sob pena de ser dispensado por justa causa (parágrafo único do art. 240 da CLT). A causa justificada poderá ser exatamente o fato de estar cansado e poder causar acidentes, a circunstância de estar doente etc. Se não houver motivo justificado para o empregado deixar de executar o serviço extraordinário, cometerá insubordinação.

Não se pode dizer que o empregado é insubordinado para o cumprimento de ordem se está em férias. Nesse período, não tem obrigação de trabalhar.

No intervalo para descanso e alimentação, o empregado não está trabalhando. Não se pode dizer que tem obrigação de cumprir ordens nesse período, salvo se se tratar de situação urgente, que possa causar sérios prejuízos à empresa. Logo, não existe insubordinação.

Caso o empregado esteja em dia de descanso, como domingo ou feriado, não se pode falar em insubordinação, pois esses dias não são de trabalho, mas de descanso. A exceção diz respeito ao fato de o empregado trabalhar em domingos e feriados e folgar em outros dias.

12.13 GREVE

Empregado que participa de greve legal não comete justa causa de insubordinação, pois a greve implica a suspensão dos efeitos do contrato de trabalho (art. 7º da Lei n. 7.783/89). São os casos em que a empresa não paga salários, não cumpre a norma coletiva de trabalho etc. As relações obrigacionais durante o período serão regidas por acordo, convenção, laudo arbitral ou decisão da Justiça do Trabalho.

Esclarece a Súmula 316 do STF que a simples adesão à greve não constitui falta grave.

Entretanto, se a greve é sem fundamento e os empregados são chamados pelo chefe a voltar a trabalhar, cometem justa causa de insubordinação se não o fizerem.

Trabalhadores que param o trabalho para fazer reivindicação de aumento de salário cometem insubordinação se são chamados a voltar ao trabalho pelo superior hierárquico. Não há fundamento legal para a paralisação, que nem greve é, se não houve a participação do sindicato dos trabalhadores.

12.14 APRECIAÇÃO DA FALTA

Na apreciação da falta, deve-se verificar o grau de discernimento do empregado sobre o ato praticado ou a sua escolaridade, visando estabelecer se o trabalhador tinha intenção de praticar o ato.

Empregado que comete uma falta e se recusa a assinar carta de advertência comete insubordinação. Exceção pode ser o fato de o empregado de baixa instrução entender que, se assinar a carta, estará concordando com a penalidade ou do empregado que alega que não cometeu tal falta.

É preciso observar também a intenção do empregado de praticar a falta e o motivo de o fazer.

Em certos casos, deve-se ponderar se o empregado está cansado e deu resposta malcriada em razão do excesso de trabalho, da prestação de serviços em ambiente insalubre, se o empregado está doente etc.

Ao ponderar sobre a aplicação da justa causa, devem-se verificar os antecedentes do empregado. Se a falta cometida é a primeira ou já cometeu faltas anteriores. A primeira falta, desde que não seja grave, pode ser considerada atenuante. Se já cometeu outras faltas, o empregador pode não tolerar a última, a que seria de insubordinação.

Conforme o maior grau de hierarquia do empregado na empresa, mais grave será a falta cometida. Se esse empregado não respeita ordens na empresa, como pode exigir que seus subordinados o respeitem?

Dois empregados que cometeram juntos a mesma falta, se ela não for grave, poderão ter diferentes penalidades, levando-se em consideração os elementos anteriormente mencionados.

12.15 JURISPRUDÊNCIA

Comete falta de insubordinação o empregado que se recusa a atender ao chamado superior, exigindo que este venha à sua bancada (TST, Proc. 5.423/67, Ac. de 11-5-1967, 3ª T., rel. Min. Arnaldo Sussekind, *Revista do TST*, 67/68, p. 88).

A recusa do motorista de assumir a direção do ônibus que lhe é destinado por sua empregadora, concessionária de transporte coletivo, para cumprir o itinerário que explora, sob o falso pretexto de que o veículo se encontra com defeitos, com o objetivo único de não executar a sua obrigação contratual, constitui falta grave (TRT 12ª R., ROV-3.397/90, Ac. 2.047/91, 1ª T., rel. Juiz Pedro Alves de Almeida, j. 14-5-1991, *DJ* SC 17-6-1991, p. 28).

Justa causa. Insubordinação. É insubordinado o empregado que envia carta a seus superiores hierárquicos, afirmando não aceitar ordens impostas por ninguém, ainda que tenha de enfrentar quaisquer consequências, atitude que autoriza sua dispensa motivada com suas repercussões legais (TRT 3ª R., RO 6.389/88, 3ª T., rel. Juiz Marcos Figueiredo Mendes de Souza, j. 2-8-1989, *Minas Gerais* II 12-9-89, p. 108).

A recusa do empregado em cumprir determinações de seus superiores, dentro das atribuições inerentes ao emprego, perfaz a falta grave de insubordinação, ensejadora da rescisão unilateral do contrato de emprego (TFR, RO 6.929/SP, 1ª T., rel. Min. Dias Trindade).

Paralisação do Trabalho. Insubordinação. Se, mesmo depois dos outros empregados terem retornado ao trabalho, após uma paralisação de 30 minutos, o reclamante insistiu em fazê-lo só depois de ter o seu salário aumentado, a sua atitude caracteriza insubordinação, justificando-se a sua despedida (TRT 15ª R., RO 62.14065/90-8, Ac. 1.299/92, 4ª T., rel. Juiz Carlos Diehl Paolieri).

Justa causa. Insubordinação. O abandono de posto de serviço é falta típica de insubordinação, que caracteriza-se com um único ato, pois o patrimônio das empresas que são vigiadas pela reclamada ficou desguarnecido com o ato do autor (TRT 2ª R., RO 02960367213, Ac. 02970455662, 3ª T., rel. Juiz Sergio Pinto Martins, *DO* ESP 23-9-1997, p. 149).

Ato de insubordinação. Hipótese. Desobediência a ordens diretas do empregador que digam respeito a atribuições do cargo do empregado, constitui falta grave, representando ato de insubordinação com repercussões negativas no ambiente de trabalho, justificando sua resolução com base no art. 482 da CLT (TRT 2ª R., RO 02960028575, Ac. 02970264263, 8ª T., rela. Juíza Wilma Nogueira Araújo Vaz da Silva, *DO ESP* 12-6-1997, p. 54).

13
ABANDONO DE EMPREGO

13.1 INTRODUÇÃO

A justa causa de abandono de emprego geralmente é a mais alegada para a dispensa do trabalhador. Entretanto, na maioria das vezes o empregador deixa de provar que o empregado não teve mais intenção de voltar a trabalhar na empresa.

13.2 EVOLUÇÃO LEGISLATIVA

A alínea *f* do art. 54 do Decreto n. 20.465, de 1º de outubro de 1931, estabeleceu a justa causa de "abandono do serviço sem causa justificada".

A Lei n. 62/35 reproduziu o texto da legislação anterior, dispondo na letra *g* do art. 5º constituir justa causa o "abandono do serviço sem causa justificada". Se houvesse motivo justo para o abandono, não ficava evidenciada a justa causa.

Atualmente, a alínea *i* do art. 482 da CLT considera justa causa o "abandono de emprego". Não mais se usou a expressão *abandono do serviço*, mas abandono de emprego, nem a expressão *sem causa justificada*.

O inciso IX do artigo 27 da Lei Complementar n. 150 estabeleceu: abandono de emprego, assim considerada a ausência injustificada ao serviço por, pelo menos, 30 dias corridos.

No Estatuto do Trabalhador Rural, afirmava-se caracterizar "o abandono de emprego quando o trabalhador rural faltar ao serviço, sem justa causa, devidamente comprovada, por mais de trinta dias consecutivos ou sessenta intercalados durante o ano" (§ 2º do art. 86). Havia, portanto, a fixação do prazo para considerar as faltas do trabalhador ao serviço como justa causa.

Na Argentina, a lei do contrato de trabalho estabelece que o abandono de trabalho como ato de descumprimento do trabalhador somente se configurará mediante prévia constituição em mora, desde que haja intimação do empregado para que volte ao trabalho, pelo prazo que imponham as circunstâncias de cada caso (art. 244).

13.3 CONCEITO

Emprego vem do latim *implicare*, que tem o sentido de pregar ou cravar. Em português, tem o sentido de posto, cargo, ocupação, função exercida por um trabalhador subordinado.

Ficar empregado quer dizer ter contrato de trabalho. Significa que a relação jurídica entre empregado e empregador tem natureza de contrato de trabalho.

A palavra *abandono* é derivada do alemão *bandon* e do francês *abandonner*. Abandono é o ato ou efeito de abandonar. Abandonar tem o sentido de deixar, largar, descuidar, desprezar, menosprezar, de desamparar, de descaso.

Na prática, é encontrada a expressão incorreta *animus abandonandi*, imprópria, pois o ânimo de abandonar em latim é estabelecido pela expressão *animus dereliquendi*.

Aluysio Mendonça Sampaio define o abandono de emprego como:

> o descumprimento continuado e definitivo, por parte do empregado, da obrigação de prestar serviço; é o deixar-se a relação de emprego, sem qualquer comunicação ao empregador[1].

Abandono de emprego significa largar, deixar o posto de trabalho, desistir o operário de trabalhar na empresa. Há, portanto, o desprezo do empregado em continuar trabalhando para o empregador. O empregado, por incúria, deixa de trabalhar.

13.4 DISTINÇÃO

A CLT faz referência a abandono de emprego e não abandono de serviço. O abandono de emprego pressupõe certo tempo para caracterizar a intenção do trabalhador de não mais trabalhar.

O abandono de serviço é evidenciado em caso de greve, de reivindicações dos trabalhadores. Ocorre por poucos dias. Pode ocorrer de o empregado estar trabalhando e deixar seu posto sem justificativa e sem prestar serviços durante toda a jornada. O trabalhador, porém, não tem intenção de não mais voltar a trabalhar na empresa, como no abandono de emprego.

Não se confunde abandono de emprego com ausência do trabalhador ao serviço. Na ausência ao serviço, o trabalhador falta apenas um ou alguns dias, de forma justificada ou não. Pode ser hipótese de desídia, caso haja reiteração na mesma falta injustificada, mas não configura ânimo de deixar de trabalhar na empresa.

---

1. SAMPAIO, Aluysio Mendonça. *Dicionário de direito do trabalho*. 4. ed. São Paulo: LTr, 1993, p. 10.

13.5 JUSTA CAUSA

Na vigência da Lei n. 62/35 entendia-se que o contrato de trabalho do empregado estável somente poderia ser rescindido com a sentença transitada em julgado em inquérito para apuração de falta grave.

Critica-se o abandono de emprego como justa causa para a dispensa do trabalhador, pois, na verdade, o empregado rescinde, de fato, o contrato de trabalho, por não mais comparecer à empresa. É uma falta de execução de um dos requisitos fundamentais do contrato de trabalho para o empregado. O empregador apenas formaliza a rescisão, em razão da circunstância de o empregado ter deixado de trabalhar.

Ao deixar de trabalhar, o empregado mostra seu desinteresse no emprego, indicando que o contrato de trabalho já terminou. Não haveria, portanto, necessidade de o empregador declarar a dispensa posterior, sob a alegação de justa causa.

O contrato de trabalho termina com o abandono de emprego pelo trabalhador. Há um inadimplemento do trabalhador, que deixa de prestar serviços ao empregador.

A lei, porém, é que estabelece ser o abandono de emprego considerado justa causa, quando, na verdade, não é isso. Entretanto, deve ser respeitada a determinação da lei.

13.6 FUNDAMENTOS

O trabalhador deixa de prestar serviços quando abandona o emprego, que é a sua principal obrigação no contrato de trabalho para poder receber salários.

Para o empregado, o contrato de trabalho é *intuitu personae*, é personalíssimo. Diz respeito o contrato de trabalho a uma pessoa específica: o empregado, que não pode ser substituído com constância por outra pessoa.

O empregador conta com um empregado que não quer trabalhar. Isso prejudica a produção da empresa.

Se o empregador coloca uma pessoa no lugar do ausente, presume-se que a situação do substituto é provisória. O novo trabalhador pode não produzir a contento, pois não sabe quando o ausente vai voltar, se é que vai voltar. Sua situação é de insegurança.

A empresa não pode esperar indefinidamente a volta do trabalhador.

Por esses motivos é que o legislador entendeu que há necessidade de rescisão do contrato de trabalho do ausente, estabelecendo que se trata de justa causa para a dispensa do trabalhador.

13.7 REQUISITOS

A justa causa de abandono de emprego depende de que o contrato de trabalho esteja em vigor e o empregado não esteja obrigado a prestar serviços. Seu contrato de trabalho não pode estar suspenso ou interrompido, pois nestas hipóteses não tem obrigação de prestar serviços.

A ausência do empregado no emprego deve ser ininterrupta. As faltas do empregado não podem ser justificadas (art. 473 da CLT), como nos casos de doença, acidente do trabalho, licença da gestante etc. Se o empregado falta alguns dias e depois volta a trabalhar, pode incorrer em desídia para a dispensa.

A ausência deve ser prolongada, de mais de 30 dias, como é o entendimento da jurisprudência, salvo se o empregado demonstrar expressamente que não quer voltar a trabalhar na empresa. Não pode ser ausência curta, de poucos dias, que pode evidenciar desídia, mas não abandono de emprego. Se o trabalhador tem interesse em trabalhar na empresa, em manter o contrato de trabalho, dificilmente deixa de se comunicar com ela, em poucos dias, em uma semana, em quinze dias. Ele justifica suas faltas.

Os três requisitos devem estar presentes de forma cumulativa. Caso falte um deles, não se pode falar em abandono de emprego.

13.8 ELEMENTOS

Para a caracterização do abandono de emprego são levados em conta dois elementos.

O primeiro deles é o objetivo ou material, indicado pelas faltas do empregado ao serviço durante certo período. O obreiro deixa de trabalhar continuamente, ininterruptamente dentro de certo período. O trabalhador renuncia tacitamente à continuidade do contrato de trabalho quando abandona o emprego e não mostra a intenção expressa de o deixar. Se o trabalhador falta de forma intercalada: num dia comparece na empresa, no outro não etc., não se configura o abandono de emprego, mas pode estar caracterizada a desídia, pelo desleixo do empregado em trabalhar, que é a sua obrigação.

O segundo elemento é o subjetivo ou psicológico, comprovando a clara intenção do empregado de não mais retornar ao emprego, como o de possuir outro emprego ou por manifestação expressa de não ter interesse em continuar a trabalhar na empresa. O trabalhador renuncia ao seu emprego.

É preciso que exista prova do abandono, em razão do princípio da continuidade da relação de emprego. A referida prova ficará a cargo do empregador (art. 818, II, da CLT), por se tratar de fato impeditivo do direito às verbas rescisórias. Um empregado normal, que precisa do serviço para poder sobreviver, não abandona o emprego.

A orientação jurisprudencial se fixa no sentido de que o período a ser considerado para a caracterização do abandono de emprego deve ser de mais de 30 dias.

Usa-se a analogia para se chegar à referida conclusão. O período de 30 dias seria o tempo máximo que o empregado poderia ser suspenso (art. 474 da CLT). É o lapso de tempo em que o empregado deve notificar o empregador para voltar ao serviço após o término do serviço militar ($ 1º do art. 472 da CLT). É o prazo máximo para o empregador ajuizar o inquérito para apuração de falta grave se o empregado for suspenso (art. 853 da CLT). É o período máximo de férias (art. 130, I, da CLT). Após trabalhar 30 dias o empregado recebe o salário. A Súmula 32 do TST mostra esse entendimento: "presume-se o abandono de emprego se o trabalhador não retornar ao serviço no prazo de 30 dias após a cessação do benefício previdenciário nem justificar o motivo de não o fazer".

A ausência injustificada do empregado por mais de 30 dias sem trabalhar cria a presunção comum (*hominis*), mas relativa, de que o obreiro teve a intenção de abandonar o emprego. Caberá ao empregado provar algo em sentido contrário. A presunção tem previsão expressa na lei, mas é decorrente dos fatos.

Deverá ser injustificada a ausência do empregado no serviço. Se o empregado mostrar que havia algum motivo para não comparecer, não irá haver o abandono de emprego. Caberá ao trabalhador fazer prova de que houve algum motivo justificado para faltar, como de que estava doente, de que sofreu acidente do trabalho, de que estava internado no hospital e teve alta recentemente, de que foi sequestrado, de que a empresa o impediu de voltar a trabalhar etc. Se ele tem interesse em continuar a trabalhar, deve comunicar ao empregador por que não pode comparecer. O empregador não vai adivinhar por que o empregado deixou de comparecer ao trabalho.

A comunicação do empregado deverá ser feita a pessoa certa, que precisa ter ciência da sua ausência, como seu chefe, o encarregado do departamento pessoal etc. O empregado precisa ter certeza de que sua comunicação foi conhecida pelo empregador ou recebida, pois posteriormente pode ter problemas para provar que avisou o empregador das faltas. O ideal seria que o trabalhador enviasse uma carta, um telegrama ao empregador, com aviso de recebimento, mas nem sempre assim procede ou tem conhecimento suficiente para assim fazer.

Deve o empregado ser diligente para demonstrar suas faltas, o seu ânimo de trabalhar na empresa. Se avisa pessoa incorreta ou o colega de serviço não comunicou ao empregador, foi negligente no seu ato e assume os riscos de o empregador considerar a dispensa por abandono de emprego.

O empregado pode pretender avisar das suas faltas por intermédio de outro colega de trabalho. Entretanto, este pode não avisar por esquecimento e até má-fé. Se o empregador não tem conhecimento do motivo das faltas, ainda que por má-fé de uma pessoa que não avisou ao empregador, a justa causa pode ficar configurada.

Em caso de prazo inferior a 30 dias, pode-se entender que não houve o abandono de emprego, mas restar configurada a justa causa por desídia, pela negligência do empregado em deixar de prestar serviços por vários dias contínuos.

Em relação ao empregado doméstico, a Lei Complementar n. 150/2015 afirma que a justa causa se configura por "abandono de emprego, assim considerada a ausência injustificada ao serviço por, pelo menos, 30 dias corridos" (art. 27, IX). O empregado doméstico demonstra não ter interesse em trabalhar em razão da passagem de 30 dias corridos. Se a ausência for justificada, não se pode falar em justa causa. Se o empregado doméstico mostrar que não tem interesse em trabalhar, em espaço inferior a 30 dias, também ficará demonstrada a justa causa.

Em caso de prazos menores, pode ser demonstrado o abandono de emprego desde que fique comprovado o interesse do empregado de não retornar ao trabalho, o que deverá ser provado pelo empregador.

Se o empregado deixa de trabalhar para o empregador por alguns dias, pode configurar-se a justa causa na hipótese de incompatibilidade de horários entre o emprego anterior e o novo obtido pelo trabalhador. Pode o trabalhador ter mais de um emprego e existir incompatibilidade em relação a dois deles. Assim, passando o trabalhador a prestar serviços para um novo empregador no mesmo horário do antigo emprego, sem que o obreiro dê explicações ao antigo empregador, estará configurado o abandono de emprego.

Na jurisprudência, são colhidos alguns acórdãos sobre o abandono de emprego:

> Justa causa. Abandono de emprego. Convocação por edital. Convocação por edital é uma medida extrema que o empregador toma quando não mais é possível encontrar o empregado que não comparece ao emprego. Assim, indiscutível que o não atendimento ao chamado constitui prova suficiente para caracterizar o abandono de emprego ensejador da dispensa por justa causa prevista no art. 482, alínea *I*, da CLT (TST, RR 212.795/95.7-11, 4ª T., rel. Min. Galba Velloso, j. 5-2-1997, *DJU* 17-3-1997, p. 5789).

Justa causa. Abandono de emprego. Elementos tipificadores. Prova. Para alicerçar a justa causa é necessária a prova, a cargo do empregador, da concorrência dos dois elementos tipificadores do abandono de emprego: o objetivo, consubstanciado na ausência prolongada e injustificada do obreiro, e o subjetivo, que se revela pelo *animus* de não mais retornar ao serviço (TRT 2ª R., RO 02970226922, 8ª T., rela. Juíza Wilma Nogueira de Araújo Vaz da Silva, j. 11-5-1998, *DJ* SP 2-6-1998, p. 160).

A empregada que justifica parcialmente suas ausências ao serviço com atestados médicos e não atende convocação por via postal ou outros meios, para reassumir as funções, incide em abandono de emprego (TRT 15ª R., RO 764/91-5, Ac. 11.235/91, 2ª T., rel. Juiz Irani Ferrari, *DJ* SP 25-11-1991).

Havendo comprovação segura de desinteresse do trabalhador em exercer suas funções e do decurso de prazo razoável sem comparecimento no local de trabalho, têm-se por configurados os elementos objetivo e subjetivo caracterizadores do abandono de emprego, previsto na letra *i* do art. 482 da CLT (TRT 12ª R., RO-V-2.035/90, Ac. 2.089/91, 1ª T., rel. Juiz Antonio Carlos Facioli Chedid, j. 9-4-1991, *DJ* SC 19-6-1991, p. 30).

13.9 RECUSA EM TRABALHAR

A simples recusa do trabalhador em prestar serviços em decorrência de alteração prejudicial ao contrato de trabalho feita pelo empregador (art. 468 da CLT) não implica abandono de emprego, pois o empregado não tem intuito em deixar de trabalhar.

Se a ordem do empregador é lícita, a falta cometida pelo empregado é de insubordinação e não de abandono de emprego.

Trabalhador marítimo que não comparece ao embarque incorre em justa causa de abandono de emprego, pois mostra interesse em não trabalhar.

13.10 CONTRATO DE TRABALHO DE PRAZO DETERMINADO

O abandono de emprego pode ocorrer no curso de um contrato de trabalho de prazo determinado.

Como o art. 480 da CLT faz referência a que o empregado não pode se desligar do contrato antes do tempo, o abandono de emprego se enquadra na referida hipótese. Assim, o empregado tem de indenizar o empregador dos prejuízos que desse fato lhe resultarem, que não pode exceder ao valor a que teria direito o empregado em idênticas condições (§ 1º do art. 480 da CLT). No meu ponto de vista, a referida indenização foi revogada pela legislação superveniente do FGTS, principalmente a partir de 5 de outubro de 1988 quando o FGTS se tornou um direito do trabalhador (art. 7º, III, da Constituição).

13.11 FALTAS PARA ACOMPANHAMENTO DE PARENTE

Pode ocorrer de a mãe faltar mais de 30 dias para tomar conta de filho que estava doente ou de o empregado faltar em razão de doença de parente. Se o empregado não avisa o empregador do fato, a justa causa de abandono de emprego fica caracterizada. Caso a trabalhadora avise o empregador, não haverá abandono de emprego, mas as faltas mencionadas são injustificadas, pois não há previsão legal de abono. Estará caracterizada a falta de desídia, pois a empregada tem obrigação de trabalhar. A CLT só considera faltas justificadas: até dois dias para acompanhar consultas médicas e exames complementares durante o período de gravidez de sua esposa ou companheira (art. 473, X); até um dia por ano para acompanhar filho de até 6 (seis) anos em consulta médica (art. 473, XI).

Se a mãe falta menos de 30 dias no emprego, não existe ânimo de abandonar o emprego. Nesse caso, poderá a trabalhadora incorrer em desídia.

13.12 DOENÇA

A doença deve impedir o empregado de prestar serviços ao empregador.

Para se discutir o abandono de emprego do empregado, a doença deve ser prolongada.

Os 15 primeiros dias de afastamento do empregado por doença são pagos pelo empregador (§ 3º do art. 60 da Lei n. 8.213/91).

A partir do 16º dia de afastamento, o INSS é que paga o benefício de auxílio-doença. O art. 476 da CLT considera o período como licença não remunerada. É hipótese de suspensão dos efeitos do contrato de trabalho.

O empregado deve comunicar ao empregador seu afastamento durante os 15 primeiros dias para que não se fale em abandono de emprego.

Após a alta médica, o empregado deve retornar ao emprego ou comunicar ao empregador que cessou o benefício, comparecendo para trabalhar.

Pode ocorrer de o trabalhador não ter condições plenas de prestar serviços logo após a alta médica. Deve informar ao empregador tal fato, ou passar por nova perícia no INSS. Se deixar de trabalhar alguns dias antes de ser concedido novo benefício previdenciário, não existe justa causa por abandono de emprego do trabalhador, pois não há intenção nesse sentido, mas pode existir a justa causa de desídia.

Esclareceu a Súmula 32 do TST: "Presume-se o abandono de emprego se o trabalhador não retornar ao serviço no prazo de 30 dias após a cessação do benefício previdenciário nem justificar o motivo de não o fazer".

O trabalhador poderia recorrer administrativamente da decisão que lhe negou novo afastamento. Nesse caso, a decisão do INSS poderá ser revista ou não. Se for revista depois de algum tempo de tramitação, o benefício é concedido de forma retroativa e não haverá abandono de emprego. Caso a decisão seja mantida, o empregado não terá como justificar suas ausências no emprego. Quando voltar a se comunicar com a empresa, esta irá alegar justa causa de abandono de emprego.

O ideal é que o empregado mostre ao empregador seu ânimo de não abandonar o posto de trabalho, o que poderia ser feito por telegrama, informando que está recorrendo da decisão do INSS e não tem condições de trabalhar, apresentando os atestados médicos que tiver. Caso a decisão do INSS seja mantida em grau de recurso administrativo, a justa causa de abandono de emprego não estará evidenciada, porque o empregado manifestou o ânimo de continuar o contrato de trabalho, mas pode estar caracterizada a desídia. O empregador irá decidir se aceita ou não as faltas do empregado com base nos documentos que ele lhe apresentar. Da mesma forma, será decidido em juízo, com fundamento no parecer do médico. Se o empregado estava apto a trabalhar, deveria retornar ao emprego. Se não o fez, incide em desídia.

O empregado pode não se socorrer do INSS durante a doença prolongada, seja porque não quis, em razão de ser uma faculdade sua, porque não tem o período de carência necessário para a concessão do benefício[2], ou porque não está registrado na empresa. Se o empregado prova efetivamente a doença para o empregador, não se pode falar em abandono de emprego. O empregado terá os efeitos do seu contrato de trabalho suspensos.

As faltas decorrentes de afastamento por doença que ocorre por poucos dias, como gripe etc., não irá caracterizar abandono de emprego, pois não existe ânimo do empregado nesse sentido, mas pode evidenciar desídia, se o empregado não comprovar por atestado médico suas ausências.

13.13 ACIDENTE DO TRABALHO

O afastamento decorrente de acidente do trabalho tem praticamente as mesmas regras aplicáveis ao auxílio-doença.

Durante os 15 primeiros dias, o empregador paga os salários (§ 3º do art. 60 da Lei n. 8.213/91).

---

2. O auxílio-doença comum exige período de carência de 12 contribuições mensais (art. 25, I, da Lei n. 8.212/91). Já o auxílio-doença acidentário não necessita de período de carência (art. 26, II, da Lei n. 8.213/91).

MANUAL DA JUSTA CAUSA • Sergio Pinto Martins

A partir do 16º dia em diante, o benefício de acidente do trabalho é pago pelo INSS.

Da mesma forma anteriormente descrita, o empregado deve comprovar ao empregador a concessão do benefício. No seu afastamento, não se poderá falar em abandono de emprego.

13.14 DOENTE MENTAL

Um empregado doente mental pode deixar de trabalhar por mais de 30 dias, em razão dos problemas mentais que possui. Nesse caso, não se pode falar em justa causa de abandono de emprego, pois não há a intenção do trabalhador de abandonar o emprego.

13.15 GRAVIDEZ

A empregada gestante tem licença-maternidade de 120 dias, sem prejuízo do emprego e do salário (art. 7º, XVIII, da Constituição).

Deve a empregada avisar o empregador do seu parto. A data do início do afastamento é estabelecida no atestado médico. A empregada deve notificar o empregador, mediante a apresentação do atestado médico, da data do início do afastamento do serviço (§ 1º do art. 392 da CLT).

Caso a trabalhadora não comunique ao empregador a sua condição, poderá ficar caracterizado o abandono de emprego, se deixar de prestar serviços. O empregador não tem como saber o que se passa com a empregada.

Pelo mesmo atestado médico é possível saber quando a empregada deve retornar a prestar serviços. O atestado irá indicar o período de 120 dias, compreendendo 28 dias antes do parto e 92 dias depois do parto, totalizando 17 semanas. Assim, logo em seguida a empregada deve voltar a trabalhar na empresa, salvo se provar, mediante atestado médico, que seu período foi prolongado por mais duas semanas (§ 2º do art. 392 da CLT). Não o fazendo, pode incidir em abandono de emprego, se for mostrado seu ânimo de não mais trabalhar ou deixar de trabalhar por mais de 30 dias.

13.16 LICENÇA

O empregado pode ficar afastado em razão de licença combinada com o empregador, que pode ser remunerada ou não.

Se a licença for remunerada, irá caracterizar interrupção dos efeitos do contrato de trabalho. Caso não seja remunerada e o empregado não tenha nenhum outro efeito do contrato de trabalho em vigor, evidencia suspensão dos efeitos do contrato de trabalho.

O empregador deveria fornecer documento ao empregado no sentido de que ele está em licença, visando evitar que seja alegado abandono de emprego posteriormente.

Ao término da licença, ou não havendo prorrogação dela, o empregado deve retornar ao serviço. Se não o fizer, ficará caracterizado o abandono de emprego.

13.17 PRISÃO DO TRABALHADOR

Seria possível ocorrer de o empregado ser preso e ficar incomunicável, sem poder avisar o empregador. Se, logo após ser solto, avisa o empregador, ou volta ao trabalho, não se pode falar em abandono de emprego. Não há intenção do empregado de abandonar o posto de trabalho.

O TST já decidiu que:

> Não caracteriza o abandono de emprego, por carência do imprescindível *animus*, a ausência do empregado por motivo de prisão, notadamente se, relaxada esta, apresenta-se imediatamente à empregadora (Pleno, Emb 2.338/70, rel. Min. Vieira de Mello, j. 8-11-1972).

A prisão do empregado poderia ser injusta.

Entretanto, se o trabalhador, logo após ser solto, não volta a trabalhar, pode incorrer em desídia, se forem poucas as faltas, ou em abandono de emprego, caso falte mais de 30 dias seguidos.

13.18 FORÇA MAIOR

Força maior é o acontecimento inevitável e imprevisível para o qual o empregado não concorreu, direta ou indiretamente. É o que se extrai do art. 501 da CLT, adaptando-o em relação ao trabalhador.

O parágrafo único do art. 393 do Código Civil menciona que a força maior ocorre no fato necessário, cujos efeitos era impossível evitar ou impedir.

Se o evento era evitável ou previsível, não se pode falar exatamente em força maior, pois o empregado deveria fazer alguma comunicação ao empregador.

Pode ocorrer de o empregado deixar de trabalhar algum período por motivo de força maior, para o qual não concorreu.

Exemplo pode ser o caso de o empregado estar viajando num avião e este cair. O socorro leva muito tempo e não se sabe no período onde está o empregado.

Poderia ocorrer de o empregado fazer uma viagem de navio e o barco afundar ou ocorrer algum acidente, como de o trabalhador cair ao mar. Posteriormente, o empregado fica numa ilha sem poder se comunicar com o empregador, até o momento em que é resgatado. Isso pode levar algum tempo. São exemplos encontrados nos livros *Robinson Crusoé*, de Daniel Defoe, nas *Viagens de Gulliver*, de Swift; no filme *Náufrago*, em que o ator Tom Hanks, funcionário dos Correios, fica numa ilha deserta durante algum tempo, até que consegue ser resgatado.

O art. 1º do Decreto-Lei n. 3.577, de 1º de julho de 1941, estabelece a morte presumida do tripulante no prazo superior a 120 dias do naufrágio, acidente ocorrido ou falta de notícia da embarcação. Após os 120 dias, presume-se a morte do trabalhador ou o ânimo do trabalhador em não retornar ao emprego.

Em caso de calamidade pública numa certa região, em que houve muita chuva, vendaval etc., o empregado fica impossibilitado de se comunicar com o empregador, como em razão da falta de telefone, ou nos casos em que as estradas foram estragadas e as pontes derrubadas etc. Deve-se considerar como momento para o empregado avisar o empregador o do restabelecimento da normalidade das comunicações, da reconstrução, ainda que parcial, das estradas ou pontes etc.

O trabalhador poderia ter saído para fazer uma caminhada na mata e ter se perdido no local, sem ter como se comunicar com qualquer pessoa, ficando nessa situação vários dias. Na Serra do Mar, em São Paulo, é comum as pessoas fazerem passeios a pé e se perderem, ficando dias sem se comunicar com outras pessoas.

O empregado poderia ser sequestrado e ficar em cativeiro por longo tempo e não ter como se comunicar com o empregador.

São situações para as quais o empregado não concorreu. Mesmo que fique mais de 30 dias afastado, não há ânimo do empregado em deixar de trabalhar; apenas por uma questão de força maior o obreiro está impossibilitado de prestar serviços.

13.19 GREVE

A greve suspende os efeitos do contrato de trabalho (art. 7º da Lei n. 7.783/89). As relações obrigacionais durante o período serão regidas pelo acordo, convenção, laudo arbitral ou decisão da Justiça do Trabalho.

O empregado grevista que cometer excessos fica responsável civil ou penalmente, mas também sofre sanções trabalhistas, nos termos do artigo 15 da Lei n.º 7.783/89.

Assim, no período de greve pacífica não se pode falar que o empregado comete justa causa por abandono de emprego.

A Súmula 316 do STF é clara no sentido de que a simples adesão a greve não constitui falta grave.

Se a greve é ilícita ou se o empregado comete abusos, pode se configurar insubordinação, indisciplina, desídia, dependendo do caso.

Caso o tribunal julgue que a greve é abusiva, os trabalhadores devem retornar ao trabalho. Caso não o façam, não se caracteriza o abandono de emprego se as faltas forem inferiores a 30 dias, mas pode caracterizar desídia.

13.20 AVISO PRÉVIO

A cessação do contrato de trabalho só ocorre após o término do período do aviso prévio (art. 489 da CLT).

Logo após a concessão do aviso prévio, o empregado muitas vezes fica desmotivado a continuar trabalhando. Pode ser porque não mais irá trabalhar na empresa, porque já tem outro emprego e passa a agir com negligência.

Se qualquer das partes do contrato de trabalho der o aviso prévio à outra e o empregado não mais comparecer para trabalhar no período, estará caracterizada a justa causa de abandono de emprego.

Estabelece o art. 491 da CLT que se o empregado, durante o prazo do aviso prévio, cometer qualquer das faltas consideradas pela lei como justas para a rescisão, como o abandono de emprego, perde o direito ao restante do respectivo prazo.

A redação anterior da Súmula 73 do TST esclarecia: "Falta grave, salvo a de abandono de emprego, praticada pelo empregado no decurso do prazo do aviso prévio, dado pelo empregador, retira àquele qualquer direito a indenização". A Súmula 73 do TST, segundo a Resolução n. 121/2003 do TST, tem a seguinte redação: "A ocorrência de justa causa, salvo a de abandono de emprego, no decurso do prazo do aviso prévio dado pelo empregador ao empregado, retira do empregado qualquer direito às verbas de natureza indenizatória". Foi melhorada a redação, mas o resultado continua sendo o mesmo. O empregado, porém, tem direito ao saldo de salário.

Depreende-se da Súmula 73 do TST que, se o empregado cometer abandono de emprego, praticado no decurso do prazo do aviso prévio dado pelo empregador, mantém o direito às verbas rescisórias.

O art. 491 da CLT não estabelece limitação em relação ao aviso prévio concedido apenas pelo empregador.

Pelo art. 491 da CLT, é claro que o empregado perde o direito ao aviso prévio restante se incorrer em qualquer das faltas graves previstas no art. 482 da CLT. Logo, a súmula não poderia excluir o abandono de emprego do pagamento do aviso prévio. Dispõe o verbete contra a previsão da lei.

Após a concessão do aviso prévio e como o contrato de trabalho não terminou, o fundamento para a cessação do pacto de trabalho é a justa causa. Assim, o empregado que comete abandono de emprego no curso do aviso prévio não faz jus a nenhuma verba trabalhista indenizatória. A exceção diz respeito às férias já adquiridas e ao saldo de salários dos dias trabalhados.

Se o empregado dá motivo para a rescisão do contrato de trabalho por abandono de emprego no curso do aviso prévio, não tem direito à indenização (art. 477 da CLT).

13.21 DECISÃO JUDICIAL

O empregado pode ser reintegrado ao emprego por decisão judicial. Muitas vezes, a sentença impõe a volta do trabalhador depois de tantos dias do trânsito em julgado da decisão.

O trabalhador deve voltar imediatamente ao serviço com o trânsito em julgado da decisão ou no prazo que ela fixar. Se a ausência for de poucos dias, pode incorrer em desídia. Se for de mais de 30 dias, incidirá em abandono de emprego.

13.22 EMPREGADO ESTÁVEL

O pedido de demissão do empregado estável necessita da assistência do sindicato, da autoridade local do Ministério do Trabalho ou da Justiça do Trabalho (art. 500 da CLT).

Muitas vezes, o empregado estável pede demissão e não mais comparece para trabalhar. Não comparece também perante o sindicato ou a Delegacia Regional do Trabalho para que haja a assistência ao seu ato, como determina a lei.

Uma solução seria o empregador propor inquérito para apuração de falta grave para apurar a justa causa do empregado, em razão de abandono de emprego. Se o empregador prova que o empregado não mais compareceu, caracteriza-se o abandono de emprego. Caso o empregador demonstre que o empregado pediu demissão e não mais compareceu para ser formalizado seu ato, também se caracteriza o abandono de emprego, em razão da falta de prestação de serviços.

Uma segunda solução poderia ser o empregador ajuizar ação cominatória contra o empregado para efeito de obter decisão da Justiça do Trabalho que reconheça seu pedido de demissão.

Esclarece, ainda, a Súmula 62 do TST que:

> O prazo de decadência do direito do empregador de ajuizar inquérito em face do empregado que incorre em abandono de emprego é contado a partir do momento em que o empregado pretendeu seu retorno ao serviço.

A questão diz respeito a empregado estável, que é o trabalhador que necessitará de inquérito para apuração de sua falta grave, nos termos dos arts. 853 a 855 da CLT.

A orientação do verbete não me parece correta, pois, se o empregado incorreu em abandono de emprego, o prazo de decadência não é contado a partir do momento em que o empregado pretendeu seu retorno ao serviço, mas sim a partir do momento em que o obreiro abandonou o emprego. Esta é a data que deve ser considerada para a cessação do contrato de trabalho. O empregador não pode ficar esperando indefinidamente o empregado voltar ao serviço, deixando vago seu posto de trabalho.

13.23 COMUNICAÇÃO

A lei não prevê que o empregado deve ser notificado para voltar a trabalhar na empresa, visando à caracterização da justa causa de abandono de emprego. O procedimento é uma segurança do empregador para considerar rescindido o contrato de trabalho, objetivando o não pagamento de certas verbas rescisórias, além de servir como meio de prova caso o empregado venha a ajuizar ação postulando as verbas decorrentes da dispensa injusta.

A comunicação feita em jornal chamando o empregado ao trabalho não tem qualquer valor, pois o empregado não tem obrigação de lê-lo, nem na maioria das vezes dinheiro para comprá-lo.

Poderia ocorrer de o empregador publicar o anúncio num jornal e o trabalhador ler outro.

O fato de o empregado não atender à comunicação publicada na imprensa pelo empregador, pedindo seu retorno ao serviço, sob pena da caracterização da justa causa, não revela ânimo de abandonar o emprego.

O ideal é que a comunicação seja feita por meio de carta registrada, informando que o empregado deve retornar imediatamente ao serviço, sob pena de ser caracterizada a justa causa. O empregador tem, inclusive, o endereço do empregado, podendo enviar-lhe comunicação postal com aviso de recebimento. Se o empregado tem endereço certo, deve a empresa notificá-lo pelo correio com aviso de recebimento ou por telegrama, que podem provar o recebimento no endereço indicado, e não por comunicação em jornal.

A notificação também poderia ser extrajudicial, sendo realizada pelos cartórios de títulos e documentos, pois há fé pública nos atos praticados pelo cartório.

Poderia, ainda, ser feita mediante notificação judicial, (arts. 726 a 729 do CPC). Tem por objetivo prevenir responsabilidade, manifestando intenção de modo formal quanto ao retorno do obreiro ao serviço (art. 726 do CPC). O procedimento gozaria da vantagem de ser feito judicialmente, de o empregado ser citado para retornar ao serviço, apresentando, portanto, maior garantia jurídica, inclusive quanto ao recebimento da comunicação no endereço do trabalhador.

A convocação por edital somente seria feita quando o empregado não tivesse endereço certo e conhecido ou viesse a estar em local incerto e não sabido, o que não ocorre na maioria dos casos, até mesmo diante do fato de que o empregador tem o endereço do empregado. Pode ser a hipótese em que o empregado mudou de endereço no curso do contrato de trabalho e não comunicou o empregador. Tem, ainda, o edital custo muito maior do que a comunicação postal.

Na jurisprudência, são encontrados acórdãos que indicam que nenhum valor tem a publicação em jornal:

> Abandono de emprego. Publicações em jornais. Ineficácia. Caracterização desta falta grave. Ao alegar a ocorrência de falta grave ensejadora da dispensa motivada do trabalhador, a empregadora assumiu o ônus de prová-la (art. 818 da CLT), devendo fazê-lo de modo a não restar dúvida da ocorrência do fato, da culpa do empregado e da relação de causalidade. As publicações efetuadas em jornal local, denunciando o abandono de emprego ou incitando o empregado a retornar ao serviço, não produzem nenhum efeito jurídico porque: (a) o patrão possui o endereço do empregado, ou devia possuí-lo, pois é elemento que consta do registro de empregados, sendo mais fácil e menos onerosa a chamada via postal; (b) não existe imposição legal obrigando quem quer que seja a ler jornal, tanto menos um empregado que, se souber ler, certamente não tem recursos para comprá-los; (c) as publicações não possuem os mesmos efeitos jurídicos dos editais, pois o empregador deve possuir o endereço do empregado, inaplicando-se o art. 231 do Código de Processo Civil; (d) o empregador deveria ter usado a ação de consignação em pagamento, ao verificar o abandono de emprego, esquivando-se de eventuais responsabilidades futuras. Além do mais, o abandono de emprego caracteriza-se pela ocorrência concomitante de dois elementos: um objetivo, configurado pela ausência concomitante e injusta por um período de trinta dias consecutivos (En. n. 32 do Colendo TST); outro subjetivo, sendo um ato intencional, traduzido no ânimo de o empregado não mais retornar ao serviço. Recurso desprovido (TRT 24ª R., RO 1.359/95, rel. Juíza Geralda Pedroso, j. 14-9-1995, *DJ* MS 18-10-95, p. 51).

As convocações de retorno ao trabalho efetivadas por meio da imprensa não têm valor probatório quando dirigidas a empregados que possuem endereço certo e determinado, inclusive conhecido do empregador (TRT 13ª R., RO 1.572/96, Ac. 30588, rel. Juiz Haroldo Coutinho de Lucena, j. 17-9-1996, *LTr* 61-05/712).

Abandono de emprego. Publicação em jornal. A comunicação feita no jornal chamando o empregado ao trabalho não tem qualquer valor, pois o empregado não tem obrigação de lê-lo, nem na maioria das vezes dinheiro para comprá-lo. O ideal é que a comunicação seja feita por meio de carta registrada ou até de notificação judicial. O fato de o empregado não atender a comunicação publicada na imprensa pelo empregador pedindo retorno do trabalhador ao serviço, sob pena da caracterização da justa causa, não revela o seu ânimo de abandonar o emprego. Deve o empregador mandar uma carta com aviso de recebimento, ou telegrama, convocando o obreiro para o retorno ao trabalho. Poderia também ser feita uma notificação judicial ou extrajudicial (TRT 2ª R., RO 02980509951, Ac. 199990500986, 3ª T., rel. Juiz Sergio Pinto Martins, j. 21-9-1999, *DO* SP 5-10-1999, p. 34).

A publicação no jornal da convocação do empregado para voltar ao serviço constitui mero indício, mas não prova suficiente de que o empregado abandonou o emprego. Tal documento, juntamente com outras provas, pode demonstrar o ânimo de abandonar o emprego (TRT 2ª R., RO 01623.2000.465.02.00-51, rel. Juiz Sergio Pinto Martins).

13.24 CONCLUSÃO

Nem sempre estarão presentes ao mesmo tempo, de forma clara, os requisitos objetivo e subjetivo para a caracterização do abandono de emprego: (a) intenção do empregado manifesta no sentido de não mais retornar a trabalhar na empresa; (b) decurso de mais de 30 dias, caso não ocorra a hipótese da letra *a*. Em certos casos, não há intenção expressa do empregado manifestada diante do empregador em deixar de trabalhar, mas há o decurso do prazo de mais de 30 dias, indicando a vontade de sair da empresa.

Em vez de o empregador gastar dinheiro com a publicação em jornal, que é mais cara, é preferível fazer a comunicação postal com aviso de recebimento, que tem custo muito menor e o mesmo efeito, desde que dirigida para o endereço do empregado.

14
ATO LESIVO DA HONRA OU DA BOA FAMA

14.1 EVOLUÇÃO LEGISLATIVA

O art. 84 do Código Comercial previa que:

> Com respeito aos preponentes serão causas suficientes para despedir os prepostos, sem embargo do ajuste por tempo certo: 1. as causas referidas no artigo precedente.

O art. 83 tinha a seguinte redação:

> Julgar-se-á arbitrária a inobservância da convenção por parte dos prepostos, sempre que se não fundar em injúria feita pelo preponente à seguridade, honra ou interesses seus ou de sua família.

Estabelecia o inciso II do art. 1.229 do Código Civil de 1916 como hipótese de justa causa para o locatário rescindir o contrato "ofendê-lo o locador na honra de pessoa de sua família".

Versava a letra *g* do art. 54 do Decreto n. 20.465/31 sobre a justa causa de ato lesivo da honra e boa fama praticado no serviço contra qualquer pessoa, ou ofensas físicas nas mesmas condições, salvo em caso de legítima defesa, própria ou de outrem.

O art. 5º da Lei n. 62/35 previa a justa causa de ato lesivo da honra e boa fama praticado no serviço contra qualquer pessoa, ou ofensas físicas nas mesmas condições, salvo em caso de legítima defesa, própria ou de outrem (*h*). O empregado que cometesse o ato lesivo da honra e boa fama fora do serviço não era dispensado por justa causa, em razão da falta de previsão da lei nesse sentido, que deveria ser interpretada restritivamente, inclusive se a falta fosse cometida contra o superior hierárquico.

Desdobrou o art. 482 da CLT a justa causa em discussão em duas alíneas:

j) ato lesivo da honra ou da boa fama praticado no serviço contra qualquer pessoa, ou ofensas físicas, nas mesmas condições, salvo em caso de legítima defesa, própria ou de outrem. A falta é praticada no serviço contra qualquer pessoa;

k) ato lesivo da honra e boa fama ou ofensas físicas praticadas contra o empregador e superiores hierárquicos, salvo em caso de legítima defesa, própria ou de outrem. A falta é praticada contra o empregador e superiores hierárquicos.

As letras *j* e *k* do art. 482 da CLT contêm duas hipóteses de justa causa. Uma é o ato lesivo da honra ou da boa fama e a outra é a ofensa física. Neste capítulo só é examinada a primeira.

A redação da alínea *j* do art. 482 da CLT sobre a justa causa em comentário ficou melhor do que a da alínea *h* do art. 5º da Lei n. 62, pois, em vez de se usar a expressão *ato lesivo da honra e da boa fama*, utilizou-se da expressão *ato lesivo da honra ou da boa fama*. Saiu a conjunção aditiva *e* e entrou a conjunção alternativa *ou*. Assim, são duas as hipóteses determinadas na lei: uma é o ato lesivo da honra e a outra o ato lesivo da boa fama. Na redação anterior, exigia-se ao mesmo tempo ato lesivo da honra e da boa fama, o que poderia não ocorrer. Na redação atual, tanto pode haver justa causa de ato lesivo da honra, como de ato lesivo da boa fama, e não as duas ao mesmo tempo, mas separadamente. Se a lei empregou duas expressões diferentes (honra e boa fama), elas não podem ter o mesmo significado, mas sentidos diversos.

A redação da alínea *k* do art. 482 da CLT repetiu o erro contido na alínea *h* do art. 5º da Lei n. 62, ao usar a conjunção aditiva *e* na expressão *ato lesivo da honra e da boa fama*. A interpretação sistemática da alínea *j* do art. 482 da CLT leva à conclusão de que a conjunção deve ser a alternativa *ou* e não a aditiva *e*.

O inciso X do artigo 27 da Lei Complementar n. 150 menciona: ato lesivo à honra ou à boa fama ou ofensas físicas praticadas em serviço contra qualquer pessoa, salvo em caso de legítima defesa, própria ou de outrem; XI - ato lesivo à honra ou à boa fama ou ofensas físicas praticadas contra o empregador doméstico ou sua família, salvo em caso de legítima defesa, própria ou de outrem.

Na Espanha, consideram-se justa causa as ofensas verbais ou físicas ao empresário ou às pessoas que trabalhem na empresa ou aos familiares que convivam com elas (art. 54, 2, *c*, do Estado do Trabalhador).

No México, é hipótese de justa causa o trabalhador, durante a prestação de serviços, incorrer em injúrias contra o patrão, seus familiares ou ao pessoal diretivo ou administrativo da empresa ou do estabelecimento, salvo quando houve provocação ou em defesa própria (art. 47, II, da Lei Federal do Trabalho).

Em Portugal, é justa causa a prática, no âmbito da empresa, de violências físicas, injúrias ou outras ofensas punidas por lei sobre trabalhador da empresa, elemento dos corpos sociais ou empregador individual não pertencente a estes, seus delegados ou representantes (art. 351º, 2, *i*, do Código do Trabalho).

14.2 DENOMINAÇÃO

O Código Penal anterior fazia referência a crimes contra a honra e boa fama. Essa foi a inspiração da Lei n. 62, de 1935, e da CLT, sob o ponto de vista da denominação, embora em 1943 já estivesse em vigor o Código Penal atual.

14.3 CONCEITO

Não existe um conceito de honra e boa fama para o Direito Penal e outro para o Direito do Trabalho. Não há honra especial para os fins do Direito do Trabalho. Os conceitos são os mesmos, compreendendo os crimes de injúria, calúnia e difamação.

Entretanto, dependendo da hipótese, a falta pode não caracterizar crime ou ter ocorrido a prescrição da pretensão punitiva, mas restar configurada a justa causa no âmbito trabalhista. Exemplo pode ser o da hipótese de o empregado divulgar crime cometido pelo empregador e ficar provada a verdade das acusações. Não existirá crime, mas a justa causa irá ocorrer se as afirmações forem ofensivas. Pode ocorrer o crime e não existir justa causa, em razão de que a punição não foi atual.

A justa causa em análise é a praticada pelo empregado ao ferir a honra ou a boa fama do empregador ou superiores hierárquicos ou de qualquer outra pessoa.

14.4 FUNDAMENTOS

O empregado deve respeitar o dono da empresa ou seu superior hierárquico, mesmo fora da empresa. Isso se justifica até mesmo por questão de educação, civilidade, urbanidade e cortesia do próprio empregado.

O trabalhador que pratica ato lesivo à honra ou à boa fama do superior hierárquico ou de outra pessoa atenta contra a disciplina que deve existir na empresa. Viola a regra de ser um homem civilizado e educado. Prejudica, portanto, a hierarquia na empresa e o bom ambiente de trabalho, assim como a confiança que o empregador deposita no empregado.

No ambiente de trabalho deve existir respeito mútuo entre as pessoas. Deve se velar pela moralidade.

Haverá incompatibilidade e constrangimento entre a vítima e o ofensor, se ambos continuarem a trabalhar na empresa. Um empregado constrangido não produz o necessário na empresa.

A pessoa que ofende a boa fama da empresa não tem lealdade para com ela. O empregado deve velar para que seja mantido o bom nome do empregador. A empresa não tem interesse em manter em seus quadros pessoas que ficam difamando o bom nome que ela tem no mercado.

14.5 ATO LESIVO

A lei emprega a palavra *ato*. Este tem significado de ação. No caso, não implica omissão, pois para ofender a honra ou boa fama de alguém é preciso um ato e não uma omissão.

Lesar é ofender, causar dano, causar lesão a outra pessoa.

Ato lesivo é o que ofende a outra pessoa.

Pode o ato lesivo ser qualificado por palavras, gestos ou atitudes, como o caso do empregado que mostra o dedo médio da mão em riste.

14.6 HONRA

Afirma Clóvis Bevilacqua que "honra é a dignidade de pessoa que vive honestamente, que pauta o seu proceder pelos ditames da moral". Boa fama "é a estima social de que a pessoa goza por se conduzir segundo os bons costumes".

No Direito Penal, é feita distinção entre honra objetiva e subjetiva.

A honra subjetiva ou interna é a consideração de cada um sobre seus atributos físicos, intelectuais, morais etc. É o que a pessoa pensa a respeito de si.

Honra objetiva ou externa é a reputação da pessoa. É o que as outras pessoas pensam desse indivíduo. É o que a sociedade pensa dessa pessoa.

De acordo com essa divisão, a boa fama seria a honra objetiva. A honra mencionada pela lei trabalhista seria a honra subjetiva.

Os crimes contra a honra são divididos em calúnia, difamação e injúria.

Calúnia é imputar a alguém falsamente fato definido como crime (art. 138 do Código Penal), como, por exemplo, afirmar que José roubou um banco. Se o fato for verdadeiro ou não for definido como crime, não haverá calúnia. A imputação é relativa a um fato certo, determinado, preciso.

Difamação ou maledicência é imputar a alguém fato ofensivo à sua reputação (art. 139 do Código Penal). Haverá difamação quando se afirma que jovem mantém relações sexuais com seu companheiro de pensão. O fato deve ser determinado, existindo ofensa. A imputação não precisa ser falsa, mas ofensiva.

Injúria é ofender a dignidade ou o decoro de alguém (art. 140 do Código Penal). É a hipótese de uma pessoa chamar a outra de ladrão, de bandido, jogador, ignorante, bêbado. Dignidade é o que a pessoa considera como seus atributos morais; é o conjunto de valores que envolvem a formação da integridade moral do homem. Decoro é o que a pessoa considera quanto aos seus atributos físicos ou intelectuais. É a sua decência ou respeitabilidade. Na injúria, não existe atribuição de um fato, mas é estabelecida uma qualidade negativa da pessoa, uma desconsideração. O sujeito ativo atribui uma opinião, como afirmar ser a pessoa marido traído, burro, idiota. Inexiste fato preciso e determinado, criminoso ou não, mas algo vago ou qualidades negativas do sujeito passivo.

Calúnia e difamação são hipóteses de atos contra a boa fama.

A injúria diz respeito à honra da pessoa.

Injúria real é a consistente em violência ou vias de fato, que, por sua natureza ou pelo meio empregado, se considerem aviltantes (§ 2º do art. 140 do Código Penal). Havendo violência ou vias de fato, não caracteriza ofensa à honra para fins de justa causa, mas pode evidenciar ofensas físicas ou outra justa causa.

A falta independe de o ofendido promover ação penal ou civil, pedindo a reparação da sua honra.

14.7 NO SERVIÇO

Dispõe a letra *j* do art. 482 da CLT sobre a circunstância de a ofensa física ser praticada no serviço.

A expressão *no serviço* não quer dizer no exercício da função do empregado, mas no horário de trabalho, durante o período em que o empregado está prestando serviços à empresa.

A falta não será praticada apenas dentro da empresa. A lei não faz referência se a falta é praticada nas dependências internas da empresa ou no estabelecimento, mas no serviço. Enquadra-se, portanto, na hipótese da CLT o empregado que presta serviços externos, como o motorista, o vendedor externo, o cobrador. Assim, se eles estiverem em serviço, ainda que externamente, e a falta for praticada, haverá a justa causa. A falta poderá ser praticada tanto no estabelecimento da empresa como fora dele, desde que ligada ao serviço, no local em que está sendo executado o serviço.

Se um empregado ofende a honra ou boa fama de outro fora do serviço, não se tipifica a justa causa, pois não ocorreu no desenvolvimento do serviço. Eles não estão sujeitos a normas internas da empresa, pois não estão nas suas dependências.

Caso a ofensa à honra ou boa fama seja feita contra terceiro ou cliente da empresa, fora do serviço e sem relação com ele, não se caracteriza a justa causa.

Se o empregado ainda não está trabalhando, como na hipótese em que está se trocando no vestiário, e comete ofensa à honra ou boa fama de outra pessoa, a justa causa fica configurada. Este empregado já está dentro da empresa, mesmo que ainda não tenha começado a trabalhar. Deve obedecer às regras internas da empresa. Entender de forma contrária implicaria que o empregado iria cometer ofensas nesse momento somente para não ser punido pela empresa.

Caso o empregado esteja no seu horário de intervalo, mas dentro da empresa, mesmo não estando em serviço, a justa causa fica caracterizada, pois deve observar as normas internas da empresa.

Se o empregado não estiver em serviço, ao praticar a falta, não se configura a justa causa. É o caso de o empregado estar em folga, mas fora da empresa.

14.8 QUALQUER PESSOA

A alínea *j* do art. 482 da CLT usa a expressão *qualquer pessoa*. Não é possível ofender a honra da pessoa jurídica, que não a tem, mas é possível ofender a boa fama da empresa, de que ela goza no mercado, de ser boa empresa, correta, ética etc.

A referência a *qualquer pessoa* inclui colegas de serviço, clientes, fornecedores, terceiros, superiores hierárquicos e os próprios sócios ou diretores da empresa.

Como é feita referência à expressão *qualquer pessoa*, uma pessoa que esteja passando pela empresa, pois foi visitar um colega de escola, também se enquadra na hipótese. Se for ofendida na sua honra ou boa fama por um empregado da empresa, este comete ato tipificado como justa causa.

A ofensa também poderá ser feita a familiares dos colegas, dos superiores hierárquicos etc. A lei não exige especificamente que a ofensa seja dirigida apenas ao ofendido. Na expressão *qualquer pessoa* também estão incluídos os familiares.

A alínea *e* do art. 483 da CLT determina a rescisão indireta do contrato de trabalho quando a falta é cometida pelo empregador ou seus prepostos contra o empregado ou pessoas de sua família.

A interpretação sistemática da CLT mostra que a expressão *qualquer pessoa* deve ser interpretada no sentido de que compreende pessoas da família dos colegas, dos superiores hierárquicos.

O Estatuto do Trabalhador da Espanha (art. 54, 2, *c*) e a Lei Federal de Trabalho do México (art. 47, II) são claras no sentido de que a ofensa também ocorre em relação aos familiares do pessoal diretivo ou às pessoas que trabalhem na empresa.

É o caso de um empregado que ofende a mãe de um colega, ou de um superior hierárquico, dizendo que ela é prostituta.

14.9 FORA DO SERVIÇO

As ofensas à honra ou boa fama irão tipificar a justa causa, mesmo feitas fora do serviço e do horário de trabalho, se forem cometidas contra o empregador ou os superiores hierárquicos do empregado. É a hipótese da letra *k* do art. 482 da CLT, que não faz referência ao fato de a ofensa à honra ou boa fama ser praticada no serviço. Mesmo que a falta nada tenha a ver com o contrato de trabalho, a justa causa estará evidenciada, como no exemplo em que o superior hierárquico está andando na rua e é chamado de "velho corno" por um empregado.

A justa causa se justifica em razão de não haver ambiente de trabalho para o trabalhador que ofendeu a honra ou boa fama dos donos da empresa ou seus superiores hierárquicos. No ambiente de trabalho, deve vigorar a harmonia. O empregador perde a confiança num empregado que pratica tal ato. A empresa não pode ficar com pessoas nos seus quadros que são mal educadas e hostis.

14.10 EMPREGADOR

A letra *k* do art. 482 da CLT estabelece a justa causa por ato lesivo à honra ou à boa fama praticados contra o empregador.

Dispõe o art. 2º da CLT que empregador é a empresa, individual ou coletiva, que, assumindo os riscos da sua atividade econômica, admite, assalaria e dirige a prestação pessoal de serviços do empregado (art. 2º da CLT).

O conceito da CLT toma por base a teoria institucionalista de que o empregador é a empresa. Isso também se observa nos arts. 10 e 448 da CLT.

Empresa é a pessoa jurídica, que não se confunde com a pessoa física dos seus sócios.

Na verdade, o empregador é a pessoa física ou jurídica, pois tanto a pessoa física como a pessoa jurídica podem ter empregados.

A justa causa não é, portanto, contra o empregador ou a empresa, pois a empresa não tem honra, mas pode gozar de boa fama no mercado, e a boa fama pode ser denegrida por atos do empregado.

MANUAL DA JUSTA CAUSA • Sergio Pinto Martins

A falta é mais direcionada contra os sócios ou proprietários da empresa, contra seus dirigentes, contra os empresários.

Será a justa causa contra o empregador quando este exercer sua atividade sob a forma de pessoa física.

A letra *k* do art. 482 da CLT não exige, porém, que a falta seja praticada na empresa, mas contra o empregador ou superior hierárquico.

14.11 SUPERIOR HIERÁRQUICO

A letra *k* do art. 482 da CLT emprega a conjunção aditiva *e* na expressão *empregador e superiores hierárquicos*. Há um erro do legislador, pois leva a entender que somente se a falta for cometida contra os dois é que estará caracterizada a justa causa. A interpretação literal leva à conclusão de que somente se configura a falta se for cometida ao mesmo tempo contra o empregador e superior hierárquico, o que pode levar ao resultado de a falta ser praticada contra o empregador e mais de um superior hierárquico. Entretanto, a intenção do legislador foi atingir um dos dois e não os dois ao mesmo tempo. A conjunção deveria ser a alternativa *ou*. Deve ser feita a interpretação sistemática da norma, pois o objetivo do legislador era que a falta atingisse o empregador ou o superior hierárquico, ou seja, qualquer dos dois e não os dois ao mesmo tempo. Tanto faz se a ofensa física, por exemplo, for cometida contra o empregador ou o superior hierárquico, pois são graves do mesmo jeito. Não há, portanto, necessidade de que a falta seja cometida contra as duas pessoas ao mesmo tempo, mas em relação a qualquer das duas pessoas.

Não havia necessidade de o legislador da CLT ter feito referência a empregador e superior hierárquico, pois os donos da empresa e diretores são superiores hierárquicos. Bastaria ter dito superior hierárquico, que é o gênero, que abrangeria os proprietários ou sócios da empresa, que são superiores hierárquicos do empregado.

A CLT já fez referência à expressão *superiores hierárquicos* no plural, que abrange qualquer pessoa. Seria possível entender a necessidade da ofensa a mais de um superior hierárquico ao mesmo tempo, mas o que a lei pretende estabelecer é a ofensa a qualquer superior hierárquico.

Superior hierárquico é toda pessoa que determina ordens na empresa. Isso começa com o dono da empresa, passa pelos chefes, subchefes, encarregados etc., dependendo da ordem hierárquica estabelecida na empresa.

A empresa é organizada sob a forma piramidal.

O superior hierárquico é verificado numa ordem vertical, ascendente na empresa. Na base estão os operários ou trabalhadores desqualificados. Acima deles estão os subchefes, os chefes de seção, o gerente, o superintendente, o diretor, o dono da empresa etc.

Não é superior hierárquico do empregado da seção de produção o chefe de pintura, mas o chefe da produção. Assim, há necessidade de verificar um vínculo de subordinação entre o trabalhador de grau inferior e o de grau superior. Se não há essa subordinação, não existe superior hierárquico. O dono da empresa e o diretor são superiores hierárquicos de qualquer funcionário dela.

Na hipótese em discussão neste item, a justa causa só se configura em relação a superior hierárquico e não a qualquer pessoa mais graduada na empresa. Haverá justa causa de ato lesivo à honra ou boa fama no serviço praticado contra qualquer pessoa, porém será enquadrada no item estudado anteriormente.

A justa causa fica caracterizada mesmo que o ato lesivo à honra ou boa fama seja praticado contra o superior hierárquico fora da empresa. O empregador perde a confiança num empregado que pratica tal ato. O superior hierárquico que é ofendido mesmo fora da empresa fica humilhado e pode ter diminuído seu poder de direção em relação aos demais empregados. Assim, justifica-se a dispensa por justa causa.

14.12 ATO ÚNICO

A justa causa em comentário pode ser caracterizada pela ocorrência de um único ato. Não há necessidade de repetição de ofensas à honra ou boa fama para que o empregado seja dispensado por justa causa. O ato, porém, deve ser grave, ensejando a aplicação imediata da justa causa.

14.13 INTENÇÃO

Para que haja a ofensa à honra ou boa fama, é preciso a intenção do empregado em praticá-la contra outra pessoa.

A mera intenção, sem que a ofensa se efetive, não implica justa causa.

Há, assim, necessidade de dolo para a prática da justa causa. Nos crimes contra a honra não existe culpa.

Se o empregado não teve por objetivo ofender, mas houve apenas o chamado *animus jocandi*, não se configura a justa causa, pois não houve intenção. *Animus jocandi* é o intuito de gracejar, o espírito jocoso. Muitas vezes, o empregado usa mal as palavras. Nesse caso, não deve ser dispensado por justa causa, mas advertido para que assim não faça e pense melhor nas palavras que vai usar. Há necessidade também de verificar se o objetivo do empregado é gracejar, ou se tem por finalidade fazer a pessoa passar por situação ridícula, hipótese em que a estará ofendendo e a justa causa estará caracterizada.

Em alguns ambientes de trabalho, como docas ou naqueles em que haja trabalho preponderantemente braçal, com trabalhadores mais simples, são comuns xingamentos, por meio dos quais os empregados se ofendem mutuamente. É comum nesses ambientes um empregado chamar o outro de cabeção, orelhudo, peba, burro, buiu, mala etc. Não se configura no caso a justa causa por ofensas à honra ou boa fama, pois são meras brincadeiras ou forma de diversão e não há intenção de ofender a honra ou a boa fama de outra pessoa, mas pode se configurar mau procedimento, se os empregados são advertidos para não mais agirem dessa forma e não mudam sua conduta.

É preciso verificar se essas brincadeiras são comuns no ambiente de trabalho ou não. Se o ambiente de trabalho não compreende homens rudes, de pouca instrução, e nunca ocorreu esse tipo de procedimento, a justa causa pode ficar evidenciada, dependendo da gravidade do ato.

Se a brincadeira teve por objetivo humilhar, ridicularizar a honra da pessoa, a justa causa fica evidenciada.

Nesse sentido, é preciso verificar o grau de amizade e de intimidade entre as pessoas, o grau de instrução, para verificar se houve a falta ou não, se houve a intenção ou não de praticar o ato.

Se o objetivo do empregado for de informar ou aconselhar, o que se denomina *animus consulendi*, não se pode falar em justa causa. Não há intenção do empregado em praticar a falta. Pode ocorrer a hipótese de um superior hierárquico pedir a um empregado informações a respeito de outro.

Também não se configura a falta se o empregado tem por finalidade corrigir, instruir, orientar, advertir, o que é chamado de *animus corrigendi, animus instruendi, animus docendi* ou *animus emendandi*. É a hipótese em que o superior irá corrigir um erro do subordinado, mas também não poderá se exceder e ofender o segundo. Mesmo o professor de uma escola não poderá chamar o aluno de burro, imbecil etc. A justa causa no caso estará caracterizada.

A ofensa irrogada em juízo, na discussão da causa, pela parte ou por seu procurador não constitui injúria ou difamação punível (art. 142, I, do Código Penal), desde que evidentemente não existam excessos. É o *animus defendendi*. Entretanto, se o empregado, ao se defender em juízo, quando ainda permanece trabalhando, ofende a honra ou boa fama do empregador ou qualquer outra pessoa, estará caracterizada a justa causa. Pode não existir crime na hipótese,

14 • ATO LESIVO DA HONRA OU DA BOA FAMA

mas estará caracterizada a justa causa, em razão do prejuízo à hierarquia e à disciplina da empresa ou ao ambiente de trabalho. Se a ofensa no processo é exagerada, desproporcional e desnecessária à defesa do empregado, a justa causa estará evidenciada.

Se a ofensa é feita em juízo e tem natureza de calúnia, não há hipótese de exclusão do crime, pois não existe exceção no art. 142 do Código Penal e não existirá também para o ato praticado pelo empregado, dando ensejo à justa causa.

Caso o empregado tenha por objetivo apenas narrar ou contar uma situação, não há ofensa. É o chamado *animus narrandi*. Na hipótese de a narrativa ser tendenciosa, de haver excedimento, ferindo a honra ou a boa fama de outra pessoa, a justa causa estará caracterizada. O empregado pode narrar ao superior hierárquico os fatos, inclusive se assim o superior lhe pediu, como em relação a pessoas que exercem cargo de fiscalização, mas não pode se exceder e ofender a honra ou boa fama de um empregado.

A testemunha que comparece em juízo deve dizer a verdade em relação aos fatos que lhe forem perguntados. Se narrar apenas o que viu, não haverá justa causa. Entretanto, se ofender outras pessoas ao responder ao que lhe for perguntado, estará passível de ser dispensado por justa causa.

14.14 GRAVIDADE

Se a falta é leve, o empregado pode ser advertido, oralmente ou por escrito. Se é um pouco mais grave, deve ser suspenso. Caso seja muito grave, será dispensado por justa causa.

Há necessidade também de verificar a palavra utilizada pela pessoa, pois certas palavras ou expressões que eram usadas anteriormente com o sentido de ofensa hoje assim não são consideradas, como "vê se não enche", que tem significado de não perturbar, mas que anteriormente era considerada ofensiva.

Certas palavras em determinados locais são consideradas pejorativas e em outros lugares não, ou têm duplo significado. Rapariga em Portugal tem sentido de mulher adolescente. Em certos lugares, a palavra tem o significado de prostituta.

Palavras proferidas em tom jocoso em um lugar podem ter dupla interpretação. Podem tanto ser consideradas insulto como equívoco de interpretação.

Se a pessoa profere as palavras com expressão fechada, mostrando irritação e em tom alto, a falta pode estar caracterizada, pois houve o ânimo de ofender.

O grau de educação do empregado também tem de ser levado em consideração. Se o empregado é uma pessoa simples, de pouca instrução, suas palavras podem não ter o intuito de ofender alguém, mas é a forma de ela se expressar. É comum o juiz ser chamado de "filho", "meretríssimo" ou até de "vossa alteza", mas isso se deve à falta de instrução da pessoa que comparece à audiência. Uma pessoa que tem curso superior deve usar linguagem sem excessos, em razão de que tem melhor educação.

Ainda que a empresa cometa irregularidades em relação a regras de segurança e medicina do trabalho, não pagamento de salários, falta de registro de empregados, não pode o empregado dar entrevista a jornal, rádio e televisão, dizendo que a empresa é um "lixo" ou uma "porcaria", pois compromete a boa fama da empresa no mercado. As irregularidades podem não existir ou haver necessidade de serem corrigidas, mas a empresa não pode ser ofendida no conceito de que goza no mercado, assim como o empregado não pode ofender os superiores hierárquicos da empresa, como na hipótese em que diz que na empresa "só tem ladrão". O empregado pode ter o direito de divulgar erros da empresa, denunciar crimes e procedimentos incorretos à autoridade competente, como em matéria trabalhista, mas não pode agir com excesso e ofender a boa fama da empresa ou a honra ou boa fama de outras pessoas.

O juiz deverá examinar os vários elementos caracterizadores da falta grave, como a intenção do empregado, sua escolaridade, o ambiente em que as palavras são proferidas, o costume do lugar e principalmente a gravidade das ofensas.

14.15 TENTATIVA

Não existe tentativa em crimes contra a honra. A pessoa não vai tentar ofender outra. Ou ela ofende a outra pessoa ou não o faz.

14.16 DIVULGAÇÃO

Na seara penal, não haverá crime se a ofensa não for divulgada.

No âmbito trabalhista, mesmo que não haja publicidade, a ofensa fica caracterizada se uma pessoa dela tomar conhecimento, tanto o ofendido como outra qualquer, pois foi atingido o ânimo de ofender outra pessoa. É o que pode ocorrer numa ofensa por carta ou bilhete, em que só o ofendido toma conhecimento da ofensa.

A ofensa também poderá ocorrer quando o empregado concede entrevista nos jornais, ofendendo a honra e a boa fama de superiores hierárquicos.

14.17 EXCEÇÃO DA VERDADE

Exceção da verdade é a demonstração pelo ofensor de que o fato alegado é verídico.

Sendo verdadeiro o fato relativo à calúnia, não há crime e não haverá justa causa.

A exceção da verdade só é admitida na calúnia e na difamação.

Na difamação, só se admite a exceção da verdade se o ofendido é funcionário público e a ofensa é relativa ao exercício de suas funções. No âmbito trabalhista, também ocorrerá o mesmo, pois haverá prejuízo ao ambiente de trabalho.

Não se admite a exceção da verdade em relação à injúria, pois, feita a afirmação, há ofensa à dignidade ou ao decoro do indivíduo. Feita a afirmação de que uma pessoa é burra, não será admitida a demonstração dessa condição, pois já foi ferida a dignidade ou o decoro do indivíduo.

14.18 PROVOCAÇÃO

O juiz deixará de aplicar a pena quando o ofendido, de forma reprovável, provocou diretamente a injúria (art. 140, § 1º, I, do Código Penal). Na esfera trabalhista, também pode ocorrer o mesmo, pois, se o ofendido provocou o ofensor, não existe justa causa. Há necessidade de a pessoa poder se defender e muitas vezes a única forma que tem é ofendendo quem a provocou.

Não se admite provocação na difamação ou na calúnia. As difamações ou calúnias praticadas implicarão justa causa para a dispensa do trabalhador.

14.19 RETORSÃO

A injúria admite retorsão imediata, na qual há ofensas recíprocas. Nesse caso, o juiz poderá deixar de aplicar a pena (art. 140, § 1º, II, do Código Penal).

A retorsão implica um contragolpe da vítima ofendida com outra injúria. É o *animus retorquendi*. A provocação é o fundamento da retorsão. Não há necessidade de que a injúria rebatida seja igual à injúria recebida.

O fundamento da não aplicação da pena é que já houve punição dos envolvidos pelo fato de que as ofensas foram recíprocas. O primeiro ofensor já foi punido, pois recebeu injúrias pelas suas ofensas. Há compensação de injúrias.

A retorsão, porém, deve ser imediata. Caso o ofendido demore a responder, não há retorsão.

No âmbito trabalhista, a retorsão não desqualifica a justa causa. Havendo retorsão, ambos os ofensores devem ser dispensados, pois desprestigiam o ambiente de trabalho e prejudicam a disciplina interna que deve existir na empresa.

Se as ofensas recíprocas foram entre o dono da empresa e o empregado, haverá culpa recíproca para a rescisão do contrato de trabalho.

Havendo difamação ou calúnia, não se admite retorsão. As difamações ou calúnias praticadas implicarão justa causa para a dispensa do trabalhador.

Empregado que recebe advertência e ofende o empregador com palavras de baixo calão deve ser dispensado por justa causa.

14.20 RETRATAÇÃO

O ofensor, antes da sentença penal, pode se retratar, ficando isento da pena (art. 143 do Código Penal). A retratação, porém, só se aplica à calúnia ou à difamação, mas não à injúria.

A retratação do ofensor não desqualifica a justa causa, em razão de que o fato já teve repercussão negativa no ambiente de trabalho. O ofensor torna-se incompatível com o bom ambiente que deve imperar na empresa. A deterioração no ambiente de trabalho já ocorreu e é irreversível, podendo comprometer a disciplina interna na empresa.

A exceção pode ocorrer se houver perdão do superior hierárquico em relação à ofensa que recebeu e não for aplicada a justa causa.

14.21 LEGÍTIMA DEFESA

Os crimes contra a honra não admitem legítima defesa, mas retorsão ou provocação, dependendo da hipótese.

A vingança não irá se constituir em legítima defesa, pois ocorre muito posteriormente, após a ofensa.

Não haverá legítima defesa em casos de crimes contra a honra, ficando o excesso caracterizado como justa causa.

A legítima defesa só se aplica em caso de ofensas físicas.

A alínea e do art. 483 da CLT não faz referência à legítima defesa em caso de o empregador ou seus prepostos praticarem contra o empregado ou pessoas de sua família ato lesivo da honra ou da boa fama, o que é acertado.

Dessa forma, a interpretação sistemática da CLT também mostra que não existe legítima defesa nos casos de falta que compreenda ato lesivo da honra ou da boa fama.

14.22 CULPA RECÍPROCA

Não se pode dizer que há culpa recíproca para a rescisão quando o empregado reage à provocação ou apresenta retorsão.

Se é possível distinguir quem tem a maior culpa, quem tem culpa maior é dispensado por justa causa, absorvendo a culpa menor.

Se ambos os envolvidos têm a mesma culpa em relação aos fatos, eles devem ser dispensados por justa causa.

É o caso de o ofendido agir com excesso à provocação ou à retorsão; assim, ambos os envolvidos são passíveis de dispensa por justa causa. A culpa de ambos deve ser equivalente e concomitante.

Dispõe o art. 484 da CLT que, se houver culpa recíproca, o juiz deverá reduzir pela metade a indenização que seria devida em caso de culpa exclusiva do empregador.

A Súmula 14 do TST entende que na culpa recíproca o empregado tem direito à metade do aviso prévio, do 13º salário e das férias, o que não me parece correto, pois a justa causa impede o pagamento dessas verbas.

14.23 EMPREGADO ESTÁVEL

Para a caracterização da falta grave do empregado estável, é preciso que o ato represente séria violação do contrato, por sua repetição ou natureza (art. 493 da CLT).

Dependendo da hipótese, um único ato pode caracterizar a falta grave do estável, como ofensas graves à honra ou boa fama. Será grave o ato lesivo da honra ou da boa fama em relação ao superior hierárquico, pois viola a disciplina que deve existir na empresa.

Entretanto, no caso de o estável ofender um colega chamando-o de bobo, não representará séria violação do contrato e exigirá repetição.

Se são praticadas várias faltas graves, incluindo o ato lesivo da honra ou da boa fama, também ficará caracterizada a justa causa, pois houve a prática de várias faltas, tornando grave o ato praticado.

14.24 SUSPENSÃO E INTERRUPÇÃO DO CONTRATO DE TRABALHO

A interpretação da expressão *em serviço* não pode ser feita literalmente, pois o empregado poderia comparecer à empresa, mesmo estando os efeitos de seu contrato de trabalho suspensos ou interrompidos. Não estaria em serviço.

A justa causa pode se evidenciar quando o empregado vai à empresa nas suas férias e ofende um colega.

Pode ocorrer de o empregado estar doente e ir à empresa para buscar um documento exigido pelo INSS. Nesse momento, comete a justa causa ao xingar outro empregado.

Mesmo que o empregado ofenda um superior fora da empresa, estando os efeitos de seu contrato de trabalho interrompidos ou suspensos, fica caracterizada a justa causa, pois a lei não exige no caso que esteja em serviço. O dever de respeito ao superior hierárquico subsiste mesmo quando o empregado está em férias e fora da empresa.

14.25 JURISPRUDÊNCIA

Empregado que desacata o chefe com expressão desrespeitosa merece a dispensa com justa causa (TRT 2ª R., Proc. 2.850.245.989, 6ª T., rel. Juiz José Serson).

Admitindo a reclamante que se excedeu, e tendo perdido a compostura, a ponto de pronunciar palavras de baixo calão, perante superior hierárquico, tal conduta autoriza a dispensa por motivo justificado (TRT 3ª R., Proc. RO 3.035/87, 1ª T., rel. Juiz Walmir Teixeira, *DJ* MG 19/88).

A agressão dirigida pelo empregado à empregadora através da imprensa constitui, sem dúvida, falta grave ensejadora da ruptura do pacto laboral, quer tenha sido feita em nome próprio, quer em nome do sindicato que representa (TRT 12ª R., Proc. RO 1.214/85, rel. Juiz Umberto Grillo, j. 2-7-1986).

15
OFENSAS FÍSICAS

15.1 EVOLUÇÃO LEGISLATIVA

A letra *g* do art. 54 do Decreto n. 20.465/31 tratava da justa causa, compreendendo ato lesivo da honra e boa fama praticado no serviço contra qualquer pessoa, ou ofensas físicas nas mesmas condições, salvo em caso de legítima defesa, própria ou de outrem.

A expressão *no serviço* mostrava que a falta não poderia ocorrer antes ou após a prestação de serviços ou nos casos em que o empregado tinha os efeitos de seu contrato de trabalho suspensos ou interrompidos. Acabava-se fazendo a interpretação restritiva da expressão, principalmente pelo fato de que compreendia a aplicação da penalidade de justa causa. Assim, se a falta fosse praticada fora do serviço, não havia justa causa, por falta de previsão na lei nesse sentido.

Repetiu o art. 5º da Lei n. 62/35 a previsão da legislação anterior na alínea *h*: ato lesivo da honra e boa fama praticado no serviço contra qualquer pessoa, ou ofensas físicas nas mesmas condições, salvo em caso de legítima defesa, própria ou de outrem. O erro de se usar a expressão *no serviço* foi repetido.

Dividiu o art. 482 da CLT a justa causa em discussão em duas alíneas: (*j*) ato lesivo da honra ou da boa fama praticado no serviço contra qualquer pessoa, ou ofensas físicas, nas mesmas condições, salvo em caso de legítima defesa, própria ou de outrem; (*k*) ato lesivo da honra e boa fama ou ofensas físicas praticadas contra o empregador e superiores hierárquicos, salvo em caso de legítima defesa, própria ou de outrem.

Os textos ficaram repetitivos e redundantes. Objetivam, porém, atingir duas situações distintas. A letra *j* estabelece falta praticada no serviço contra qualquer pessoa. A letra *k* dispõe sobre falta praticada contra o empregador e superiores hierárquicos, que não precisa ser em serviço.

O ideal seria que o art. 482 da CLT tivesse tratado em cada alínea de duas faltas distintas. Na alínea *j*, por exemplo, das ofensas físicas, e na alínea *k*, do ato lesivo da honra e boa fama, ou vice-versa.

O inciso X do artigo 27 da Lei Complementar n. 150 menciona: ato lesivo à honra ou à boa fama ou ofensas físicas praticadas em serviço contra qualquer pessoa, salvo em caso de legítima defesa, própria ou de outrem; XI - ato lesivo à honra ou à boa fama ou ofensas físicas praticadas contra o empregador doméstico ou sua família, salvo em caso de legítima defesa, própria ou de outrem.

A exposição vai ser dividida em dois capítulos distintos: um tratando da ofensa física e outro do ato lesivo à honra ou boa fama.

Na Espanha, consideram-se justa causa as ofensas verbais ou físicas ao empresário ou às pessoas que trabalhem na empresa ou aos familiares que convivam com elas (art. 54, 2, *c*, do Estatuto do Trabalhador).

No México, são hipóteses de justa causa o fato de o trabalhador, durante a prestação de serviços, incorrer em atos de violência, injúrias ou maus-tratos contra o patrão, seus familiares ou ao pessoal diretivo ou administrativo da empresa ou do estabelecimento, salvo quando houver provocação ou em defesa própria (art. 47, II, da Lei Federal do Trabalho).

Em Portugal, é justa causa a prática, no âmbito da empresa, de violências físicas, injúrias ou outras ofensas punidas por lei sobre trabalhador da empresa, elemento dos corpos sociais ou empregador individual não pertencente a estes, seus delegados ou representantes (art. 351º, 2, *i*, do Código do Trabalho).

15.2 DENOMINAÇÃO

A denominação deveria ser agressão física e não ofensa física. A ofensa pode ser física ou verbal. Agressão parece ser a palavra mais adequada, pois indica que o empregado partiu para as vias de fato.

Vou usar a expressão *ofensa física*, que é a empregada pela CLT.

15.3 CONCEITO

A CLT usa a expressão *ofensa física* e não lesão corporal. O termo era encontrado no Código Penal de 1830, nos arts. 201 e 206, em que se fazia referência a ferimentos e outras ofensas físicas, e no Código Penal de 1890, no art. 303, que mencionava ofender fisicamente a alguém.

Lesão corporal é ofender a integridade corporal ou a saúde de outrem (art. 129 do Código Penal).

No Direito Penal, é feita distinção entre lesão corporal leve, média, grave ou seguida de morte.

A ofensa física é mais ampla do que a lesão corporal. A justa causa de ofensa física estará presente, mesmo que não exista lesão corporal, isto é, com qualquer ataque à pessoa, com qualquer ofensa física à pessoa. Também não se verifica o grau da lesão corporal ou as consequências da lesão, como no Direito Penal. Isso pode ocorrer com um chute, um tapa, uma cotovelada, uma cabeçada, uma joelhada, um empurrão etc., mesmo que a pessoa não se machuque.

O Direito Penal se preocupa com o efeito da agressão. O Direito do Trabalho analisa a agressão em si e não os seus efeitos.

Para o Direito do Trabalho, não interessa se há ferimento, mas se o agente atinge fisicamente a vítima.

Ofender é atacar, agredir, causar mal físico.

Ofensa física é o ataque à integridade corpórea da pessoa.

A norma trabalhista não tem por objetivo estabelecer como justa causa a ofensa à integridade mental da vítima.

Ocorre a ofensa física com a agressão do empregado contra qualquer pessoa, o empregador e superiores hierárquicos, salvo em caso de legítima defesa, própria ou de outrem.

15.4 FUNDAMENTOS

O empregado deve respeitar o dono da empresa ou seu superior hierárquico, mesmo fora da empresa. Isso se justifica até mesmo por questão de educação, civilidade, urbanidade e cortesia do próprio empregado.

O trabalhador que agride fisicamente superior hierárquico ou outra pessoa atenta contra a disciplina que deve existir na empresa. Viola a regra de ser um homem civilizado e pacífico. Prejudica, portanto, a hierarquia na empresa e o ambiente de trabalho.

Haverá incompatibilidade e constrangimento entre agredido e ofensor, se ambos continuarem a trabalhar na empresa.

15.5 NAS MESMAS CONDIÇÕES

A letra *j* do art. 482 da CLT faz referência a "ofensas físicas, nas mesmas condições". A expressão *nas mesmas condições* se refere às mesmas hipóteses em que ocorre a justa causa de ato lesivo da honra ou da boa fama, que é o praticado em serviço contra qualquer pessoa.

15.6 NO SERVIÇO

A letra *j* do art. 482 da CLT estabelece a hipótese em que a ofensa física é praticada no serviço.

A expressão *no serviço* não quer dizer no exercício da função do empregado, mas no horário de trabalho, durante o período em que o empregado está prestando serviços à empresa.

A falta não será praticada apenas dentro da empresa. A lei não faz referência de que a falta seja praticada nas dependências internas da empresa ou no estabelecimento, mas no serviço. Enquadra-se, portanto, na hipótese da CLT o empregado que presta serviços externos, como o motorista. Assim, se ele estiver em serviço, ainda que externamente, e a falta for praticada, haverá a justa causa.

Ainda que se entenda que em muitas empresas não existam limites geográficos nítidos, como pode ocorrer numa mina de subsolo, a falta praticada só pode ser nas dependências da empresa ou no local em que é executado o serviço.

As agressões feitas nas imediações da empresa, mas fora do serviço, não tipificam a justa causa, pois não são feitas no serviço.

Se dois empregados brigam fora da empresa, ainda que o assunto diga respeito à empresa, não se pode falar em justa causa. Eles não estão sujeitos a normas internas da empresa, pois não estão nas suas dependências.

Wagner Giglio entende que a justa causa também deve ser observada quando praticada nas cercanias ou arredores do local de prestação de serviços[1].

Se a agressão é feita contra terceiro ou cliente da empresa, fora do serviço e sem relação com ele, não se caracteriza a justa causa.

Na hipótese de o empregado ainda não estar trabalhando, como quando está se trocando no vestiário, e comete ofensa física a outra pessoa, a justa causa fica configurada. Este empregado já está dentro da empresa, mesmo que ainda não tenha começado a trabalhar. Deve obedecer às regras internas da empresa. Entender de forma contrária implicaria que o empregado iria cometer ofensas físicas nesse momento somente para não ser punido pela empresa.

Caso o empregado esteja no seu horário de intervalo, mas dentro da empresa, mesmo não estando em serviço, a justa causa fica caracterizada, pois deve observar as normas internas da empresa.

Se o empregado não estiver em serviço, ao praticar a falta, não se configura a justa causa. É o caso de o empregado estar em folga, mas fora da empresa.

---

1. GIGLIO, Wagner. *Justa causa*. 7. ed. São Paulo: Saraiva, 2000, p. 269.

15.7 QUALQUER PESSOA

A CLT usa a expressão *qualquer pessoa*. Na verdade, a norma quer dizer pessoa física e não pessoa jurídica. Não é possível ofender fisicamente a pessoa jurídica, que é uma ficção jurídica.

A referência a *qualquer pessoa* inclui colegas de serviço, clientes, fornecedores, terceiros, superiores hierárquicos e os próprios sócios ou diretores da empresa.

Como é feita referência à expressão *qualquer pessoa*, uma pessoa que esteja passando pela empresa, pois foi visitar um colega de escola, também se enquadra na hipótese. Se for agredida fisicamente por um empregado da empresa, este comete ato tipificado como justa causa de ofensas físicas.

15.8 FORA DO SERVIÇO

A letra *k* do art. 482 da CLT emprega a conjunção aditiva *e* na expressão *empregador e superiores hierárquicos*, o que está incorreto, pois deveria ser empregada a conjunção alternativa *ou*. A interpretação literal leva à conclusão de que somente se configura a falta se for cometida ao mesmo tempo contra o empregador e superior hierárquico, o que pode levar ao resultado de a falta ser praticada contra o empregador e mais de um superior hierárquico. Entretanto, deve ser feita a interpretação sistemática da norma, pois o objetivo do legislador era de que a falta atingisse o empregador ou o superior hierárquico, ou seja, qualquer dos dois e não os dois ao mesmo tempo. Tanto faz se a falta de ofensa física é cometida contra o empregador ou o superior hierárquico, pois são graves do mesmo jeito. Não há, portanto, necessidade de que a falta seja cometida contra as duas pessoas ao mesmo tempo, mas em relação a qualquer das duas pessoas.

As ofensas físicas irão tipificar a justa causa, mesmo realizadas fora do serviço e do horário de trabalho, se forem feitas contra o empregador ou os superiores hierárquicos do empregado. É a hipótese da letra *k* do art. 482 da CLT, que não faz referência ao fato de a ofensa física ser praticada no serviço. Mesmo que a falta nada tenha a ver com o contrato de trabalho, a justa causa estará evidenciada, como no exemplo em que o superior hierárquico tem relações sexuais normais com a filha do empregado e este dá uma surra no primeiro.

A justa causa se justifica em razão de não haver ambiente de trabalho para o trabalhador que agrediu fisicamente os donos da empresa ou seus superiores hierárquicos. No ambiente de trabalho, deve vigorar a harmonia. O empregador perde a confiança num empregado que pratica tal ato. A empresa não pode ficar, nos seus quadros, com pessoas que são agressivas, violentas e hostis.

15.9 EMPREGADOR

A letra *k* do art. 482 da CLT estabelece a justa causa de ofensas físicas praticadas contra o empregador.

Dispõe o art. 2º da CLT que empregador é a empresa, individual ou coletiva, que, assumindo os riscos da sua atividade econômica, admite, assalaria e dirige a prestação pessoal de serviços do empregado (art. 2º da CLT).

O conceito da CLT toma por base a teoria institucionalista de que o empregador é a empresa. Isso também se observa nos arts. 10 e 448 da CLT.

Empresa é a pessoa jurídica, que não se confunde com a pessoa física dos seus sócios.

Na verdade, o empregador é a pessoa física ou jurídica, pois ambas podem ter empregados.

A justa causa não é, portanto, contra o empregador, pois o empregado não pode agredir fisicamente a empresa, quando ela é uma pessoa jurídica, mas contra os sócios ou proprietários dela, contra seus dirigentes, contra os empresários.

Será praticada a justa causa contra o empregador quando este exercer sua atividade sob a forma de pessoa física.

A letra *k* do art. 482 da CLT não exige, porém, que a falta seja praticada na empresa, mas contra o empregador ou superior hierárquico.

15.10 SUPERIOR HIERÁRQUICO

O legislador errou ao usar a expressão empregador *e* superior hierárquico, pois somente se a falta for cometida contra os dois é que estaria caracterizada a justa causa. A conjunção deveria ser a alternativa *ou*. Entretanto, a intenção do legislador foi atingir um dos dois e não os dois ao mesmo tempo.

Não havia necessidade de o legislador da CLT ter feito referência a empregador e superior hierárquico, pois os donos da empresa, diretores, são superiores hierárquicos. Bastaria ter dito superior hierárquico, que é o gênero, que abrangeria os proprietários ou sócios da empresa, que são superiores hierárquicos do empregado.

Usa a CLT a expressão *superiores hierárquicos,* no plural, que abrange qualquer pessoa. Seria possível entender a necessidade da ofensa a mais de um superior hierárquico ao mesmo tempo, mas o que a lei pretende estabelecer é a ofensa a qualquer superior hierárquico.

Superior hierárquico é toda pessoa que determina ordens na empresa. Isso começa com o dono da empresa, passa pelos chefes, subchefes, encarregados etc., dependendo da ordem hierárquica estabelecida na empresa.

A empresa é organizada sob a forma piramidal.

O superior hierárquico é verificado numa ordem vertical, ascendente na empresa. Na base estão os operários ou trabalhadores desqualificados. Acima deles estão os subchefes, os chefes de seção, o gerente, o superintendente, o diretor, o dono da empresa etc.

Não é superior hierárquico do empregado da seção de produção o chefe do almoxarifado, mas o chefe da produção. Assim, há necessidade de se verificar um vínculo de subordinação entre o trabalhador de grau inferior e o de grau superior. Se não há essa subordinação, não existe superior hierárquico. O dono da empresa e o diretor são superiores hierárquicos de qualquer funcionário dela.

Na hipótese em discussão neste item, a justa causa só se configura em relação a superior hierárquico e não a qualquer pessoa mais graduada na empresa. Haverá justa causa de ofensa física no serviço feita a qualquer pessoa, porém é enquadrada no item estudado anteriormente.

A justa causa fica caracterizada mesmo que a ofensa física seja praticada contra o superior hierárquico fora da empresa. O empregador perde a confiança num empregado que pratica tal ato. O superior hierárquico que é agredido mesmo fora da empresa fica humilhado e pode ter diminuído seu poder de direção em relação aos demais empregados. Assim, justifica-se a dispensa por justa causa.

15.11   ATO ÚNICO

A justa causa em comentário se tipifica pela ocorrência de um único ato. Não há necessidade de repetição de ofensas físicas para que o empregado seja dispensado por justa causa. O ato em si já é grave, ensejando a aplicação imediata da justa causa.

15.12   INTENÇÃO

Para que haja a ofensa física, é preciso a intenção do empregado em praticá-la contra outra pessoa.

A mera intenção, sem que a ofensa se efetive, não implica justa causa.

Em alguns ambientes de trabalho, como docas ou outros em que haja trabalho preponderantemente braçal, com trabalhadores mais simples, é comum as chamadas "brincadeiras de mão", em que os empregados se chutam, se empurram, se estapeiam. Não se configura no caso a justa causa por ofensas físicas, pois são meras brincadeiras ou forma de diversão e não há intenção de ofender fisicamente a outra pessoa, mas pode se configurar mau procedimento, se os empregados são advertidos para não mais procederem daquela forma e não mudam sua conduta.

É preciso verificar se essas brincadeiras são comuns no ambiente de trabalho ou não. Se o ambiente de trabalho não envolve homens rudes, de pouca instrução, e nele nunca ocorreu esse tipo de procedimento, a justa causa pode ficar evidenciada, dependendo da gravidade do ato.

15.13 TENTATIVA

Ocorre tentativa quando, iniciada a execução, não se consuma por circunstâncias alheias à vontade do agente (art. 14, II, do Código Penal).

O primeiro requisito da tentativa é o início da execução do ato, como no caso em que o empregado atira o objeto, mas a outra pessoa sai da sua trajetória ou erra o alvo e o ato não se concretiza.

O segundo requisito é que o ato não se consuma por circunstâncias alheias à vontade do agente. Havia a intenção do agente na prática do ato, mas o ato não se consuma por situação completamente alheia à sua vontade.

Se a pessoa se prepara para agredir outra, mas é impedida por outro colega de trabalho, a ofensa se verifica, ainda que não tenha sido consumada. Houve a intenção do empregado na prática do ato.

15.14 AMEAÇA

O art. 147 do Código Penal prevê o crime de ameaça: "ameaçar alguém, por palavra, escrito ou gesto, ou qualquer outro meio simbólico, de causar-lhe mal injusto e grave".

A ameaça não caracteriza a justa causa por ofensas físicas pela falta de materialidade. Não há nem sequer tentativa de ofender outra pessoa. Pode evidenciar outra justa causa, como mau procedimento, caso seja grave.

15.15 CUMPRIMENTO DE ORDEM E COAÇÃO

Determina o art. 22 do Código Penal que, se o crime é cometido sob coação irresistível ou em estrita obediência a ordem, não manifestamente ilegal, de superior hierárquico, só é punível o autor da coação ou da ordem. Se o empregado sabe que a ordem é manifestamente ilegal, não tem obrigação de cumpri-la.

A função de um segurança é muitas vezes retirar do recinto pessoas indesejáveis, baderneiras, bêbadas etc. O segurança cumpre as ordens do empregador, de retirar pessoas das dependências da empresa. Se o segurança, ao retirar pessoas do recinto, emprega ofensas físicas contra clientes, desde que agindo moderadamente, não incide em justa causa.

15.16   LEGÍTIMA DEFESA

A legítima defesa, própria ou de outrem, excluirá a justa causa.

Entende-se em legítima defesa quem, usando moderadamente dos meios necessários, repele injusta agressão, atual ou iminente, a direito seu ou de outrem (art. 25 do Código Penal).

A agressão deve ser injusta, isto é, contrária ao ordenamento jurídico. Se a agressão for justa, não se caracteriza a excludente da ilicitude. O agente não estará agindo em legítima defesa. Não existe legítima defesa se a pessoa provocou o ofensor.

A pessoa deve repelir a agressão de maneira moderada. Se se exceder no ato, não se pode falar em legítima defesa.

Deve existir uso moderado da reação para existir a legítima defesa.

Meio moderado é agir sem excessos. O sujeito passivo não pode agir de forma desproporcional à agressão sofrida. Deve haver proporcionalidade entre a ação e a reação do ofendido para se falar em legítima defesa. Se uma pessoa recebe um tapa e desfere um tiro para matar outra pessoa, não há meio moderado.

Meio necessário poderia ser a hipótese em que o superior ampara o braço do empregado que lhe está desferindo um soco. Se o meio escolhido pela pessoa é mais lesivo do que outro, não será necessário.

A agressão atual é a que está acontecendo. É a que ocorre no presente. Se a agressão ocorrerá no futuro, não se pode falar em legítima defesa.

Agressão iminente é a que está por ocorrer. Está em vias de se realizar.

O art. 25 do Código Penal faz menção a direitos e não exatamente a bens. Entretanto, a palavra *direitos* no plural envolve tudo aquilo a que a pessoa faz jus, como o direito à vida, à integridade física, à liberdade, à propriedade, à posse etc.

A legítima defesa pode envolver a ofensa em relação a outra pessoa, como a um parente do empregado. Não é apenas a que ocorre com o próprio empregado, mas a que visa proteger terceiro.

Deve ser imediata a legítima defesa. Não pode o empregado demorar a reagir à ofensa injusta, sob pena de caracterizar perdão ao empregador e seu ato posterior ser considerado revanche ou vingança.

Premeditação não é legítima defesa, mas algo que foi anteriormente pensado e posto em execução antes da ação da parte contrária.

A reação deve ser proporcional e não superior à provocação.

Caberá ao empregado a prova da legítima defesa.

Quem deve ser despedido é apenas a pessoa que deu causa à briga. Assim, não podem ser dispensadas as pessoas que separaram a briga e não se excederam, nem quem agiu em legítima defesa à agressão. Há necessidade de se apurar quais foram as causas da agressão e quem efetivamente foi seu autor.

Em hipóteses de rixa, será difícil provar quem foi o autor e quem fez a provocação.

15.17 LEGÍTIMA DEFESA PUTATIVA

Legítima defesa putativa é a que tem aparência de legítima defesa. O agente supõe que o agressor o está ofendendo.

Exemplo pode ser o do empregado que vê seu inimigo entrando na empresa com uma faca, pensando que vai agredi-lo. O trabalhador arremessa um objeto na pessoa, que sofre um hematoma no rosto. Posteriormente, verifica-se que o ofendido foi contratado no mesmo dia para ser cozinheiro no restaurante da empresa. Não tinha intenção de ofender o empregado.

É isento de pena quem, por erro plenamente justificado pelas circunstâncias, supõe situação de fato que, se existisse, tornaria a ação legítima. Não há isenção de pena quando o erro deriva de culpa e o fato é punível como crime culposo (§ 1º do art. 20 do Código Penal).

Se o crime não fica configurado com a legítima defesa putativa, não se pode também falar em justa causa para a dispensa do trabalhador pelo mesmo motivo.

O STF já decidiu:

> O recorrente matou a tiros um colega, no recinto de trabalho. Absolvido pelo Júri, porque agira em legítima defesa putativa, teve, entretanto, seu contrato de trabalho rescindido no Tribunal Superior, que entendeu que a legítima defesa só exclui a falta quando seja real. Recurso provido. O reconhecimento da legítima defesa putativa exclui a configuração da falta grave, para a dispensa do empregado estável, quando fundada somente no fato que a decisão do Júri considerou justificado. Se a legítima defesa exclui a criminalidade do ato, se torna juridicamente exculpável, pois impede que se imponha qualquer sanção criminal a

15 • OFENSAS FÍSICAS   **183**

quem assim procede, por que geraria outras consequências no âmbito do Direito do Trabalho, quando se trata, afinal, do mesmo ato? Como pode o mesmo ato ser legítimo e ilegítimo a um só tempo? (STF, 2ª T., rel. Min. Victor Nunes Leal, j. 18-7-1962).

15.18 CULPA RECÍPROCA

A culpa recíproca ocorre quando empregado e empregador deram causa à rescisão do contrato de trabalho por justo motivo.

Só existe a culpa recíproca quando ambas as partes agem de forma equivalente. A culpa de um não pode ser maior do que a do outro. Não deve existir, porém, legítima defesa.

O art. 484 da CLT estabelece que, se houver culpa recíproca, o juiz deverá reduzir a indenização que seria devida em caso de culpa exclusiva do empregador pela metade.

A Súmula 14 do TST entende que na culpa recíproca o empregado tem direito à metade do aviso prévio, do 13º salário e das férias, o que não me parece correto, pois a justa causa impede o pagamento dessas verbas.

15.19 EMPREGADO ESTÁVEL

Para a caracterização da falta grave do empregado estável, é preciso que o ato represente séria violação do contrato, por sua repetição ou natureza (art. 493 da CLT). Dependendo da hipótese, um único ato pode caracterizar a falta grave do estável, como de ofensas físicas graves que implicarem a morte de outro empregado ou lesões corporais graves. Será grave a ofensa física ao superior hierárquico, mesmo que a lesão seja leve.

Entretanto, no caso de o estável ofender fisicamente um colega com um tapa, não representará séria violação do contrato e exigirá repetição.

O art. 493 da CLT emprega a conjunção alternativa *ou*. Isso significa que tanto se houver repetição da falta ou em razão da sua natureza, a justa causa irá ficar caracterizada. Não há necessidade de as duas situações ocorrerem ao mesmo tempo para evidenciar a justa causa, mas isso também poderá ocorrer.

15.20 SUSPENSÃO E INTERRUPÇÃO DO CONTRATO DE TRABALHO

A interpretação da expressão *em serviço* não pode ser feita literalmente, pois o empregado poderia comparecer à empresa, mesmo estando os efeitos de seu contrato de trabalho suspensos ou interrompidos, mas não estar em serviço.

A justa causa pode se evidenciar quando o empregado vai à empresa nas suas férias e agride um colega.

Pode ocorrer de o empregado estar doente e ir à empresa para buscar um documento exigido pelo INSS. Nesse momento, comete a justa causa ao agredir fisicamente outro empregado.

Mesmo que o empregado agrida um superior fora da empresa, estando os efeitos de seu contrato de trabalho interrompidos ou suspensos, fica caracterizada a justa causa, pois a lei não exige no caso que esteja em serviço. O dever de respeito ao superior hierárquico subsiste mesmo quando o empregado está em férias e fora da empresa.

15.21 JURISPRUDÊNCIA

Briga em legítima defesa, fora do estabelecimento do trabalho, não pode ser considerada justa causa para o despedimento do obreiro, ainda que se trate de ex-presidiário (TST, RR 7.759/84, Ac. 5.666/85, 3ª T., rel. Min. Ranor Barbosa).

Justa causa. Caracteriza-se quando ficou exuberantemente provada nos autos a agressão física praticada pelo empregado contra uma colega de trabalho. Aplicação do disposto no art. 482, *j*, da CLT. Impossível para qualquer empreendimento organizado manter em seus quadros obreiros indisciplinados e truculentos que, por qualquer motivo fútil, reagem com violência, sem mesmo respeitar a fragilidade de uma mulher (TRT 11ª R., proc. RO 485/86, j. 9-10-1986, rel. Juiz Othílio Tino).

Comete falta grave, ensejadora da demissão por justa causa, o empregado que, injustificadamente, agride colega de serviço, no recinto da empresa, durante a jornada de trabalho (TRT 12ª R., RO 2.152/89, rel. Juiz Helmut Anton Schaarschmidt, *DJ* SC 7-5-1990, p. 23).

Dá justa causa para a resolução do contrato de trabalho o empregado que, injustificadamente e no local de trabalho, agride fisicamente seu colega de serviço, desferindo-lhe um soco na boca, provocando-lhe corte nos lábios. Recurso ordinário do empregado a que se nega provimento (TRT 8ª R., RO 2.451/95, 4ª T., rel. Juiz Ríder Nogueira de Brito, j. 27-6-1995, *DJ* PA 19-7-1995, p. 11).

Justa causa. Configuração. Ofensas físicas. Configura justa causa para rescisão contratual a prática de agressões físicas a colega de trabalho, nas dependências da empresa, levando à fratura no braço do agredido, sem qualquer evidência de que o empregado agressor agisse em legítima defesa (TRT 3ª R., RO 7.989/94, 4ª T., rel. Juiz Márcio Túlio Viana, j. 16-8-1995, *DJ* MG 14-9-1995, p. 72).

16
PRÁTICA CONSTANTE DE JOGOS DE AZAR

16.1 HISTÓRICO

Para certos autores, o jogo é mais antigo do que o trabalho. É um processo de socialização das pessoas.

Os gregos faziam festivais esportivos de quatro em quatro anos na antiga Élida, em honra de Zeus e outros deuses que habitavam o Olimpo. Para os gregos, os jogos olímpicos tinham importância esportiva, mas também religiosa, cívica e até política.

Durante a sua realização, eram suspensas outras atividades, inclusive as guerras.

Os jogos olímpicos modernos começaram a ser realizados a partir de 1896.

Biologicamente, o jogo é considerado um descanso ativo. Visa estimular faculdades psíquicas. Pode desenvolver energias físicas.

16.2 EVOLUÇÃO LEGISLATIVA

O Decreto n. 24.615, de 9 de julho de 1934, criou o Instituto de Aposentadoria e Pensões dos Bancários. Estabeleceu como hipótese de justa causa a prática de jogos de azar (art. 16, *h*). A falta foi criada em razão da natureza das funções exercidas pelos trabalhadores em estabelecimentos de crédito[1].

A letra *i* do art. 5º da Lei n. 62, de 5 de junho de 1935, previu como justa causa a prática constante de jogos de azar. No referido dispositivo, não se tratou de falta específica de bancário.

A alínea *l* do art. 482 da CLT estabeleceu a justa causa de prática constante de jogos de azar para a dispensa do empregado.

O inciso XII do artigo 27 da Lei Complementar n. 150 dispõe: prática constante de jogos de azar.

---

1. BONHOMME, Carlos de S. W. *Despedida justa*. Curitiba/São Paulo: Guaíra, 1944, p. 245-246.

16.3 DENOMINAÇÃO

O legislador usa a denominação *prática constante de jogos de azar*.

Outras hipóteses de justa causa foram chamadas de embriaguez habitual ou negociação habitual, mas não prática constante.

Prática constante é pleonasmo, pois a prática já envolve constância, habitualidade. Do contrário, não é prática.

A expressão *jogos de azar* também contém pleonasmo, pois jogo, de um modo geral, contém o fator sorte ou azar.

16.4 CONCEITO

Jogo vem do latim *jocus*, que tem o significado de gracejo, zombaria. Mais tarde, a palavra que passou a ser usada foi *ludus*.

Jogar é apostar. A aposta é um fator incerto que não está na previsão do jogador, na sua vontade inicial.

Jogo de azar compreende muito mais o fator sorte do que o cálculo ou a destreza.

O art. 370 do Código Penal de 1890 dispunha que jogos de azar eram considerados "aqueles em que o ganho e a perda dependem exclusivamente da sorte. Parágrafo único. Não se compreende na proibição dos jogos de azar as apostas de corridas a pé ou a cavalo, ou outras semelhantes".

O § 3º do art. 50 do Decreto-Lei n. 3.688, de 3 de outubro de 1941, considera jogo de azar: (a) "o jogo em que o ganho e a perda dependem exclusiva ou principalmente da sorte". Em alguns casos, o fator sorte é exclusivo, é o único. Em outros casos, o fator sorte é o principal, mas concorre com outros, como, por exemplo, a habilidade ou destreza do jogador; (b) "as apostas sobre corrida de cavalos fora de hipódromo ou de local onde sejam autorizadas". Apostas feitas no local das corridas ou em local autorizado não caracterizam a contravenção; (c) as apostas sobre qualquer outra competição esportiva.

No âmbito civil, o jogo é considerado uma obrigação sem causa.

16.5 FUNDAMENTOS

Não há abalo da empresa pelo fato de que o empregado faz jogos de azar.

O jogo traz problemas graves ao empregado e até para sua família, como problemas econômicos, com o endividamento do empregado para pagar as dívidas de jogo.

O empregado adquire o vício de jogar, a necessidade de estar constantemente jogando. Pode passar a ter outros vícios, como o de usar drogas ou de se embebedar. Induz à desonestidade, a desfalques.

O trabalhador, muitas vezes, não realiza a contento suas tarefas.

Quando o empregado é viciado em jogo, pode trazer problemas para o trabalho.

O objetivo do legislador parece que foi censurar o vício que tenha repercussão no ambiente de trabalho. A lei, ao se referir à prática constante de jogos de azar, mostra que o objetivo é evitar o vício do empregado.

A prática de jogos pode implicar violação à disciplina interna da empresa e reduzir a confiança que o empregador tem no empregado.

O jogador contumaz coloca em risco o patrimônio do empregador, que deixa de ter confiança nesse empregado.

16.6 CLASSIFICAÇÃO

Os jogos podem ser classificados em: (a) os que têm o fator sorte; (b) os que compreendem sorte, mas também contam com a habilidade do participante; (c) os em que há apenas o elemento habilidade do jogador[2].

No primeiro tipo de jogo, a sorte é o principal fator. Para o jogador obter o resultado, independe sua habilidade. São jogos de azar os de dados.

No segundo tipo de jogo, há o elemento sorte, mas o participante deve ter habilidade. É exemplo o jogo de cartas, em que o jogador deve ter sorte na distribuição das cartas, mas também destreza.

No terceiro tipo de jogo, o elemento fundamental é a habilidade do jogador, como nos jogos de damas e de xadrez, em que cada adversário tem os mesmos instrumentos para obter sucesso na partida. É o que ocorre no futebol, que depende de habilidade e de preparo físico dos jogadores.

Todo jogo de azar compreende aposta, pois o resultado depende de um acontecimento incerto, do qual a vontade não participa.

Para o apostador, o jogo compreende o fator sorte ou azar, pois não pode influir no seu destino. É o que ocorre no jogo do *bicho*, em loterias, bingo, roleta, dados, rifas não autorizadas, corrida de cavalo fora do local apropriado etc.

---

2. SAINT, Frérejouan du. *Jeu et par, au point de vue civil, pénal et réglementaire*, Paris. p. 28.

MANUAL DA JUSTA CAUSA • Sergio Pinto Martins

A aposta frequente do empregado também irá caracterizar a prática constante de jogos de azar, pois a aposta compreende o fator sorte ou azar.

Sob o ponto de vista da licitude, os jogos podem ser permitidos ou proibidos pela lei.

16.7 PRÁTICA CONSTANTE

A justa causa é aplicada tanto ao viciado em jogos de azar como também à pessoa que joga com habitualidade, mas não é viciada.

Prática constante é a habitualidade, a frequência no jogar.

16.8 ATO ÚNICO

A prática do jogo deve ser constante e não eventual. Se a prática é isolada, uma única vez, uma vez ou outra, ou poucas vezes, não há a justa causa. Há, por conseguinte, a necessidade da habitualidade para a confirmação da falta grave em comentário. Assim, não irá ocorrer a justa causa por um único ato. Cada caso terá de ser examinado em particular, pois não é possível estabelecer com precisão matemática quantas vezes irá caracterizar a prática do jogo de azar para efeito de justa causa.

Se o empregado está proibido de jogar nas dependências da empresa, caso o faça, ainda que uma única vez, fica caracterizada a dispensa por justa causa por indisciplina ou insubordinação, dependendo da hipótese de ser a ordem geral ou pessoal.

16.9 JOGOS PROIBIDOS E PERMITIDOS

A CLT não faz distinção entre jogos permitidos e proibidos para efeito da aplicação da justa causa. Quando a lei não distingue, o intérprete não pode fazê-lo. Assim, se o empregado pratica jogos, ainda que não proibidos pela lei, incide em justa causa, embora não exista contravenção penal. Poderia a norma legal ter estabelecido prática de jogos proibidos ou de qualquer jogo. Teria sido mais precisa.

O inciso III do art. 195 da Constituição estabelece que a receita de concursos de prognósticos é uma das formas de custeio da Seguridade Social, como a loto, sena, loteria esportiva e federal. São jogos autorizados, inclusive estabelecidos por intermédio da lei. Mesmo que haja a prática de tais jogos com constância na empresa, haverá justa causa para a dispensa do trabalhador.

16.10 LUCRO

Não faz distinção a lei se o jogo é a dinheiro ou não, se o empregado tem lucro ou prejuízo com o jogo. A lei não dispõe que, se o jogo é praticado com fins beneficentes ou recreativos, a falta não se caracteriza, mesmo na hipótese de o jogo não ser feito a dinheiro e ser, portanto, recreativo. Logo, mesmo nessas hipóteses haverá justa causa, pois a lei não fez distinção.

Da letra *a* do § 3º do art. 50 da Lei de Contravenções Penais também não se verifica que o jogo é a dinheiro ou que pressupõe a obtenção de lucro.

Para a caracterização da justa causa, o elemento principal deveria ser o fato de que o jogo prejudica o andamento do serviço.

16.11 FORA DO SERVIÇO

Não parece que a falta possa ser caracterizada fora do serviço, pois não há previsão específica nesse sentido na lei, além do que não traz prejuízo ao serviço na empresa. Se o empregado é inveterado jogador fora do serviço, mas no âmbito da empresa é um empregado correto, pontual, trabalhador, não se pode dizer que deve ser dispensado por justa causa.

Se o empregado joga no seu horário de intervalo ou fora do horário de serviço, não se pode falar em justa causa, pois não há nenhum prejuízo para o empregador. No seu horário de descanso ou lazer, o empregado pode fazer o que desejar, desde que isso não seja ilícito. Nada impede que os empregados joguem cartas todos os dias na hora do almoço.

A doutrina majoritária entende que há justa causa por prática constante de jogos de azar quando é feita fora do serviço[3].

16.12 TOLERÂNCIA

Se o empregador tolera o jogo, não se pode falar em justa causa. Daí por que se dizer que o jogo deve ser prejudicial ao serviço. É o exemplo do empregado que joga no bicho, na loto, na loteria esportiva, na sena, como ocorre com muitos trabalhadores, que não são dispensados pelo empregador.

---

3. ZAINAGHI, Domingos Sávio. *A justa causa no direito do trabalho*. São Paulo: Malheiros, 1995, p. 137-138. LAMARCA, Antonio. *Manual das justas causas*. São Paulo: Revista dos Tribunais, 1983, p. 514. Wagner Giglio dá a entender que a falta pode ser praticada fora do serviço, tanto que a admite na suspensão e interrupção dos efeitos do contrato de trabalho (*Justa causa*. São Paulo: Saraiva, 2000, p. 337-338).

16.13 CARGO DE CONFIANÇA OU DE CHEFIA

É claro que, se a falta é praticada por um empregado categorizado na empresa, sua consequência pode ser uma, como de empregados gerentes, chefes ou que exercem cargos de confiança.

Outra hipótese será de um empregado mais humilde, em que há necessidade de se verificar se compreende o seu ato. Esse empregado não tem grau de confiança elevado do empregador. Somente se houver reiteração na falta ou houver prejuízo para o serviço é que o empregado será dispensado.

Empregados que lidam com numerário, como caixas, tesoureiros, cobradores, compradores, responsáveis por contas a pagar, podem se apropriar de dinheiro da empresa para pagar os vícios de seus jogos. Empregados que devem guardar bens do empregador também são causa de preocupação, como o chefe do almoxarifado, que pode se apropriar de bens e vendê-los para pagar a dívida de jogo. Assim, a prática de jogo de azar é grave nas referidas hipóteses. Quanto maior a confiança que o empregador deposita no empregado, maior será a gravidade da prática de jogos de azar.

16.14 CONTRAVENÇÃO PENAL E JUSTA CAUSA

O empregado pode ser condenado por contravenção penal que compreenda jogos de azar proibidos. A justa causa pode não ficar configurada, pois a CLT exige que exista habitualidade na prática de jogos de azar.

Pode não existir a contravenção que compreenda o jogo, em razão de que ele é permitido, mas existir a justa causa, em decorrência da repetição da prática de jogos de azar.

16.15 SUSPENSÃO E INTERRUPÇÃO DO CONTRATO DE TRABALHO

Na suspensão e na interrupção dos efeitos do contrato de trabalho, o empregado não presta serviços.

Do meu ponto de vista, não existirá justa causa se o empregado praticar jogos de azar com constância e os efeitos do seu contrato de trabalho estão suspensos ou interrompidos, pois nenhum prejuízo causa ao serviço.

Para aqueles que entendem que a falta pode ocorrer fora do serviço, ainda que ela seja cometida na interrupção ou suspensão dos efeitos do contrato de trabalho haverá justa causa para a dispensa.

16.16 JURISPRUDÊNCIA

O jogo de baralho, entre colegas de serviço, configura a falta grave prevista na alínea *l* do art. 482 da CLT, se sua prática for constante (TRT 3ª R., Proc. RO 4.377/85, 2ª T., rel. Juiz Fiúza Gouthier, *DJ* MG 84/86).

Constitui falta grave, justificadora do despedimento, o fato de o empregado estar jogando dominó no curso da jornada de trabalho (TRT 2ª R., Proc. 6628/68, Ac. 11.457/70, 2ª T., rel. Juiz Nélson Virgílio do Nascimento, j. 14-12-1970, *DO* ESP 11-2-1971).

RECURSO ORDINÁRIO. FALTA GRAVE. PRÁTICA CONSTANTE DE JOGOS DE AZAR. INFRA-ÇÃO TIPIFICADA NA ALÍNEA "L" DO ART. 482 DA CLT. FATO IMPEDITIVO DO DIREITO DO AUTOR. ÔNUS DA PROVA. DESINCUMBÊNCIA. JUSTA CAUSA CONFIGURADA. I -O ato faltoso grave é aquele que, uma vez caracterizado, mais danosos efeitos provoca em face da vida social, familiar e profissional do trabalhador. O Princípio da Continuidade do Vínculo de Emprego, por seu turno, requer prova estreme de dúvida, a cargo do empregador, que assume o ônus da prova ao apontar qualquer das condutas tipificadas no art. 482 da CLT. Trata-se de fato impeditivo do direito, que atrai a aplicação do art. 373, inciso II, do CPC c/c com o art. 818 da CLT. II - No caso, o conjunto probatório evidência que o trabalhador, de forma habitual, dedicava-se a prática de jogos de azar, realizando apostas e conferindo resultados durante o expediente de trabalho, afetando diretamente a sua produtividade laborativa, procedimento que se enquadra na infração tipificada na alínea «l» do art. 482 da CLT. III - Apelo do autor a que se nega provimento (TRT 6ª R, 1ª T, PROC. Nº TRT - 0000885-05.2016.5.06.0311 (RO), Rel. Valéria Gondim Sampaio, j. 8.3.2018, DJe 14.3.2018, p. 463).

17
ATOS ATENTATÓRIOS
À SEGURANÇA NACIONAL

17.1 HISTÓRICO

O parágrafo único do art. 482 da CLT foi acrescentado pelo Decreto-Lei n. 3, de 27 de janeiro de 1966. É a única hipótese de modificação de justa causa na CLT. De modo geral, o decreto-lei versava, na maior parte de seus dispositivos, sobre os serviços portuários. Foi inserida outra hipótese de justa causa para o despedimento do empregado. Constitui igualmente justa causa para dispensa de empregado a prática, devidamente comprovada em inquérito administrativo, de atos atentatórios contra a segurança nacional.

Não era preciso dizer que *constitui igualmente justa causa*, pois o art. 482 da CLT trata de justa causa. A lei não deve conter termos inúteis. Era o caso de colocar no art. 482 da CLT outra alínea tratando do tema e não um parágrafo.

Foi inserido o parágrafo num momento político de ditadura militar.

17.2 ATO ATENTATÓRIO

Ato implica ação, importa agir. Assim, não basta a mera intenção de praticar alguma coisa, mas a efetivação do ato. É o emprego de palavras, gestos ou atitudes.

A CLT faz referência à palavra *atos*, no plural. Isso poderia implicar a necessidade da prática de mais de uma falta, mas não é o caso, pois uma delas já é grave o suficiente para determinar o procedimento descrito na CLT.

Atentatório tem o sentido de ação violenta contra coisas ou pessoas, agressão. Implica ato atentatório colocar pessoas em risco.

17.3 SEGURANÇA NACIONAL

O art. 2º do Decreto-Lei n. 898, de 29 de setembro de 1969, definia segurança nacional como a garantia da consecução dos objetivos nacionais contra antagonismos, tanto internos como externos.

A Lei n. 6.620, de 17 de dezembro de 1978, estabelecia regras sobre segurança nacional, tendo revogado o Decreto-Lei n. 898. Estabelecia o art. 2º da Lei n. 6.620 que segurança nacional era "o estado de garantia proporcionado à Nação, para a consecução dos seus objetivos nacionais, dentro da ordem jurídica vigente".

A Lei n. 7.170, de 14 de dezembro de 1983, revogou a Lei n. 6.620, definindo os crimes contra a segurança nacional, a ordem econômica e social, e estabelecendo seu processo e julgamento. Dispõe o art. 1º da referida norma sobre os elementos que integram a segurança nacional: (a) a integridade territorial e a soberania nacional; (b) o regime representativo e democrático, a Federação e o Estado de Direito; (c) a pessoa dos chefes dos Poderes da União.

Mário Pessoa afirma que objetivos nacionais:

> são a cristalização dos interesses e aspirações nacionais em determinado estágio da evolução da comunidade, cuja conquista e preservação toda a Nação procura realizar através dos meios de toda ordem a seu alcance[1].

Dizem respeito os objetivos nacionais à manutenção da independência, da soberania, da integridade territorial e da preservação de valores morais.

A Lei n. 14.197/21 revogou a Lei n.º 7.170/83. A matéria foi trazida para o Código Penal pela primeira lei:

> Atentado à soberania
>
> Art. 359-I. Negociar com governo ou grupo estrangeiro, ou seus agentes, com o fim de provocar atos típicos de guerra contra o País ou invadi-lo:
>
> Pena - reclusão, de três a oito anos.
>
> §1.º Aumenta-se a pena de metade até o dobro, se declarada guerra em decorrência das condutas previstas no caput deste artigo).
>
> §2.º Se o agente participa de operação bélica com o fim de submeter o território nacional, ou parte dele, ao domínio ou à soberania de outro país):
>
> Pena - reclusão, de quatro a 12 (doze) anos.
>
> Atentado à integridade nacional
>
> Art. 359-J. Praticar violência ou grave ameaça com a finalidade de desmembrar parte do território nacional para constituir país independente:

---

1. PESSOA, Mário. *O direito da segurança nacional*. São Paulo: Revista dos Tribunais, 1971, p. 124.

Pena - reclusão, de 2 (dois) a 6 (seis) anos, além da pena correspondente à violência.

Espionagem

Art. 359-K. Entregar a governo estrangeiro, a seus agentes, ou a organização criminosa estrangeira, em desacordo com determinação legal ou regulamentar, documento ou informação classificados como secretos ou ultrassecretos nos termos da lei, cuja revelação possa colocar em perigo a preservação da ordem constitucional ou a soberania nacional:

Pena - reclusão, de 3 (três) a 12 (doze) anos.

§ 1º Incorre na mesma pena quem presta auxílio a espião, conhecendo essa circunstância, para subtraí-lo à ação da autoridade pública.

§ 2º Se o documento, dado ou informação é transmitido ou revelado com violação do dever de sigilo:

Pena - reclusão, de seis a 15 anos.

§ 3º Facilitar a prática de qualquer dos crimes previstos neste artigo mediante atribuição, fornecimento ou empréstimo de senha, ou de qualquer outra forma de acesso de pessoas não autorizadas a sistemas de informações:

Pena - detenção, de um a quatro anos.

§ 4º Não constitui crime a comunicação, a entrega ou a publicação de informações ou de documentos com o fim de expor a prática de crime ou a violação de direitos humanos.

Previa o art. 3º do Decreto-Lei n. 898 que a segurança nacional compreendia medidas destinadas à preservação da segurança externa e interna, inclusive prevenção e repressão da guerra psicológica adversa e da guerra revolucionária ou subversiva. A segurança interna, integrada na segurança nacional, diz respeito às ameaças ou pressões antagônicas, de qualquer origem, forma ou natureza, que se manifestem ou produzam efeito no país (§ 1º). A guerra psicológica adversa é o emprego da propaganda, da contrapropaganda e de ações nos campos político, econômico, psicossocial e militar, com a finalidade de influenciar ou provocar opiniões, emoções, atitudes e comportamentos de grupos estrangeiros, inimigos, neutros ou amigos, contra a consecução dos objetivos nacionais (§ 2º). A guerra revolucionária é o conflito interno, geralmente inspirado em uma ideologia, ou auxiliado do exterior, que visa à conquista subversiva do poder pelo controle progressivo da Nação (§ 3º).

17.4 FUNDAMENTOS

O empregado não incide em falta que implique desobediência, violação ao contrato ou descumprimento dos seus deveres.

A falta não é dirigida contra o empregador, mas contra o Estado.

O Decreto-Lei n. 3 foi editado durante um período de exceção, no governo militar, em que havia preocupações em relação a atentados contra a segurança nacional.

MANUAL DA JUSTA CAUSA • Sergio Pinto Martins

Um dos objetivos de acrescentar o parágrafo único ao art. 482 da CLT foi o de estabelecer penalidade para atos atentatórios à segurança nacional, como seriam os atos de terrorismo, de subversão.

A finalidade da previsão legal foi permitir a dispensa pelo empregador, sem o pagamento de outros encargos trabalhistas, já que terá de pagar os salários dos primeiros 90 dias em que há a tramitação do inquérito administrativo. Assim, não terá de pagar férias, décimo terceiro salário, aviso prévio.

17.5 RELAÇÃO COM O CONTRATO DE TRABALHO

O ato atentatório à segurança nacional não se relaciona com o contrato de trabalho. Não são faltas que consistam em o empregado deixar de cumprir seus deveres para com o empregador.

A hipótese de justa causa não diz respeito apenas a funcionários públicos, mas a qualquer tipo de empregado, inclusive o empregado público.

Os atos atentatórios não precisam ser praticados no ambiente de trabalho. Provavelmente, ocorrerão fora do local de trabalho. Se o ato for praticado no local de trabalho, dará ensejo a outra hipótese de justa causa, como improbidade, indisciplina, mau procedimento etc., e o empregador não precisará pagar os primeiros 90 dias de trabalho ao empregado durante o processamento do inquérito administrativo.

17.6 APURAÇÃO DA FALTA

O Decreto-Lei n. 3/66 acrescentou três parágrafos ao art. 472 da CLT, esclarecendo a forma da apuração da falta grave.

A autoridade competente poderá solicitar o afastamento do empregado do serviço ou do local de trabalho caso haja motivo relevante de interesse para a segurança nacional, sem que se configure a suspensão do contrato de trabalho (§ 3º). Não existe obrigação da autoridade competente em solicitar o afastamento do empregado do serviço, mas mera faculdade. O empregador também poderá afastar ou não o empregado do serviço. Os efeitos do contrato de trabalho não ficam suspensos, pois o empregador deverá remunerar o empregado (§ 5º).

O afastamento será solicitado pela autoridade competente diretamente ao empregador, em representação fundamentada, com audiência da Procuradoria Regional do Trabalho, que instaurará inquérito administrativo (§ 4º). Não basta mera representação, mas ela deverá ser fundamentada.

O inquérito é administrativo e não policial, tanto que é processado perante o Ministério Público do Trabalho.

O inquérito administrativo não se confunde com o inquérito para apuração de falta grave previsto nos arts. 853 a 855 da CLT. Este é judicial, proposto contra o empregado estável. O inquérito mencionado é mesmo administrativo e não será proposto contra empregado estável, mas contra empregado que incorrer em ato atentatório à segurança nacional. Será instaurado pela Procuradoria do Trabalho.

O art. 4º do Decreto-Lei n. 3 menciona que o inquérito será instaurado na Delegacia do Trabalho Marítimo, em relação ao trabalho nos portos. Será julgado pelo Ministro do Trabalho e não pela Justiça do Trabalho.

Deverá, portanto, haver prévia apuração dos fatos.

Nos primeiros 90 dias, o empregado recebe remuneração (§ 5º do art. 472 da CLT). Se o inquérito persistir após 90 dias, o empregador não tem obrigação de pagar salários.

Havia a proibição, pelo art. 11 do Ato Institucional n. 5, de que o Poder Judiciário reexaminasse questões de atos atentatórios à segurança nacional.

A Súmula 150 do TST estabelecia que "falece competência à Justiça do Trabalho para determinar a reintegração ou a indenização de empregado demitido com base nos atos institucionais" (Ex-prejulgado n. 23). A referida Súmula foi cancelada pela Resolução Administrativa n. 121 do TST, de 28 de outubro de 2003.

Hoje, o inciso XXXV do art. 5º da Lei Maior estabelece que a lei não poderá excluir da apreciação do Poder Judiciário lesão ou ameaça a direito, o que quer dizer que é permitido à Justiça do Trabalho examinar as despedidas por motivo de atos atentatórios à segurança nacional.

17.7 EMPREGADO ESTÁVEL

Em relação ao empregado estável, a falta deve ser grave para implicar a extinção do contrato de trabalho.

Se houver a propositura do inquérito administrativo, o empregador deverá ajuizar de imediato o inquérito judicial para apuração de falta grave, justamente para demonstrar a atualidade da apuração, principalmente se o empregado for afastado do serviço.

Para não haver dúvidas, é melhor que o empregador pague o salário do empregado durante os primeiros 90 dias do afastamento do trabalhador requerido pela autoridade competente.

Mesmo em relação ao empregado estável, há necessidade da propositura do inquérito para apuração de falta grave para a dispensa do empregado estável, em razão da previsão dos arts. 494 e 853 a 855 da CLT.

O § 3º do art. 472 da CLT não revogou a exigência do art. 494 da CLT quanto ao inquérito para a apuração de falta grave para a dispensa do empregado estável, pois se trata esta hipótese de situação específica e peculiar ao estável. O citado parágrafo menciona que o afastamento não caracteriza suspensão dos efeitos do contrato de trabalho.

O empregado deverá juntar ao processo judicial a conclusão do inquérito administrativo.

17.8 CONCLUSÃO

Na prática, a falta é quase inexistente nos dias atuais. O dispositivo contido na CLT praticamente não tem aplicação. Deveria, portanto, ser revogado.

O art. 76 da Lei n. 8.630/93 revogou o Decreto-Lei n. 3, de 27 de janeiro de 1966. Assim, está revogado o parágrafo único do art. 482 da CLT e não existe mais justa causa em relação a atos atentatórios à segurança nacional.

18
PERDA DA HABILITAÇÃO OU DE REQUISITOS PARA O EXERCÍCIO DA PROFISSÃO

A letra m do artigo 482 da CLT dispõe que é justa causa a perda da habilitação ou dos requisitos estabelecidos em lei para o exercício da profissão, em decorrência de conduta dolosa do empregado.

O dispositivo tem semelhança no artigo 117, I, do Código de Trabalho de Portugal: Sempre que o exercício de determinada atividade se encontre legalmente condicionado à posse de título profissional, designadamente carteira profissional, a sua falta determina a nulidade do contrato". II- Quando o título profissional é retirado do trabalhador, por decisão que já não admite recurso, o contrato caduca logo que as partes sejam notificadas da decisão".

Diogo Vaz Marecos afirma que "os títulos profissionais condicionam o exercício de determinadas profissões, condicionamento esse que se admite quando o exercício da profissão exija especiais qualificações, e por razões de ordem pública, se deva assegurar o seu exercício por profissionais habilitados, de modo a salvaguardar a defesa da saúde, da integridade física e moral das pessoas, da segurança de pessoas e bens, bem como de outros valores juridicamente relevantes. Este condicionamento não afronta o direito ao trabalho consagrado no n. 1 do art. 58 da Constituição da República Portuguesa, que estabelece que "todos têm direito ao trabalho", porquanto a tutela daqueles valores, também eles com consagração constitucional, sobrepõe-se a este direito. A natureza dos valores que se pretende proteger pelo condicionamento do exercício de algumas profissões à posse do título profissional comina de nulidade o contrato de trabalho que seja celebrado com trabalhador que não possui aquele título profissional".[1]

Pedro de Madeira Brito assevera que "Com a nova redação não restam dúvidas de que a nulidade prevista no n. 1 não resulta apenas da falta de titularidade de carteira profissional, mas igualmente de qualquer outro título de que dependa o exercício de uma determinada atividade profissional. Já era esse o entendimento

---

1. MARECOS, Diogo Vaz. Código do Trabalho anotado. 1ª ed. Coimbra: Coimbra, 2013, p. 301.

que resultava da aplicação do art. 280 do CC às situações em que o exercício de determinada atividade pelo trabalhador estava condicionado à titularidade de uma qualquer autorização ou licença, porquanto estamos perante uma impossibilidade jurídica de exercer determinada atividade".[2]

Sobre o item II, Pedro Romano Martinez alega que "a situação é controversa na eventualidade de o trabalhador ter sido privado do título profissional por um determinado período (cassação temporária, p. ex. seis meses) – não se verificando os pressupostos da suspensão do contrato, nomeadamente por o impedimento ser imputável ao trabalhador -, em que faltaria o carácter definitivo da impossibilidade. Todavia, o carácter definitivo da impossibilidade apresenta uma certa relatividade, pelo que a mera eventualidade de o impedimento cessar não obsta à caducidade".[3]

Perda da habilitação é a perda da capacidade para algum fim.

O dispositivo não trata apenas da perda da habilitação, mas também de perder os requisitos estabelecidos em lei para o exercício da profissão. Pode ser a pessoa perder a condição do exercício da profissão pelo fato de que o Conselho ou Ordem da profissão cassou o exercício da profissão do empregado em razão de conduta dolosa por ele cometida. Pode ser o caso de a Ordem dos Advogados do Brasil ter cancelado o registro para o exercício da profissão do advogado em razão de conduta dolosa dele. O mesmo pode ocorrer em relação ao Conselho Regional do exercício de determinada profissão, como de engenheiro, médico, economista, contador, administrador etc.

A conduta dolosa é aquela empreendida pelo empregado com vontade de causar algum ato.

Tem de ser a conduta dolosa do empregado, pois é ele que pratica a justa causa.

Parece que um dos exemplos é o empregado que dá causa muitas vezes a multas de trânsito por ato doloso e, em razão disso, perde a habilitação para dirigir. Isso é fundamento para rescindir o contrato de trabalho por justa causa.

Se a conduta do empregado for culposa, em que a prática do ato se dá por negligência, imprudência ou imperícia, mesmo que ele perca a habilitação para o exercício da profissão, não estará configurada a justa causa.

Nossa lei não faz distinção se a perda da habilitação profissional é temporária ou definitiva. Se há perda da habilitação profissional que impeça o trabalhador de exercer sua atividade por ato doloso, estará configurada a justa causa.

---

2. BRITO, Pedro Madeira de. Código do trabalho anotado. 10. ed. Pedro Romano Martinez, Luís Miguel Monteiro, Joana Vasconcelos, Pedro Madeira de Brito, Guilherme Dray e Luís Gonçalves da Silva. Coimbra: Almedina, 2016, p. 318.

3. MARTINEZ, PEDRO Romano. Direito do trabalho 6ª ed. Coimbra: Almedina, 2013, p. 866.

PARTE II
RESCISÃO INDIRETA

19
RESCISÃO INDIRETA

19.1 EVOLUÇÃO LEGISLATIVA

Reza o art. 483 da CLT que o empregado poderá considerar rescindido o contrato e pleitear a devida indenização quando: (a) forem exigidos serviços superiores às suas forças, defesos por lei, contrários aos bons costumes, ou alheios ao contrato; (b) for tratado pelo empregador ou por seus superiores hierárquicos com rigor excessivo; (c) correr perigo de mal considerável; (d) não cumprir o empregador as obrigações do contrato; (e) praticar o empregador ou seus prepostos, contra ele ou pessoas de sua família, ato lesivo da honra e boa fama; (f) o empregador ou seus prepostos ofenderem-no fisicamente, salvo em caso de legítima defesa, própria ou de outrem; (g) o empregador reduzir seu trabalho, sendo este por peça ou tarefa, de forma a afetar sensivelmente a importância dos salários.

Dispõe o art. 36 da Lei n. 4.886/65 sobre representante comercial autônomo. Constituem motivos justos para a rescisão do contrato de representação comercial, pelo representante: (a) a redução de esfera de atividade do representante em desacordo com as cláusulas do contrato; (b) a quebra, direta ou indireta, da exclusividade, se prevista no contrato; (c) a fixação abusiva de preços em relação à zona do representante, com o exclusivo escopo de impossibilitar-lhe ação regular; (d) o não pagamento de sua retribuição na época devida; (e) a força maior.

Em relação ao empregado doméstico, a Lei Complementar n. 150/2015 dispõe que o contrato de trabalho poderá ser rescindido por culpa do empregador quando: I – o empregador exigir serviços superiores às forças do empregado doméstico, defesos por lei, contrários aos bons costumes ou alheios ao contrato; II – o empregado doméstico for tratado pelo empregador ou por sua família com rigor excessivo ou de forma degradante; III – o empregado doméstico correr perigo manifesto de mal considerável; IV – o empregador não cumprir as obrigações do contrato; V – o empregador ou sua família praticar, contra o empregado doméstico ou pessoas de sua família, ato lesivo à honra e à boa fama. A falta tanto pode ser praticada pelo próprio empregador doméstico ou pela família do empregador doméstico; VI – o empregador ou sua família ofender o empregado doméstico ou sua família fisicamente, salvo em caso de legítima defesa, própria ou de outrem; VII – o empregador praticar qualquer das formas de violência doméstica ou familiar contra mulheres de que trata o art. 5º da Lei n. 11.340, de 7 de agosto de 2006 (parágrafo único do art. 27).

Configura-se violência doméstica e familiar contra a mulher qualquer ação ou omissão baseada no gênero que lhe cause morte, lesão, sofrimento físico, sexual ou psicológico e dano moral ou patrimonial: I – no âmbito da unidade doméstica, compreendida como o espaço de convívio permanente de pessoas, com ou sem vínculo familiar, inclusive as esporadicamente agregadas; II – no âmbito da família, compreendida como a comunidade formada por indivíduos que são ou se consideram aparentados, unidos por laços naturais, por afinidade ou por vontade expressa; III – em qualquer relação íntima de afeto, na qual o agressor conviva ou tenha convivido com a ofendida, independentemente de coabitação (art. 5º da Lei n. 11.340/2006). As relações pessoais anteriormente mencionadas independem de orientação sexual (parágrafo único do art. 5º da Lei n. 11.340/2006).

19.2 DENOMINAÇÃO

Na prática, são encontradas as denominações: dispensa indireta ou rescisão indireta.

Dispensa é o local em que são guardados mantimentos. O uso da palavra tem mais de um significado e pode confundir.

A rigor, a rescisão do contrato de trabalho sempre seria direta. O despedimento sempre seria direto. Não se justificaria falar em dispensa indireta ou rescisão indireta. Entretanto, na rescisão indireta não há dispensa propriamente dita de forma direta; apenas o empregador comete um ato que causa a cessação do contrato de trabalho.

O parágrafo único do artigo 27 da Lei Complementar n. 150, ao tratar do empregado doméstico, usa a expressão culpa do empregador.

19.3 CONCEITO

A rescisão indireta ou dispensa indireta é a forma de cessação do contrato de trabalho por decisão do empregado em virtude da justa causa praticada pelo empregador (art. 483 da CLT).

O empregador pratica determinados atos, visando que o empregado peça demissão e, assim, não tenha de pagar aviso prévio e indenização de 40% sobre os depósitos do FGTS.

Na rescisão indireta, o empregado deve, de preferência, avisar o empregador dos motivos por que está retirando-se do serviço, sob pena de a empresa poder considerar a saída do trabalhador abandono de emprego. Isso poderá ser feito por carta, telegrama, intimação pelo Cartório de Registro de Documentos etc.

A única maneira de se verificar a justa causa cometida pelo empregador é o empregado ajuizar ação na Justiça do Trabalho, postulando a rescisão indireta de seu contrato de trabalho.

Dispõe o art. 483 da CLT que o empregado poderá considerar rescindido o contrato de trabalho. Trata-se de faculdade do empregado e não obrigação.

O art. 483 da CLT é taxativo e não meramente exemplificativo.

19.4 FUNDAMENTOS

Não pode o empregado continuar a prestar serviços para o empregador se este cometeu uma violação grave do contrato. Pode ser a hipótese em que o empregado é ofendido pelo empregador. Não tem mais ânimo de continuar a prestar serviços no local.

Na rescisão indireta são requisitos objetivos: gravidade do fato e tipicidade (previsão da falta em lei).

19.5 IMEDIAÇÃO

O empregado deve considerar o contrato de trabalho rescindido o mais rapidamente possível, sob pena de se entender que houve perdão da falta praticada pelo empregador, ou que a falta não foi tão grave a ponto de impedir a continuidade do contrato de trabalho.

A ação deve ser proposta pelo empregado rapidamente, visando demonstrar a atualidade entre a falta praticada pelo empregador e a rescisão indireta. Do contrário, o contrato de trabalho persiste em vigor ou o empregador vai alegar abandono de emprego se o empregado deixar de trabalhar.

O empregado poderá suspender a prestação dos serviços ou rescindir o contrato quando tiver de desempenhar obrigações legais incompatíveis com a continuação do serviço (§ 1º do art. 483 da CLT).

Em caso de não cumprimento pelo empregador das obrigações contratuais e redução por peça ou tarefa que implique diminuição de salários, o empregado pode permanecer ou não no serviço até a final decisão no processo (§ 3º do art.

483 da CLT). Trata-se de faculdade do empregado. Este ajuíza a ação, mas fica ou não trabalhando, a seu critério.

Nas hipóteses das alíneas *a, b, c, e* e *f* do art. 483 da CLT, deve-se entender que o empregado deve afastar-se do emprego e propor a ação com as reparações respectivas.

19.6 GRAVIDADE

O ato praticado pelo empregador deve ser grave para existir a rescisão indireta.

Faltas leves do empregador não implicarão a rescisão indireta do contrato de trabalho, pois se deve preservar o contrato de trabalho em épocas de escassez de empregos.

19.7 AVISO PRÉVIO

A Súmula 31 do TST entendia ser indevido o aviso prévio na rescisão indireta.

A Lei n. 7.108, de 5 de julho de 1983, acrescentou o § 4º ao art. 487 da CLT, determinando o cabimento do aviso prévio na rescisão indireta.

O referido verbete foi cancelado pela Resolução n. 31 do TST, de 1994.

O empregador que, durante o prazo de aviso prévio dado ao empregado, praticar ato que justifique a rescisão indireta do contrato sujeita-se ao pagamento da remuneração correspondente ao prazo do referido aviso, sem prejuízo da indenização que for devida (art. 490 da CLT).

19.8 ÔNUS DA PROVA

O ônus da prova da rescisão indireta é do empregado. Ele é que deverá provar a falta cometida pelo empregador, por se tratar de fato constitutivo do seu direito (art. 818, I, da CLT).

19.9 SENTENÇA

Se a pretensão do empregado, pleiteando a rescisão indireta, for acolhida, a empresa irá pagar-lhe aviso prévio, férias proporcionais, 13º salário proporcional, e levantará o FGTS, acrescido da indenização de 40%. Terá direito, ainda, à liberação do seguro-desemprego.

Rejeitada a pretensão do empregado, não terá direito às reparações econômicas pertinentes, apenas ao saldo de salário e férias vencidas, se houver.

A falta cometida pelo empregador deve ser de tal monta que abale ou torne impossível a continuidade do contrato. Se o empregado tolera repetidamente pequenas infrações cometidas pelo empregador, não se poderá falar em rescisão indireta, devendo o juiz preservar a relação de emprego, pois, principalmente em épocas de crise, é difícil conseguir nova colocação no mercado de trabalho.

Caso o empregado continue trabalhando, a sentença deverá fixar a data em que se considerará o contrato rescindido, que deveria ocorrer com o trânsito em julgado ou na data em que a ação foi proposta, se houver pedido nesse sentido.

As hipóteses de rescisão indireta estão arroladas nas alíneas do art. 483 da CLT.

20
SERVIÇOS SUPERIORES ÀS FORÇAS DO EMPREGADO

20.1 EVOLUÇÃO LEGISLATIVA

O inciso III do art. 1.226 do Código Civil de 1916 previa como justa causa para dar o locador por findo o contrato exigir dele o locatário serviços superiores às suas forças, defesos por lei, contrários aos bons costumes, ou alheios ao contrato.

Determinava o inciso III do art. 8º da Lei n. 62/35 que o empregado poderia rescindir o contrato no caso de "exigir dele, o empregador, serviços superiores às suas forças, defesos por lei, contrários aos bons costumes, ou alheios ao contrato".

A alínea *a* do art. 483 da CLT estabelece que o empregado poderá considerar rescindido o contrato de trabalho quando "forem exigidos serviços superiores às suas forças, defesos por lei, contrários aos bons costumes, ou alheios ao contrato".

O inciso I do parágrafo único do artigo 27 da Lei Complementar n.º 150 estabeleceu: o empregador exigir serviços superiores às forças do empregado doméstico, defesos por lei, contrários aos bons costumes ou alheios ao contrato.

A CLT tratou de quatro situações de exigência de serviços: (a) superiores às forças do empregado; (b) defesos por lei; (c) contrários aos bons costumes; (d) alheios ao contrato.

Vou tratá-los em capítulos distintos.

A primeira hipótese de rescisão indireta é a exigência de serviços superiores às forças do empregado.

20.2 FORÇAS

A palavra *força* contida na lei deve ser entendida como energia.

A expressão *serviços superiores às forças do empregado* deve ser interpretada no sentido amplo, como força física ou intelectual. São serviços superiores à capacidade normal do empregado. São serviços excessivos, além das condições normais do empregado. Se a exigência diz respeito a serviços normais do empregado, não é excessiva.

Reza o parágrafo único do art. 3º da CLT que não haverá distinções relativas à espécie de emprego e à condição do trabalhador, nem entre o trabalho intelectual, técnico e manual. Essa é mais uma razão para dizer que a força também tem o sentido de compreender trabalho intelectual.

Em relação ao empregado que exerce atividade intelectual, chega um ponto que ele também não rende mais naquele dia de trabalho. É o caso de pessoas que fazem serviços estafantes durante a jornada de trabalho, como dos revisores, em que há muita leitura durante o dia todo. Chega um momento em que a pessoa lê e não mais entende o que está lendo, pois sua mente já está cansada. Assim, seria o caso de não se exigirem serviços intelectuais superiores a 10 horas por dia.

À falta de prova ou inexistindo cláusula expressa a tal respeito, entender-se-á que o empregado se obrigou a todo e qualquer serviço compatível com a sua condição pessoal (parágrafo único do art. 456 da CLT).

O empregado pode ser avaliado sobre suas condições de trabalho durante o período de experiência de até 90 dias. O contrato de experiência serve para esse fim. Se o trabalhador não corresponde àquilo que o empregador pretende, não deve ser contratado.

Cada obreiro tem uma condição de trabalho. Uns são mais bem dotados fisicamente, outros intelectualmente. Assim, não há como o empregador exigir um limite de energia do empregado para qualquer caso.

Os serviços superiores às forças do empregado são os que compreendem a quantidade de serviço e não exatamente a sua qualidade.

São serviços superiores às forças o carregamento de pesos além dos limites estabelecidos na lei (arts. 198, 390, § 5º do art. 405 da CLT). Entretanto, eles são analisados como serviços proibidos.

20.3 SERVIÇOS EXIGIDOS

A CLT faz referência a serviços exigidos. Não há necessidade, porém, que eles já tenham sido praticados, mas que vão ser exigidos do empregado. O serviço também poderia ser iniciado e interrompido.

Em certos casos, o trabalhador só irá verificar que o serviço é excessivo depois de executá-lo, pois estaria além de suas forças.

O serviço exigido é individual em relação a cada empregado e não a um grupo de trabalhadores.

20.4 FUNDAMENTOS

A hipótese de rescisão indireta tem fundamento na teoria do abuso de direito. O art. 187 do Código Civil prevê que também comete ato ilícito o titular de um direito que, ao exercê-lo, excede manifestamente os limites impostos pelo seu fim econômico ou social, pela boa-fé ou pelos bons costumes. O direito de o empregador dar ordens ao empregado também não pode ser exercido de forma manifestamente ilegítima e sem qualquer limite.

A exigência de serviços superiores às forças do empregado pode implicar risco à sua integridade física ou intelectual.

20.5 LOCAL DO SERVIÇO

Os serviços a serem exigidos do empregado poderão dizer respeito tanto ao trabalho interno do empregado na empresa quanto ao trabalho externo, caso preste serviços nessas condições. Entretanto, deverão dizer respeito apenas ao contrato de trabalho.

20.6 HORAS EXTRAS

O empregado somente pode trabalhar mais duas horas por dia além do seu horário normal de oito horas (art. 59 da CLT). Em casos de interrupção do trabalho, resultante de causas acidentais, ou de força maior, a duração do trabalho poderá ser prorrogada pelo tempo necessário até o máximo de duas horas, desde que não exceda 10 horas diárias, em período não superior a 45 dias por ano (§ 3º do art. 61 da CLT).

Assim, não poderiam ser exigidos serviços do empregado durante 16 horas por dia, todos os dias, inclusive sem a concessão de intervalo. Tal hipótese caracterizaria rescisão indireta do contrato de trabalho, pois estariam sendo exigidos serviços superiores às forças do empregado. Ele poderia ficar doente ou até ser vítima de acidente do trabalho, em razão do trabalho excessivo.

21
SERVIÇOS DEFESOS POR LEI

21.1 EVOLUÇÃO LEGISLATIVA

Dispunha o inciso III do art. 1.226 do Código Civil de 1916 que são justas causas para dar o locador por findo o contrato exigir dele o locatário serviços superiores às suas forças, defesos por lei, contrários aos bons costumes, ou alheios ao contrato.

Estabelecia o inciso III do art. 8º da Lei n. 62/35 que o empregado pode rescindir o contrato no caso de "exigir dele, o empregador, serviços superiores às suas forças, defesos por lei, contrários aos bons costumes, ou alheios ao contrato".

Determina a alínea *a* do art. 483 da CLT que o empregado poderá considerar rescindido o contrato de trabalho quando "forem exigidos serviços superiores às suas forças, defesos por lei, contrários aos bons costumes, ou alheios ao contrato".

O inciso I do parágrafo único do artigo 27 da Lei Complementar n.º 150 estabeleceu: o empregador exigir serviços superiores às forças do empregado doméstico, defesos por lei, contrários aos bons costumes ou alheios ao contrato.

A segunda hipótese de rescisão indireta ocorre com a exigência de serviços defesos por lei.

21.2 SERVIÇOS

A palavra *serviços* deve ser entendida como a tarefa determinada ao empregado ou o modo de fazê-la.

21.3 SERVIÇOS DEFESOS

Serviços defesos são os proibidos.

A alínea *a* do art. 483 da CLT estabelece o que são serviços proibidos por lei. Não são quaisquer serviços, mas os proibidos pela lei.

21.4 LEI

Na Declaração dos Direitos Universais do Homem, de 1791, "lei é a expressão da vontade geral".

Portalis, na introdução ao Código Civil de Napoleão, afirmava que "lei é o Direito reduzido a regras positivas e preceitos particulares".

A lei é estabelecida para regular condutas. Obriga igualmente a todos.

É a lei geral, que disciplina o comportamento de várias pessoas que estão em certa situação. É abstrata, pois determina uma categoria de ações e não uma ação singular.

Lei em sentido formal é a norma emanada do Estado, e tem caráter imperativo.

Em princípio, lei é a norma aprovada pelo Poder Legislativo. Tanto pode ser a lei ordinária como a lei complementar.

A lei não dispõe expressamente no sentido de que os serviços são os vedados pela lei penal. Se não há distinção na lei, não pode o intérprete fazê-lo (*ubi lex non distinguit, nec nos distinguere debemus*). Leciona Vicente de Paulo Saraiva que:

> a máxima significa que não é lícito ao intérprete restringir a aplicação de uma norma vazada em termos amplos e gerais, seja criando condições não previstas, seja ignorando as existentes. A regra exige cautela em sua aplicação, pois induziria em erro caso circunstância nova adviesse à situação, modificando o conteúdo dos termos[1].

Ensina Carlos Maximiliano que:

> quando o texto dispõe de modo amplo, sem limitações evidentes, é dever do intérprete aplicá-lo a todos os casos particulares que se possam enquadrar na hipótese geral prevista explicitamente; não tente distinguir entre as circunstâncias da questão e as outras; cumpra a norma tal qual é, sem acrescentar condições novas, nem dispensar nenhuma das expressas[2].

Assim é qualquer lei, tanto a lei trabalhista como qualquer outra que vede a prestação de serviços em certas condições.

As medidas provisórias também têm força de lei no período estabelecido no art. 62 da Constituição. Assim, também serão serviços proibidos se nelas estiverem contidos.

---

1. SARAIVA, Vicente de Paulo. *Expressões latinas jurídicas e forenses*. São Paulo: Saraiva, 1999, p. 780.
2. MAXIMILIANO, Carlos. *Hermenêutica e aplicação do direito*. 8. ed. Rio de Janeiro: Freitas Bastos, 1965, p. 259.

Na palavra *lei* não estão inseridas as normas coletivas, isto é, acordos, convenções, contratos ou dissídios coletivos, que não são leis, pois não foram aprovados pelo Poder Legislativo.

No referido termo também não estão incluídos o contrato de trabalho e o regulamento da empresa. Se existe previsão no contrato e este está sendo descumprido, a hipótese é a da alínea *d* do art. 483 da CLT. Se são serviços alheios ao contrato, o fundamento está na alínea *a* do art. 483 da CLT.

21.5 FUNDAMENTOS

A validade da ordem do empregador depende da observância da previsão legal.

Dispõe o art. 104 do Código Civil que a validade do negócio jurídico requer objeto lícito (II) e forma não proibida em lei (III).

Reza o art. 166 do Código Civil que é nulo o negócio jurídico quando for ilícito seu objeto (II) e não revestir a forma prescrita na lei (IV).

Se o empregador viola a previsão da lei, exigindo serviços do empregado que são por ela proibidos, comete um ato ilícito.

21.6 TRABALHO DO MENOR

Ao menor é vedado fazer serviços perigosos (inflamáveis, explosivos e energia elétrica – art. 193 da CLT), insalubres (elementos químicos, físicos ou biológicos) ou trabalho noturno (urbano, das 22 às 5 horas; rural: das 21 às 5 horas, na lavoura, e das 20 às 4 horas, na pecuária) (inciso XXXIII do art. 7º da Lei Maior).

Proíbe também o inciso II do art. 67 da Lei n. 8.069/90 que o menor faça trabalhos penosos. Não existe ainda conceito legal de trabalho penoso.

O menor também não poderá trabalhar em locais que prejudiquem sua formação física, psíquica e moral.

21.7 PESOS

O peso máximo que um empregado pode remover individualmente é 60 kg (art. 198 da CLT). Não se compreende na hipótese a remoção de material feita por impulsão ou tração de vagonetes sobre trilhos, carros de mão ou quaisquer outros aparelhos mecânicos, podendo o Ministério do Trabalho, em tais casos, fixar limites diversos, que evitem sejam exigidos do empregado serviços supe-

MANUAL DA JUSTA CAUSA • Sergio Pinto Martins

riores às suas forças (parágrafo único do art. 198 da CLT). Assim, o empregador não poderia exigir do trabalhador remoção de peso superior a 60 kg, salvo se utilizar vagonetes ou carrinhos de mão.

A exigência de o empregado carregar pesos excessivos pode causar-lhe hérnia, dores lombares, problemas na coluna, que, em muitos casos, podem ser irreversíveis.

O empregador não pode exigir da mulher serviço que demande o emprego de força muscular superior a 20 kg, para o trabalho contínuo, ou 25 kg, para o trabalho ocasional (art. 390 da CLT). Da mesma forma, não está compreendida na referida determinação a remoção de material feita por impulsão ou tração de vagonetes sobre trilhos, de carros de mão ou quaisquer aparelhos mecânicos (parágrafo único do art. 390 da CLT). Seria o caso de se fazer com que as mulheres empregassem força muscular de 30 kg para trabalho contínuo, quando o permitido seria apenas até 20 kg.

Em relação aos menores se aplica a mesma regra prevista para as mulheres (§ 5º do art. 405 da CLT).

21.8 ATIVIDADES ILÍCITAS

O empregador não poderá exigir do empregado que venda entorpecentes proibidos por lei, ou que venda mercadorias oriundas de contrabando.

Da mesma forma, o empregador não poderá ordenar que o empregado faça a coleta de apostas de jogo do bicho, em razão de esse jogo ser considerado contravenção penal.

Trabalhar em horas extras todos os dias não é serviço proibido por lei, mas pode ser considerado exigência de serviços superiores às forças do empregado, se ele não tem mais condições de trabalhar.

22
SERVIÇOS CONTRÁRIOS AOS BONS COSTUMES

22.1 EVOLUÇÃO LEGISLATIVA

Rezava o inciso III do art. 1.226 do Código Civil de 1916 que são justas causas para dar o locador por findo o contrato exigir dele o locatário serviços superiores às suas forças, defesos por lei, contrários aos bons costumes, ou alheios ao contrato.

Previa o inciso III do art. 8º da Lei n. 62/35 que o empregado pode rescindir o contrato no caso de "exigir dele, o empregador, serviços superiores às suas forças, defesos por lei, contrários aos bons costumes, ou alheios ao contrato".

Dispõe a alínea *a* do art. 483 da CLT que o empregado poderá considerar rescindido o contrato de trabalho quando "forem exigidos serviços superiores às suas forças, defesos por lei, contrários aos bons costumes, ou alheios ao contrato".

O inciso I do parágrafo único do artigo 27 da Lei Complementar n.º 150 estabeleceu: o empregador exigir serviços superiores às forças do empregado doméstico, defesos por lei, contrários aos bons costumes ou alheios ao contrato.

A terceira hipótese de rescisão indireta do contrato de trabalho diz respeito à exigência de serviços contrários aos bons costumes.

22.2 COSTUME

O costume é a vontade social decorrente de uma prática reiterada, de certo hábito, do seu exercício.

Serviços contrários aos bons costumes são os imorais.

22.3 MORAL

Moral vem do latim *mos*, *mores* ou *moralis*, que é o relativo aos costumes. Compreende o que é honesto e virtuoso, o que está na consciência das pessoas.

Paulo dizia que nem tudo que é permitido juridicamente é moral (*non omne quod licet honestum est*).

Tem a moral um conceito que varia com o tempo, em razão de questões políticas, sociais e econômicas.

A moral de ontem pode não ser a moral de hoje. Ela varia historicamente e em cada sociedade.

22.4 CARACTERÍSTICAS

Só haverá o costume quando: (a) for habitual um comportamento durante certo período; (b) esse comportamento obrigar a consciência social.

No costume, há dois fatores: (a) objetivo: que é o seu uso prolongado; (b) subjetivo: a convicção jurídica e a certeza de sua imprescindibilidade (*opinio iuris est necessitatis*).

Torna-se o costume Direito quando as pessoas que o praticam reconhecem--lhe a obrigatoriedade, como se fosse uma lei.

Não basta, porém, que haja um uso prolongado do costume, mas que seja observado pelas pessoas obrigatoriamente.

Os bons costumes estão ligados à moralidade e à ética.

Dependem os costumes do que assim é considerado pela sociedade. Esses valores podem se modificar com o tempo.

A moralidade deve ser considerada como a média da sociedade e não a individual de cada pessoa.

22.5 FUNDAMENTOS

O empregador não pode exigir do empregado que faça serviços contrários aos bons costumes, contra aquilo que a sociedade considera imoral, incorreto.

A falta do empregador compreende serviços contrários à moral, como a hipótese de uma recepcionista ou faxineira de casa de tolerância que tivesse de se submeter à conjunção carnal com os frequentadores da casa.

O art. 187 do Código Civil mostra que comete ato ilícito o titular de um direito que excede manifestamente os limites impostos pelos bons costumes.

23
SERVIÇOS ALHEIOS
AO CONTRATO

23.1 EVOLUÇÃO LEGISLATIVA

Determinava o inciso III do art. 1.226 do Código Civil de 1916 que são justas causas para dar o locador por findo o contrato exigir dele o locatário serviços superiores às suas forças, defesos por lei, contrários aos bons costumes, ou alheios ao contrato.

Previa o inciso III do art. 8º da Lei n. 62/35 que o empregado pode rescindir o contrato no caso de "exigir dele, o empregador, serviços superiores às suas forças, defesos por lei, contrários aos bons costumes, ou alheios ao contrato".

Reza a alínea *a* do art. 483 da CLT que o empregado poderá considerar rescindido o contrato de trabalho quando "forem exigidos serviços superiores às suas forças, defesos por lei, contrários aos bons costumes, ou alheios ao contrato".

O inciso I do parágrafo único do artigo 27 da Lei Complementar n.º 150 estabeleceu: o empregador exigir serviços superiores às forças do empregado doméstico, defesos por lei, contrários aos bons costumes ou alheios ao contrato.

A quarta hipótese de rescisão indireta refere-se à exigência de serviços alheios ao contrato de trabalho.

23.2 CONCEITO

Serviços alheios ao contrato são os que não foram combinados, não pactuados, não contratados.

Se o empregador exige serviços alheios ao contrato, estará exigindo algo que está fora da previsão contratual.

23.3 DISTINÇÃO

Distingue-se a exigência de serviços alheios ao contrato do não cumprimento das obrigações do pacto. No primeiro, o empregador tenta criar uma obrigação não contida no contrato de trabalho. Ele amplia a previsão do contrato. No segundo, o empregador não cumpre o que está previsto no pacto sem que haja qualquer justificativa razoável.

Exemplo pode ser o fato de o empregado ter sido contratado como pedreiro. A partir de certo dia, o empregador pretende exigir serviços de carpinteiro dessa mesma pessoa. O trabalhador não tem a referida habilidade e, se o tiver, não foi contratado para esse fim.

A secretária da empresa tem obrigação de fazer seu trabalho, de secretariar seu chefe, enviando e-mails, atendendo a ligações telefônicas, fazendo arquivo, redigindo cartas. Não tem, porém, obrigação de limpar o banheiro do escritório.

A exigência de serviços alheios ao contrato implica humilhação em relação à pessoa do empregado. O empregado é rebaixado no exercício de suas funções.

O segurança da empresa é obrigado a escoltar seu chefe por onde ele vá. Não é, porém, obrigado a matar um desafeto do chefe, se assim lhe for ordenado.

O empregado poderá se recusar a cumprir serviços que não têm previsão no contrato ou são alheios a ele. Não irá constituir ato de insubordinação se o empregado assim fizer.

Em certos casos, por questões técnicas ou outras, o empregado é obrigado a limpar sua máquina ou seu local de trabalho para poder exercer seu mister, às vezes até para entregar o posto a outro trabalhador. Muitas vezes, é o que acontece nos bares quando fecham, em que os empregados fazem limpeza, lavando o estabelecimento.

Não constitui rebaixamento ou humilhação exigir do empregado regras de asseio ou até técnicas, como de lubrificação de máquinas a cada parada etc.

Pode ocorrer de o empregado exercer continuamente suas atividades de forma humilhante, porém acabar se resignando com a situação. Haverá falta de atualidade se o empregado continuar a prestar serviços nessas condições para efeito da caracterização da hipótese de rescisão indireta.

À falta de prova ou inexistindo cláusula expressa a tal respeito, entender-se--á que o empregado se obrigou a todo e qualquer serviço compatível com a sua condição pessoal (parágrafo único do art. 456 da CLT).

No item em comentário, não estão incluídas as hipóteses de transferência do empregado, de trabalho em horas extras, pois não dizem respeito ao serviço em si, mas, no último caso, à quantidade de horas trabalhadas.

24
RIGOR EXCESSIVO

24.1 EVOLUÇÃO LEGISLATIVA

O inciso IV do art. 1.226 do Código Civil de 1916 estabelecia a justa causa na locação de serviços para dar o locador por findo o contrato: "tratá-lo o locatário com rigor excessivo, ou não lhe dar a alimentação conveniente".

Repetiu o inciso IV do art. 8º da Lei n. 62/35 a regra do Código Civil, substituindo a palavra *locatário* por *empregador*. Consistia a justa causa em ser o empregado tratado pelo empregador "com rigor excessivo ou não lhe dar alimentação conveniente".

A alínea *b* do art. 483 da CLT prevê como hipótese de rescisão indireta ser o empregado tratado pelo empregador ou por seus superiores hierárquicos com rigor excessivo. Não foi feita mais referência ao fato de o empregador não dar alimentação conveniente ao empregado, pois não existe mais obrigação legal nesse sentido. Ela pode decorrer da norma coletiva da categoria.

O inciso II do parágrafo único do artigo 27 da Lei Complementar n. 150 prevê: o empregado doméstico for tratado pelo empregador ou por sua família com rigor excessivo ou de forma degradante.

24.2 CONCEITO

Rigor vem do latim *rigore*. Tem o significado de severidade, inflexibilidade, rigidez.

O empregado não deve ser tratado com rigor, muito menos excessivo. A relação de emprego deve ser pautada com educação e cortesia por ambos os sujeitos nela envolvidos.

A situação de subordinação em que está o empregado também não pode envolver ser ele tratado com rigor, mas com urbanidade. O empregado não pode ser maltratado ou tratado grosseiramente pelo empregador. Este deve respeitar o empregado.

O simples rigor não caracteriza a justa causa. É preciso que ele seja excessivo.

O pai educa os filhos com rigor, mas não deve se utilizar de rigor excessivo.

Rigor excessivo é o desmesurado, desproporcional, exagerado, anormal, abusivo, arbitrário, injusto, desnecessário, com falta de razoabilidade. O empregador se excede nos meios de correção ou disciplina em relação ao empregado.

24.3 FUNDAMENTOS

O empregado deve ser tratado com respeito, com apreço e educação pelo empregador. Não poderá, portanto, ser tratado com desrespeito e extremo rigor.

O trabalhador não poderá ser tratado como coisa. Deve haver respeito mútuo entre empregado e empregador. Este não poderá conversar com o empregado aos gritos.

O empregador tem o direito de aplicar punições ao empregado para corrigi-lo.

Elas têm natureza pedagógica, de indicar ao empregado que seu procedimento está errado. Entretanto, o empregador não pode empregar rigor excessivo nas punições do empregado, tratando-o com desrespeito, como se fosse escravo ou servo.

24.4 CARACTERIZAÇÃO

O rigor excessivo geralmente é decorrente do exercício do poder disciplinar do empregador.

Uma mera repreensão ou admoestação ao empregado, ainda que injusta, não caracteriza o rigor excessivo, desde que o empregador não se exceda na advertência ao empregado.

Seria o caso de o empregador punir um empregado que chega cinco minutos atrasado no serviço com suspensão de 29 dias. Deve haver proporcionalidade na punição disciplinar do empregado. Se ela é desarrazoada, o empregador está agindo com rigor excessivo.

Em alguns casos, o empregado é transferido de turno ou de local de trabalho com o objetivo de perseguição do empregador. Configura-se também o rigor excessivo.

A suspensão do empregado por mais de 30 dias (art. 474 da CLT) também sob esse ângulo é considerada rigor excessivo do empregador em relação ao empregado.

Não é insubordinado o empregado que se recusa a cumprir ordem rigorosa, arbitrária, excessiva, ilegal e injusta por parte do empregador. Ao contrário, este é que comete a falta para a rescisão indireta do contrato de trabalho.

Age com rigor excessivo o empregador que adverte a empregada caixa, que não atende corretamente aos clientes, mas ao mesmo tempo a sacode em sua cadeira, dizendo que deve sentar direito. O empregador tem todo o direito de repreender a empregada em razão de ela não atender devidamente os clientes e não se sentar direito, mas não pode chacoalhá-la na cadeira, pois excedeu o direito de admoestá-la.

É a hipótese de um empregado ser tratado com extremo rigor e em relação a outro, em situação idêntica, assim não fazer o empregador. É o que ocorreria se apenas um empregado fosse revistado ao sair da empresa e os demais não, salvo se isso ocorrer por sorteio ou aleatoriamente. Entretanto, se o mesmo empregado é revistado todas as vezes, sem que ocorra o mesmo em relação aos demais, constitui esse fato rigor excessivo do empregador.

Pode ocorrer um tratamento discriminatório em relação ao empregado.

O rigor excessivo não deixa de ser uma forma de abuso do poder de direção do empregador.

24.5 EMPREGADOR

Empregador é a empresa, individual ou coletiva, segundo o art. 2º da CLT.

A lei quer dizer, com empregador, o dirigente da empresa, o proprietário.

Poderá ser o empregador, quando este exerce suas atividades sob a forma de pessoa física.

24.6 SUPERIOR HIERÁRQUICO

A letra *b* do art. 483 da CLT utiliza a conjunção alternativa *ou* na expressão *empregador ou superiores hierárquicos*. Está correto o legislador, pois a falta é cometida por qualquer dos dois: o empregador ou o superior hierárquico.

Não se exige, portanto, que a falta seja cometida ao mesmo tempo pelo empregador e pelo superior hierárquico, mas por um dos dois.

Não havia necessidade de o legislador da CLT ter feito referência a empregador e superior hierárquico, pois os donos da empresa, diretores, são superiores hierárquicos. Bastaria ter dito superior hierárquico, que é o gênero, que abrangeria os proprietários ou sócios da empresa, que são superiores hierárquicos do empregado.

MANUAL DA JUSTA CAUSA • Sergio Pinto Martins

A CLT já fez referência à expressão *superiores hierárquicos,* no plural, que abrange qualquer pessoa. Seria possível entender a necessidade da ofensa a mais de um superior hierárquico ao mesmo tempo, mas o que a lei pretende estabelecer é a ofensa a qualquer superior hierárquico.

Superior hierárquico é toda pessoa que determina ordens na empresa. Isso começa com o dono da empresa, passa pelos chefes, subchefes, encarregados etc., dependendo da ordem hierárquica estabelecida na empresa.

A empresa é organizada sob a forma piramidal.

O superior hierárquico é verificado numa ordem vertical, ascendente na empresa. Na base estão os operários ou trabalhadores desqualificados. Acima deles estão os subchefes, os chefes de seção, o gerente, o superintendente, o diretor, o dono da empresa etc.

A alínea *b* do art. 483 da CLT faz referência a *seus superiores hierárquicos.* São os superiores hierárquicos do empregado. Se a falta for cometida por superior que não é hierárquico ao empregado, não se caracteriza a rescisão indireta com base na alínea *b* do art. 483 da CLT.

24.7 INTENÇÃO

O rigor excessivo mostra o dolo do empregador, em querer prejudicar ou perseguir o empregado.

É preciso, porém, levar em consideração o ambiente em que a falta é praticada e o grau de educação do empregador para se verificar o rigor excessivo.

24.8 ATO ÚNICO

A lei não exige que o rigor excessivo do empregador seja habitual, contínuo, contumaz etc. Se a lei não distingue, não cabe ao intérprete fazê-lo.

Assim, um único ato praticado pelo empregador, com rigor excessivo, tipifica a falta em discussão, desde que seja grave.

É claro que na prática poderá haver a repetição do rigor excessivo do empregador na forma de tratar o empregado.

24.9 JURISPRUDÊNCIA

Não age com rigor excessivo o empregador que leva pelo braço, para fora do estabelecimento, o empregado que teima em não acatar ordem de retirar-se. Não enseja revista o acórdão regional que assim houver decidido (TST, Pleno, Proc. 6.027/50, rel. Min. Júlio Barata, *Revista do TST,* set./dez. 1955).

25
PERIGO DE MAL CONSIDERÁVEL

25.1 EVOLUÇÃO LEGISLATIVA

O inciso V do art. 1.226 do Código Civil de 1916 previa que o locador poderia dar por findo o contrato quando "correr perigo manifesto de dano ou mal considerável".

Estabeleceu o inciso V do art. 8º da Lei n. 62, de 1935, que o empregado pode considerar rescindido o contrato de trabalho se "correr perigo manifesto de dano ou mal considerável".

Dispõe a alínea *c* do art. 483 da CLT sobre a hipótese de o empregado correr perigo manifesto de mal considerável. O dispositivo não repetiu a Lei n. 62 no sentido de exigir um dano.

O inciso III do parágrafo único do artigo 27 da Lei Complementar n. 150 prevê: o empregado doméstico correr perigo manifesto de mal considerável.

25.2 MAL CONSIDERÁVEL

Mal é aquilo que é prejudicial, nocivo.

Perigo manifesto é o evidente, claro, notório. Não pode ser um perigo imaginável. É um perigo que pode atingir a integridade física do trabalhador.

Correr perigo quer dizer uma hipótese que ainda não se consumou, que está para acontecer. Não significa que o empregado esteja enfrentando o perigo. Isso, porém, pode acontecer.

A lei não faz distinção em relação à forma de se verificar o perigo, que pode decorrer dos equipamentos da empresa, das substâncias com as quais o empregado tem contato etc.

Em princípio, qualquer trabalho, por mais leve que seja, oferece riscos. O empregado poderá trabalhar no escritório e fazer um corte no dedo com uma folha de papel, que, por sinal, incomoda bastante.

Mal considerável não representa os riscos normais da profissão, mas os anormais ou excepcionais.

O mineiro presta serviços considerados perigosos ou até penosos, mas não se pode dizer que corre perigo de mal considerável, pois é o risco inerente à sua profissão.

O bombeiro arrisca a sua vida ao tentar apagar o fogo. Sua profissão é perigosa.

É o que ocorre com o mergulhador, com o piloto de corridas de automóveis etc.

Há um risco normal da sua profissão.

O mal considerável pode ser adquirido em razão de que o perigo está na empresa, até mesmo pelo fato de que ela não atende às condições de segurança e medicina de trabalho. A falta estará, então, caracterizada.

Não se pode dizer que o empregado que presta serviços na lavoura, em dias com muito sol ou chuva, corre perigo de mal considerável, pois isso diz respeito ao exercício de sua profissão.

O empregador poderia exigir do empregado o trabalho em local em que este pudesse contrair doença ou moléstia grave, ou outro fato que viesse a pôr em risco sua saúde, sua vida ou sua integridade física.

O fato de o trabalhador prestar serviços em local insalubre não representa, em princípio, perigo de mal considerável, pois o elemento insalubre vai agindo lentamente no organismo do empregado, prejudicando sua saúde a longo prazo. Somente tempos depois é que vai aparecer um resultado no organismo do empregado. É o que ocorre com as doenças profissionais. Não é a mesma coisa que um perigo manifesto de mal considerável, que pode ocorrer a qualquer momento.

O mal considerável pode ser entendido em relação às hipóteses de acidente do trabalho.

25.3 FUNDAMENTOS

Deve haver respeito à integridade física do trabalhador.

O trabalhador pode se recusar a prestar serviços que lhe possam acarretar perigo de mal considerável. É o *ius resistenciae* do empregado.

26
DESCUMPRIMENTO DAS OBRIGAÇÕES CONTRATUAIS

26.1 EVOLUÇÃO LEGISLATIVA

O inciso VI do art. 1.226 do Código Civil de 1916 previa hipótese de justa causa para dar o locador por findo o contrato por "não cumprir o locatário as obrigações do contrato".

Dispõe o inciso VI do art. 8º da Lei n. 62/35 como hipótese de o empregador dar por rescindido o contrato quando "não cumprir o empregador as obrigações do contrato". Houve, portanto, a substituição da palavra *locador*, contida no Código Civil de 1916, por *empregador*.

Trata a alínea *d* do art. 483 da CLT da hipótese de rescisão do contrato de trabalho pelo fato de o empregador não cumprir as obrigações do contrato.

O inciso IV do parágrafo único do artigo 27 da Lei Complementar n.º 150 dispõe: o empregador não cumprir as obrigações do contrato.

26.2 CONCEITO

A hipótese de rescisão indireta trata de descumprimento das obrigações contratuais.

A alínea *d* do art. 483 da CLT não faz referência a obrigações legais, nem decorrentes de normas coletivas, como os dissídios, convenções ou acordos coletivos. Entendo que deve haver interpretação restritiva e não ampliativa da hipótese em discussão[1].

---

1. No mesmo sentido, Antônio Lamarca (*Manual das justas causas*. 2. ed. São Paulo: Revista dos Tribunais, 1983, p. 525-527), Wagner Giglio (*Justa causa*. 10. ed. São Paulo: Saraiva, 2002, p. 403) e Dorval Lacerda (*A falta grave no direito do trabalho*. 4. ed. Rio de Janeiro: Edições Trabalhistas, 1976, p. 256) afirmam que o descumprimento de obrigações legais ou contratuais importam rescisão indireta do contrato de trabalho.

MANUAL DA JUSTA CAUSA • Sergio Pinto Martins

A interpretação sistemática do art. 468 da CLT mostra que a palavra *contrato* deve ter interpretação restritiva. Dispõe o artigo sobre alteração de condições estabelecidas no contrato individual de trabalho. Não trata de alterações feitas pelo empregador contrárias à previsão da lei ou da norma coletiva.

Infração à lei não é descumprimento de obrigações contidas no contrato.

A não concessão de férias e o não pagamento do 13º salário representam obrigações legais e não contratuais. As obrigações legais do empregador para com o empregado são decorrentes da existência do contrato de trabalho, mas não são exatamente cláusulas do contrato de trabalho.

Exceção ocorrerá se alguns dos direitos trabalhistas previstos na lei foram inseridos no contrato de trabalho, ou se no contrato de trabalho existir uma condição ou cláusula mais benéfica quanto a tais direitos.

O contrato de trabalho pode ser expresso ou tácito. O contrato expresso pode ser verbal ou escrito. No contrato tácito, não há ajuste entre as partes, apenas o empregado começa a trabalhar sem oposição do empregador, que lhe paga salários.

Menciona a alínea *d* do art. 483 da CLT o descumprimento das obrigações contratuais, que estão, portanto, previstas no contrato, isto é, decorrem do ajuste de vontade entre as partes e não da lei ou da norma coletiva.

Podem certas cláusulas do pacto laboral não estar previstas no contrato de trabalho, mas no regulamento de empresa ou em outro costume que a empresa adote. Certas obrigações também podem estar anotadas na Carteira de Trabalho do empregado. Mesmo assim, são obrigações contratuais.

26.3 FUNDAMENTOS

A hipótese de rescisão indireta tem fundamento no *pacta sunt servanda*, que significa que os acordos devem ser cumpridos. O contrato é lei entre as partes.

Quem descumpre o contrato estará violando-o.

26.4 INTENÇÃO

Deixar de cumprir as obrigações do contrato não exige dolo do empregador ou a sua intenção de prejudicar o empregado. O empregador pode deixar de pagar os salários ao empregado, mas não tem interesse em prejudicá-lo, apenas não tem condições de saldar suas obrigações, pois passa por difícil situação financeira. Mesmo assim, estará configurada a rescisão indireta em razão do prejuízo causado ao empregado.

26.5 GRAVIDADE

A falta de cumprimento do contrato de trabalho deve ser grave, não podendo ser reparada por penalidades ou pelo ajuizamento da reclamação perante a Justiça do Trabalho.

Em muitos casos, o empregado prefere não ajuizar a ação na Justiça do Trabalho, pois tem medo de o empregador, em represália, dispensá-lo do serviço.

26.6 ATUALIDADE

O fato de o empregador descumprir as obrigações do contrato exige que a falta seja atual. Se passar algum tempo sem que o empregado ajuíze a ação, ficará descaracterizada a falta, entendendo-se que o empregado perdoou o empregador.

Há faltas que podem ocorrer todos os dias ou todo mês, como o não pagamento de salários. Assim, dependendo do caso, a falta se renova dia a dia ou mês a mês.

26.7 FALTA DE FORNECIMENTO DE TRABALHO

O empregador tem obrigação de proporcionar trabalho ao empregado. Se o empregador não o faz, descumpre uma das obrigações contratuais.

O empregado se sente desprestigiado, humilhado e inútil pelo fato de que não está trabalhando.

Geralmente, quando ocorre tal hipótese, o empregador tem por objetivo colocar o empregado na "geladeira", pressionando-o para que peça demissão. A finalidade do empregador é realmente de humilhar o empregado.

Há, portanto, respaldo para a rescisão indireta do contrato de trabalho pela falta de fornecimento de trabalho ao empregado.

No mesmo sentido a posição da jurisprudência:

> Constitui justa causa grave patronal, deixar o empregado sem trabalho (TST, ERR 3.751/82, Ac. 1.559/88, rel. Min. Orlando Teixeira da Costa, j. 15-9-1988).

Exceção será a hipótese em que não exista serviço a ser prestado sem qualquer culpa do empregador, como, por exemplo, em certos períodos em que a empresa não tem encomendas, em que o serviço realmente diminuiu.

26.8 FALTA DE ANOTAÇÃO NA CTPS

A falta de anotação na CTPS do empregado não caracteriza rescisão indireta, pois o contrato de trabalho pode ser verbal ou escrito. Além disso, se a pessoa é realmente empregada, é segurada obrigatória da Previdência Social, fazendo

230 MANUAL DA JUSTA CAUSA • Sergio Pinto Martins

jus aos benefícios previdenciários, independentemente do recolhimento da contribuição previdenciária por parte do empregador, observado o período de carência. Não entendo que o ato implique gravidade, pois inclusive pode ser reparado perante o Poder Judiciário.

Na jurisprudência, há o mesmo entendimento:

> Recurso de revista. Rescisão indireta do contrato de trabalho. Falta de anotação da CTPS. Gravidade inocorrente. A simples falta de anotação da CTPS, não negado o vínculo, não é suficientemente grave a ensejar a rescisão indireta do contrato de trabalho, eis que o empregado dispõe de previsão legal específica para ver cumprida essa exigência e a regra do art. 483, d, da CLT deve ser interpretada de forma restritiva, privilegiando o vínculo. Recurso conhecido, mas improvido (TST, RR 372852/1997.6, 2ª T., rel. Juiz José Pedro de Camargo Rodrigues de Souza, DJU 16-11-2001, p. 508).

Em certos casos, é o empregado que não quer ser registrado, como na hipótese de ser aposentado e não querer que sejam feitos os descontos da contribuição previdenciária. Outros empregados não querem que seja anotada certa função na CTPS com a alegação de que irá "sujar a sua carteira". Assim, há também culpa do empregado em não querer ser registrado, não dando ensejo essas hipóteses à rescisão indireta do contrato de trabalho.

Havendo dúvida a respeito da existência da relação de emprego, discutida em processo judicial, a rescisão indireta é indevida, justamente porque anteriormente à decisão não se reconhecia o vínculo de emprego. Dessa forma, não se pode falar em não observância das obrigações do contrato, pois a situação é controvertida. A rescisão indireta só é admissível quando o empregador reconhece o vínculo de emprego, não atendendo ao disposto no art. 483 da CLT.

O TST também já decidiu:

> Rescisão indireta do contrato de trabalho. Se o empregado nunca reclamou o reconhecimento da relação de emprego, não pode, depois, vir em juízo pleitear a rescisão indireta de seu contrato de trabalho com base no descumprimento da legislação trabalhista, sem que haja qualquer fato novo, pois havendo controvérsia em torno da própria existência da relação de emprego, não há que se falar em infração às normas que regem o contrato de trabalho. Assim, controversa a existência do contrato de trabalho, reconhecido apenas através da Justiça, inexiste lesão do empregador ao mesmo, por não reconhecê-lo, de forma a, uma vez admitido, rescindi-lo com apoio na letra d do art. 483 consolidado. Recurso parcialmente conhecido e provido (TST, RR 66.955/92.0, Ac. 4.455/93, 2ª T., red. design. Min. Vantuil Abdala, DJU 18-3-1994, p. 5.308).

26.9 FALTA DE PAGAMENTO DE SALÁRIOS

A principal obrigação do empregador é pagar salários ao empregado. Este presta os serviços na esperança de receber seus salários. O empregado tem compromissos que assume em decorrência do salário que ganha.

Dispõe o art. 472 do Código Civil que, nos contratos bilaterais, nenhum dos contratantes, antes de cumprida sua obrigação, pode exigir o implemento da do outro. Interpretada *a contrario sensu* a referida regra, uma vez cumprida a obrigação do empregado de trabalhar, tem a empresa a obrigação de lhe pagar salários.

Considera-se a empresa em mora contumaz quando o atraso ou a sonegação de salários devidos ao empregado ocorram por período igual ou superior a três meses, sem motivo grave e relevante, excluídas as causas pertinentes ao risco do empreendimento (§ 1º do art. 2º do Decreto-Lei n. 368/68). Nesse caso, considera-se que há fundamento para a rescisão indireta por parte do empregado.

A 1ª Turma do TST entendeu em sentido contrário:

> Rescisão indireta. Mora salarial. Configuração. O Decreto-Lei n. 368/1968 apenas repercute nas esferas administrativa, penal e fiscal, e não na trabalhista em sentido estrito. Assim, no âmbito do Direito do Trabalho, a mora contumaz ali albergada somente tem importância para a área da fiscalização a cargo dos órgãos de inspeção do trabalho, não incidindo no campo do direito individual, para fins de caracterização de ato faltoso do empregador. Até porque o prazo previsto no § 1º do art. 2º do referido diploma legal (três meses) é extremamente longo para ter aplicação no domínio contratual, mormente considerando-se a natureza alimentar do crédito devido ao obreiro. Não é crível que um empregado tenha que aguardar pacificamente mais de noventa dias para receber a contraprestação pecuniária pelo trabalho já realizado. Dessa forma, o atraso no pagamento dos salários, independentemente de configurar a mora contumaz nos moldes do art. 2º, § 1º, do Decreto-Lei n. 368/1968 e desde que não seja meramente eventual, caracteriza inadimplemento das obrigações contratuais por parte do empregador, ensejando a resolução do contrato por ato culposo da reclamada, na forma do art. 483, *d*, da Consolidação das Leis do Trabalho, que dispõe: "O empregado poderá considerar rescindido o contrato e pleitear a devida indenização quando [...] não cumprir o empregador as obrigações do contrato". Lembre-se que o salário é a principal obrigação do empregador no âmbito do contrato de trabalho. Recurso de revista conhecido e provido (TST, RR 433/2005-020-10-00.8, rel. Min. Lélio Bentes Corrêa, *DJe* 18-9-2009).

Integram os salários as gratificações legais e as comissões (§ 1º do art. 457 da CLT). A falta de pagamento de tais verbas também caracteriza a rescisão indireta do contrato de trabalho, no período mencionado.

O empregador também pode ser impontual no pagamento dos salários, que deveriam ser pagos até o quinto dia útil do mês seguinte ao vencido (§ 1º do art. 459 da CLT). Todo mês o empregador atrasa o pagamento dos salários e não cumpre a previsão legal mencionada. Nessa hipótese, o pagamento é feito todo mês, mas há atraso. O empregador deveria ser responsabilizado pela impontualidade do empregado no pagamento das suas obrigações. A questão não é tão séria assim. Dependendo do atraso e do número de vezes em que isso ocorreu, a falta pode ser tolerada, preservando-se o posto de trabalho, até mesmo em razão dos problemas do desemprego.

O pagamento de salários atrasados em audiência não elide a mora capaz de determinar a rescisão do contrato de trabalho (Súmula 13 do TST).

A forma de pagamento de salários pode estar prevista no contrato de trabalho, como o fato de o empregado ganhar por hora ou por comissão. Alterações do contido no contrato implicarão descumprimento do pactuado.

26.10 ALTERAÇÕES ILÍCITAS

Alterações ilícitas do contrato de trabalho implicam descumprimento do pactuado. Há violação do que foi estabelecido no contrato. Alteração é forma de inadimplemento do que foi pactuado. A cláusula contratual alterada abusivamente pelo empregador implica dizer que não está sendo cumprida tal como foi pactuada.

O art. 468 da CLT permite alterações no contrato de trabalho desde que sejam por mútuo consentimento e não causem prejuízo ao empregado. Assim, mesmo que a alteração seja feita por mútuo consentimento, mas cause prejuízo ao empregado, ela não será permitida.

O empregador, porém, por exceção, poderá fazer pequenas modificações no contrato de trabalho, desde que não cause prejuízo ao empregado. É o chamado *ius variandi*. Nesse caso, não se pode falar que o empregado está descumprindo as obrigações do contrato.

O empregador que reduz zona de vendas ou modifica a forma de cálculo das comissões causa prejuízo ao empregado e não cumpre as obrigações contratuais.

Se o empregado recebia por mês e passa a receber de acordo com as peças ou tarefas que produz, sofrendo prejuízo na mudança, estará caracterizado o não cumprimento do contrato.

26.11 ALTERAÇÃO DO LOCAL DE TRABALHO

O contrato pode conter cláusula no sentido de estabelecer que o local de trabalho é certa cidade. Se o empregador altera o local de trabalho, sem que exista cláusula explícita ou implícita ou decorra de necessidade real de serviço, não cumpre as obrigações do contrato.

As transferências do empregado em decorrência do exercício de cargo de confiança, de extinção de estabelecimento, ou quando forem provisórias serão lícitas, pois são autorizadas nos parágrafos do art. 469 da CLT.

O empregado que fica muito tempo no local para onde foi transferido não terá o elemento atualidade para reivindicar a rescisão indireta. Assim, o empre-

26 • DESCUMPRIMENTO DAS OBRIGAÇÕES CONTRATUAIS

gado que queira rescindir o contrato, por alteração ilícita do empregador, deve fazer a postulação o mais rápido possível, quando perceber o prejuízo que sofreu com o ato do empregador, que pode ocorrer com o recebimento do primeiro ou até do segundo salário.

26.12 ALTERAÇÃO DO HORÁRIO DE TRABALHO

A alteração do horário de trabalho, diverso do previsto contratualmente, pode trazer prejuízos para o empregado, como na hipótese em que tem mais de um emprego, de horário destinado a estudo, em que o empregado faz, por exemplo, curso superior. Representa alteração ilícita do pacto (art. 468 da CLT).

Alterando o empregador o horário de trabalho do empregado do período diurno para o noturno, causa prejuízos ao empregado, que passa a trabalhar à noite, que é o período normalmente utilizado pelas pessoas para descansar. O mesmo pode ocorrer, dependendo do caso, se o empregado trabalha durante o dia e passa a prestar serviços em horários mistos, parte no período diurno e parte no período noturno.

A transferência do empregado do período noturno para o período diurno não implica violação ao contrato. A situação é mais benéfica para o empregado que vai deixar de trabalhar à noite, que é um período mais cansativo para o trabalho. A Súmula 265 do TST é clara no sentido de que a transferência para o período diurno do trabalho implica a perda do direito ao adicional noturno.

A falta de concessão de intervalo não é motivo para a rescisão indireta, pois o empregado pode pedir em juízo a reparação com base no § 4º do art. 71 da CLT.

Falta de pagamento de hora extra não significa que a empresa deixou de cumprir as obrigações do contrato. Hora extra tem previsão em lei. Não há violação à alínea *d* do art. 483 da CLT.

26.13 ALTERAÇÃO DA JORNADA DE TRABALHO

A jornada normal de trabalho é de 8 horas e o módulo semanal é de 44 horas. Certos trabalhadores têm jornada diferenciada, como: (a) os cabineiros de elevador, mineiros (art. 293 da CLT), bancários (art. 224 da CLT), operadores cinematográficos (art. 234 da CLT) que trabalham seis horas; (b) os jornalistas, que prestam serviços por cinco ou sete horas por dia (art. 289 da CLT).

Muitas vezes, a jornada de trabalho do empregado pode estar estabelecida no contrato de trabalho, pois foi a vontade das partes.

O empregado só pode prorrogar sua jornada em caso de acordo de compensação (art. 59 da CLT), necessidade imperiosa (art. 61 da CLT) ou recuperação de tempo perdido (§ 3º do art. 61 da CLT), urgência ou acidentes no setor ferroviário (art. 240).

Na maioria das vezes o empregado acaba aceitando o trabalho em horas extras, ainda que tacitamente, em razão do acréscimo de pelo menos 50% sobre a hora normal que deve receber.

A falta de pagamento de horas extras ou a supressão de horas extras não são fundamentos para a rescisão indireta do contrato de trabalho, pois não representam descumprimento do contrato. No último caso, a Súmula 291 do TST esclarece que a supressão, pelo empregador, do serviço suplementar prestado com habitualidade durante pelo menos um ano assegura ao empregado o direito à indenização correspondente ao valor de um mês das horas suprimidas para cada ano ou fração igual ou superior a seis meses de prestação de serviço acima da jornada normal. Hora extra tem previsão em lei ou na norma coletiva e não no contrato de trabalho.

26.14 DESCUMPRIMENTO DE MEDIDAS DE SEGURANÇA E HIGIENE DO TRABALHO

O descumprimento de medidas de segurança e higiene do trabalho pode implicar que o trabalhador corra perigo de mal considerável, mas não representa infração contratual, pois geralmente não tem previsão no contrato de trabalho, mas na lei. Trata-se de descumprimento de obrigação legal, contida nos arts. 154 a 201 da CLT.

26.15 FALTA DE DEPÓSITO DO FGTS

Eduardo Gabriel Saad entende que, se o empregador não deposita o FGTS, o empregado pode pedir a rescisão indireta do contrato de trabalho, dizendo que houve o descumprimento de uma das obrigações dele derivadas[2].

O fato de o empregador não vir depositando o FGTS durante o pacto laboral não constitui violação à alínea *d* do art. 483 da CLT, visto que o empregado não pode levantar o FGTS na constância da relação de emprego, nem existe prejuízo ao obreiro durante a vigência do pacto laboral.

---

2. SAAD, Eduardo Gabriel. *Comentários à lei do fundo de garantia do tempo de serviço*. 3. ed. São Paulo: LTr, 1995, p. 330. Wagner Giglio tem o mesmo entendimento (*Justa causa*. 7. ed. São Paulo: Saraiva, 2000, p. 408).

Na verdade, a obrigação de depósito do FGTS é legal e não contratual, pois não integra de modo geral o contrato de trabalho, até porque o empregado não é mais optante do FGTS. Representa obrigação legal, por ter previsão na Lei n. 8.036. Não tem previsão no contrato de trabalho. Logo, não pode ter natureza contratual. Se o inciso III do art. 7º da Constituição prevê o direito ao FGTS, não se trata de obrigação contratual, mas legal, na forma prevista em lei.

A lei permite, inclusive, que o empregado ajuíze ação contra o empregador para postular o recolhimento do FGTS, mesmo na vigência do contrato de trabalho, o que também pode ser feito pelo sindicato (art. 25 da Lei n. 8.036).

O Pleno do TST já decidiu da mesma forma:

> Contrato de trabalho. Resolução por culpa do empregador. Inexistência dos depósitos na conta do Fundo de Garantia do Tempo de Serviço. A legislação em vigor apenas atribui pretensão ao empregado ligada aos depósitos do Fundo em determinadas hipóteses. Se vigente o contrato de trabalho o empregado não tem demanda para pleitear condenação do empregador à feitura dos depósitos, porque não verificado um dos casos exaustivamente mencionados em lei, forçoso é concluir, *a fortiori* e mediante interpretação sistemática, que também não tem a pertinente à resolução do contrato de trabalho. Se o legislador resolveu de certa forma um caso determinado, pode-se concluir que a mesma solução se aplica a um caso mais favorável (inteligência do art. 483 da Consolidação das Leis do Trabalho e arts. 19 e 21 da Lei n. 5.107/66 e 59 e 60 do Decreto Regulamentador n. 59.820/66) (TST, ERR 3066/81, Pleno, rel. design. Min. Marco Aurélio de Farias Mello, j. 26-11-1987, *DJU* 22-4-1988, p. 9.189).

As hipóteses que poderiam acarretar prejuízo ao empregado seriam a de este necessitar do FGTS para algum fim, como em caso de amortização ou pagamento de prestações da casa própria, de inundação, ventania etc.

26.16 FALTA DE RECOLHIMENTO DA CONTRIBUIÇÃO PREVIDENCIÁRIA

A falta de recolhimento da contribuição previdenciária não é fundamento para a rescisão indireta do contrato de trabalho, pois o empregado não precisa provar o recolhimento da contribuição para ter direito ao benefício previdenciário. Deve provar o tempo que trabalhou na empresa, que é considerado tempo de contribuição, e ter período de carência.

A exceção diz respeito ao empregado doméstico, que necessita provar o recolhimento da contribuição para ter direito ao benefício. Entretanto, tal falta não é tão grave assim que impeça a continuidade do contrato de trabalho. A hipótese que pode dar ensejo à rescisão indireta é o fato de o empregado doméstico necessitar provar o recolhimento das contribuições para fazer jus a auxílio-doença, salário-maternidade etc. Se o INSS não lhe pagar o benefício, poderá se falar em rescisão indireta, diante da falta de recolhimento da contribuição previdenciária por parte do empregador doméstico.

26.17 FALTA DE RECOLHIMENTO DO PIS

A contribuição do PIS financia o seguro-desemprego e o abono do PIS. A falta do recolhimento da referida contribuição não implica prejuízo grave ao empregado, pois também pode ser reparado perante a Justiça do Trabalho.

Se o empregado ganha mais de dois salários mínimos por mês, não tem prejuízo com a falta de recolhimento da referida contribuição, pois não lhe é devido o abono (§ 3º do art. 239 da Constituição).

26.18 JOGADOR DE FUTEBOL

O art. 31 da Lei n. 9.615/98 trata da rescisão indireta para o jogador de futebol em caso de atraso de salários por período igual ou superior a três meses, no todo ou em parte. Faz referência a salário e não a outras verbas. São entendidos como salário o abono de férias, o 13º salário, as gratificações, os prêmios e demais verbas inclusas no contrato de trabalho.

A mora contumaz também fica caracterizada em razão do não recolhimento do FGTS e das contribuições previdenciárias (§ 2º). É a única hipótese em que a lei é clara no sentido de caracterizar a mora pela falta de depósitos do FGTS e das contribuições previdenciárias.

27
OFENSA À HONRA E BOA FAMA

27.1 HISTÓRICO

Dispunha o inciso VII do art. 1.226 do Código Civil de 1916 que o locador poderia considerar justa causa para a rescisão do contrato quando o locatário o ofendia ou tentasse ofendê-lo na honra de pessoa de sua família.

O inciso VII do art. 8º da Lei n. 62, de 1935, previa que o empregado poderia deixar o emprego ou rescindir o contrato, caso o empregador o ofendesse, ou tentasse ofendê-lo na honra de pessoa de sua família.

A alínea *e* do art. 483 da CLT trata da hipótese de praticar o empregador ou seus prepostos, contra o empregado ou pessoas de sua família, ato lesivo da honra e boa fama.

O inciso V do parágrafo único do artigo 27 da Lei Complementar n.º 150 dispõe: o empregador ou sua família praticar, contra o empregado doméstico ou pessoas de sua família, ato lesivo à honra e à boa fama.

27.2 CONCEITO

Os conceitos de honra e boa fama são os mesmos para o Direito Penal e para o Direito do Trabalho. Não há honra especial para os fins do Direito do Trabalho. Compreendem os crimes de injúria, calúnia e difamação.

Entretanto, dependendo da hipótese, a falta pode não ser crime ou pode ter havido a prescrição da pretensão punitiva, mas caracterizar a rescisão indireta no âmbito trabalhista. Não existirá crime, mas a rescisão indireta irá ocorrer se as afirmações forem ofensivas. Pode ocorrer o crime e não a rescisão indireta, em razão de que a punição não foi atual.

A rescisão indireta ocorre se o empregador ou seus prepostos ofenderem a honra e boa fama do empregado ou de pessoas de sua família. É o que aconteceria com atos caluniosos, injuriosos ou de difamação.

A CLT trata de duas faltas: (a) honra; (b) boa fama.

A alínea *e* do art. 483 da CLT não faz referência quanto à falta ser cometida em serviço, além do que não menciona que há a exclusão da falta na hipótese de legítima defesa. Houve troca da expressão *superiores hierárquicos* por *prepostos* e houve a inclusão da expressão *pessoas de sua família*.

27.3 FUNDAMENTOS

O fundamento da falta é a violação da boa convivência social entre as pessoas, de educação, de civilidade.

No ambiente de trabalho, deve existir respeito mútuo entre as pessoas. O empregador deve respeitar a pessoa humana do empregado.

As ofensas dirigidas ao empregado causam-lhe constrangimento e humilhação, que o privam de ter o contato normal com o ambiente de trabalho. Haverá incompatibilidade e constrangimento entre a vítima e o ofensor, se ambos continuarem a trabalhar na empresa. Um empregado constrangido não produz o necessário na empresa.

27.4 ATO LESIVO

A lei emprega a palavra *ato*. Este tem significado de ação. No caso, não implica omissão, pois para ofender a honra ou boa fama de alguém é preciso um ato e não uma omissão.

Lesar é ofender, causar dano, causar lesão a outra pessoa.

Ato lesivo é o que ofende a outra pessoa.

Pode o ato lesivo ser qualificado por palavras, gestos ou atitudes, como a do empregador que une o polegar e o indicador num círculo, com os demais dedos da mão levantados, e mostra para o empregado.

27.5 HONRA OU BOA FAMA

A letra *e* do art. 482 da CLT trata da falta do empregador que viola a honra e boa fama do empregado. Na verdade, o objetivo da lei não é a inclusão de uma situação cumulativa, pois do contrário ela só existiria se envolvesse ao mesmo tempo honra e boa fama. Somente uma das duas hipóteses não caracterizaria a falta. A interpretação da lei, porém, não pode chegar ao absurdo. Assim, a forma correta de se interpretar a norma legal é entender que a conjunção é alternativa.

Haverá a hipótese de rescisão indireta tanto se houver violação da honra como da boa fama do empregado.

Honra e boa fama têm, inclusive, significados diversos. Honra tem o sentido de honestidade. A boa fama seria a honra objetiva. A honra mencionada pela lei trabalhista seria a honra subjetiva.

Os crimes contra a honra são divididos em calúnia, difamação e injúria.

Calúnia é imputar a alguém falsamente fato definido como crime (art. 138 do Código Penal), como Fulano roubou um banco. Se o fato for verdadeiro ou não for definido como crime, não haverá calúnia. A imputação é relativa a um fato certo, determinado, preciso.

Difamação ou maledicência é imputar a alguém fato ofensivo à sua reputação (art. 139 do Código Penal). Haverá difamação quando se afirma que jovem mantém relações sexuais com seu companheiro de pensão. O fato deve ser determinado, existindo ofensa, mas não é crime. A imputação não precisa ser falsa, mas ofensiva.

Injúria é ofender a dignidade ou o decoro de alguém (art. 140 do Código Penal). É a hipótese de uma pessoa chamar a outra de ladrão, de bandido, jogador, ignorante, bêbado. Dignidade é o que a pessoa considera como seus atributos morais, é o conjunto de valores que compreendem a formação da integridade moral do homem. Decoro é o que a pessoa considera quanto aos seus atributos físicos ou intelectuais. É a sua decência ou respeitabilidade. Na injúria não existe atribuição de um fato, mas é estabelecida uma qualidade negativa à pessoa, uma desconsideração. O sujeito ativo atribui uma opinião, como afirmar ser a pessoa marido traído, burro, idiota. Inexiste fato preciso e determinado, criminoso ou não, mas algo vago ou qualidades negativas do sujeito passivo.

Calúnia e difamação são hipóteses de atos contra a boa fama.

A injúria diz respeito à honra da pessoa.

A falta independe de o ofendido promover ação penal ou civil pedindo a reparação da sua honra.

Não há fundamento legal para rescisão indireta por assédio sexual nas alíneas *a* e *c* do art. 483 da CLT. O assédio sexual não compreende serviço contrário aos bons costumes. Não há perigo de mal considerável, nem é o caso de não cumprir as obrigações do contrato. Trata-se, mais propriamente, de um ato lesivo à honra e à boa fama da pessoa, pois podem ser veiculadas opiniões maledicentes, contrárias à honra ou à boa fama do empregado.

27.6 EM SERVIÇO

A falta não precisa ser praticada em serviço. Pode ocorrer tanto nas dependências da empresa como fora dela, quando o empregado presta serviços externos, mas também pode não ter relação com o contrato de trabalho. A falta é grave a ponto de poder ser praticada mesmo fora do serviço. É a hipótese de o empregador encontrar o empregado num restaurante e ofender sua honra.

A rescisão indireta se justifica em razão de não haver ambiente de trabalho para o trabalhador que foi ofendido em sua honra ou boa fama pelos donos da empresa ou prepostos. No ambiente de trabalho, deve vigorar a harmonia.

27.7 EMPREGADOR

Reza o art. 2° da CLT que empregador é a empresa, individual ou coletiva, que, assumindo os riscos da sua atividade econômica, admite, assalaria e dirige a prestação pessoal de serviços do empregado (art. 2° da CLT).

O conceito da CLT toma por base a teoria institucionalista de que o empregador é a empresa. Isso também se observa nos arts. 10 e 448 da CLT.

Empresa é a pessoa jurídica, que não se confunde com a pessoa física dos seus sócios.

Na verdade, o empregador é a pessoa física ou jurídica, pois ambas podem ter empregados.

O agente da rescisão indireta não é o empregador pessoa jurídica, que tem característica abstrata, mas o empregador pessoa física, os sócios ou dirigentes da empresa.

27.8 PREPOSTO

Quando o preposto ofende a honra ou boa fama do empregado, deve fazê-lo na condição de representante do empregador, o que pressupõe que diga respeito ao serviço, mesmo que fora da empresa.

Preposto vem do latim *praepostus*, de *praeponere*, que tem o significado de posto adiante, à testa de uma operação, para conduzi-la ou dirigi-la. O preposto vem a ser um representante do empregador.

Analisando a origem da palavra *preposto*, que era encontrada em vários dispositivos do Código Comercial (arts. 74 a 85), verifica-se que aquele não tem que ser necessariamente empregado, mas podem sê-lo os feitores, os guarda-livros (contadores, atualmente), os caixeiros, como se depreende da leitura daquelas disposições. O requisito básico nesses casos é que o preponente possa ser substituído por outra pessoa, para certos atos.

Só o empregador poderá nomear o preposto, em razão de ter confiança irrestrita nessa pessoa, arcando, assim, com os atos por ela praticados. Nota-se, dessa forma, que o preposto não precisaria ser empregado, podendo o empregador ser substituído na audiência por qualquer pessoa, desde que ela tenha conhecimento dos fatos (§ 1º do art. 843 da CLT), inclusive por meio de terceiros, não necessitando tê-los presenciado. Assim, o contador autônomo, que faz a folha de pagamento da empresa, poderia substituir o empregador na audiência, como admito.

O preposto a que se refere o § 1º do art. 843 da CLT não precisa ser empregado da parte reclamada (§ 3º do art. 843 da CLT).

No atual Código Civil, a palavra *preposto* compreende o gerente, o contador e outros auxiliares do empregador (arts. 1.169 a 1.178).

Para fins de rescisão indireta, preposto é um representante do empregador, que pode não ser necessariamente empregado.

Se as pessoas mencionadas tiverem poder de representação do empregador e ofenderem a honra ou boa fama do empregado, ainda que como autônomos, estará caracterizada a falta.

A lei não está a dizer de forma clara que preposto é superior hierárquico do empregado, mas sim qualquer preposto do empregador. O superior hierárquico do empregado também será um preposto. Assim, mesmo que o preposto não seja exatamente chefe do empregado, estará configurada a falta se o empregado for ofendido em sua honra e boa fama.

Embora a lei use a palavra *preposto*, se o dono da empresa ofender a honra ou a boa fama do empregado também estará configurada a rescisão indireta, pois é um superior hierárquico do trabalhador e está contido no conceito de empregador.

27.9 PESSOAS DA FAMÍLIA

Havendo ofensa à família do empregado, como à mãe dele, também há ofensa indireta ao trabalhador.

A família não precisa ser exatamente decorrente de casamento legítimo, mas forma de união de fato sob o mesmo teto, isto é, o concubinato.

A lei não dispõe sobre o grau de parentesco em relação às pessoas da família do empregado. Não são apenas os dependentes do empregado para com a Previdência Social, em razão de que a lei assim não dispõe. Entretanto, um grau muito afastado de parentesco pode não configurar a rescisão indireta.

27.10 ATO ÚNICO

A rescisão indireta em comentário pode ser caracterizada pela ocorrência de um único ato. Não há necessidade de repetição de ofensas à honra ou boa fama para que seja caracterizada a rescisão indireta. O ato, porém, deve ser grave.

27.11 INTENÇÃO

Para que haja a ofensa à honra ou boa fama, é preciso a intenção do empregador em praticá-la contra o empregado.

A mera intenção, sem que a ofensa se efetive, não implica rescisão indireta.

Há, assim, necessidade de dolo para a prática da rescisão indireta. Nos crimes contra a honra, não existe culpa.

Se o empregador não teve por objetivo ofender, mas houve apenas o chamado *animus jocandi*, não se configura a rescisão indireta, pois não houve intenção. É o intuito de gracejar, o espírito jocoso. Muitas vezes, o empregador usa mal as palavras, como ocorre com um preposto do empregador que é estrangeiro. Há necessidade também de se verificar se o objetivo do empregador é gracejar, ou então se tem por finalidade fazer a pessoa passar por situação ridícula, hipótese em que a estará ofendendo e a rescisão indireta estará caracterizada.

É preciso verificar se as brincadeiras são comuns no ambiente de trabalho ou não, inclusive por parte do empregador. Se o ambiente de trabalho não envolve homens rudes, de pouca instrução e nunca ocorreu esse tipo de procedimento, a rescisão indireta pode ficar evidenciada, dependendo da gravidade do ato.

Se a brincadeira teve por objetivo humilhar, ridicularizar a honra da pessoa, a rescisão indireta fica caracterizada.

Nesse sentido, é preciso verificar o grau de amizade e de intimidade entre as pessoas, o grau de instrução, para verificar se houve a falta ou não, se houve a intenção ou não de praticar o ato.

Exemplo é o caso concreto em que a secretária da empresa era tratada por longos anos de "vaca" e "prostituta" pelo diretor da empresa. Entretanto, a relação entre ambos era cordial, tanto que a secretária conseguiu um emprego para seu marido, recebeu um veículo de presente do dono da empresa e era a única dos funcionários a estacionar seu automóvel ao lado da vaga do dono da empresa. O procedimento do dono da empresa era, porém, excessivo, podendo dar ensejo à rescisão indireta.

Também não se configura a falta se o empregador tem por finalidade corrigir, instruir, orientar, advertir, que é chamado de *animus corrigendi*, *animus instruendi*, *animus docendi* ou *animus emendandi*. É a hipótese em que o superior irá corrigir um erro do subordinado, mas também não poderá se exceder e ofender o segundo.

Caso o empregador tenha por objetivo apenas narrar ou contar uma situação, não há ofensa. É o chamado *animus narrandi*. Na hipótese de a narrativa ser tendenciosa, de haver excedimento, ferindo a honra ou a boa fama do empregado, a rescisão indireta estará caracterizada.

27.12 GRAVIDADE

Há necessidade também de se analisar a palavra utilizada pelo empregador, pois certas palavras que eram usadas anteriormente com o sentido de ofensa hoje assim não o são, como chamar o empregado de *chato*, que tem significado de *amolador*, mas que anteriormente era considerada ofensiva, pois tinha o significado de carrapato.

Certas palavras em determinados locais são consideradas pejorativas e em outros lugares não, ou têm duplo significado.

Palavras proferidas em tom jocoso em um lugar podem ter dupla interpretação. Podem tanto ser consideradas insulto como equívoco de interpretação.

Se a pessoa profere as palavras com expressão fechada, mostrando irritação e em tom alto, a falta pode estar caracterizada, pois houve o ânimo de ofender.

O juiz deverá examinar os vários elementos caracterizadores da falta grave, como a intenção do empregador, sua escolaridade, o ambiente, o costume e principalmente a gravidade das ofensas.

27.13 TENTATIVA

Não existe tentativa em crimes contra a honra. A pessoa não vai tentar ofender outra. Ou ela ofende a outra pessoa ou não.

27.14 DIVULGAÇÃO

Não há crime se a ofensa não for divulgada.

No âmbito trabalhista, mesmo que não haja publicidade, a ofensa fica caracterizada se uma pessoa dela tomar conhecimento, tanto o ofendido como outra qualquer, pois foi atingido o ânimo de ofender outra pessoa. É o que pode ocorrer numa ofensa por carta ou bilhete, em que só o ofendido toma conhecimento.

27.15 EXCEÇÃO DA VERDADE

Exceção da verdade é a demonstração pelo ofensor de que o fato alegado é verídico.

Sendo verdadeiro o fato relativo à calúnia, não há crime e não haverá rescisão indireta.

A exceção da verdade só é admitida na calúnia e na difamação.

Na difamação, só se admite a exceção da verdade se o ofendido é funcionário público e a ofensa é relativa ao exercício de suas funções. No âmbito trabalhista, também ocorrerá o mesmo, pois haverá prejuízo ao ambiente de trabalho.

Não se admite a exceção da verdade em relação à injúria, pois, feita a afirmação, há ofensa à dignidade do empregado ou ao seu decoro. Não vai se admitir a demonstração de que a pessoa é burra, se assim foi ofendida, pois já foi ferida a dignidade ou o decoro do indivíduo.

27.16 PROVOCAÇÃO

O juiz deixará de aplicar a pena quando o ofendido, de forma reprovável, provocou diretamente a injúria (art. 140, § 1º, I, do Código Penal). Na esfera trabalhista, também pode ocorrer o mesmo, pois, se o ofendido provocou o ofensor, não existe rescisão indireta. Há necessidade de a pessoa poder se defender e, muitas vezes, a única forma que tem é ofendendo quem a provocou.

Não se admite provocação na difamação ou na calúnia. As difamações ou calúnias praticadas implicarão rescisão indireta.

27.17 RETORSÃO

A injúria admite retorsão imediata, em que há ofensas recíprocas. Nesse caso, o juiz poderá deixar de aplicar a pena (art. 140, § 1º, II, do Código Penal).

A retorsão implica um contragolpe da vítima ofendida com outra injúria. É o *animus retorquendi*. A provocação é o fundamento da retorsão. Não há necessidade de que a injúria rebatida seja igual à injúria recebida.

O fundamento da não aplicação da pena é pelo fato de que já houve punição dos envolvidos, pois as ofensas foram recíprocas. O primeiro ofensor já foi punido, pois recebeu injúrias pelas suas ofensas. Há compensação de injúrias.

A retorsão, porém, deve ser imediata. Caso o ofendido demore a responder, não há retorsão.

27 • OFENSA À HONRA E BOA FAMA

Se as ofensas recíprocas foram entre o dono da empresa e o empregado, haverá culpa recíproca para a rescisão do contrato de trabalho.

Havendo difamação ou calúnia, não se admite retorsão. As difamações ou calúnias praticadas implicarão rescisão indireta.

27.18 RETRATAÇÃO

O ofensor, antes da sentença penal, pode se retratar, ficando isento da pena (art. 143 do Código Penal). A retratação, porém, só se aplica à calúnia ou à difamação, mas não à injúria.

A retratação do ofensor não desqualifica a rescisão indireta, em razão de que o fato já teve repercussão negativa no ambiente de trabalho. O ofendido fica incompatibilizado no ambiente de trabalho. A deterioração no ambiente de trabalho já ocorreu e é irreversível, podendo comprometer a disciplina interna na empresa.

27.19 LEGÍTIMA DEFESA

Os crimes contra a honra não admitem legítima defesa, mas retorsão ou provocação, dependendo da hipótese. A vingança não irá se constituir em legítima defesa.

Assim, entende-se que também não haverá legítima defesa em casos de crimes contra a honra, ficando o excesso caracterizado como rescisão indireta.

A legítima defesa só se aplica em caso de ofensas físicas.

Logo, está correto o legislador ao não incluir a excludente na alínea *e* do art. 483 da CLT.

27.20 CULPA RECÍPROCA

Não se pode dizer que há culpa recíproca para a rescisão quando o empregador reage à provocação ou apresenta retorsão.

A culpa dos envolvidos deve ser equivalente e concomitante.

Dispõe o art. 484 da CLT que, se houver culpa recíproca, o juiz deverá reduzir a indenização, que seria devida em caso de culpa exclusiva do empregador, pela metade.

A Súmula 14 do TST entende que, na culpa recíproca, o empregado tem direito à metade do aviso prévio, do 13° salário e das férias, o que não me parece correto, pois a justa causa impede o pagamento dessas verbas.

27.21 SUSPENSÃO E INTERRUPÇÃO DO CONTRATO DE TRABALHO

Ocorre a rescisão indireta mesmo quando o empregado tem os efeitos de seu contrato de trabalho suspensos ou interrompidos e é ofendido pelo empregador.

A rescisão indireta pode se evidenciar quando o empregado vai à empresa nas suas férias e é ofendido por um superior.

Pode ocorrer de o empregado estar doente e ir à empresa para buscar um documento exigido pelo INSS e, nesse momento, ser ofendido.

28
OFENSAS FÍSICAS

28.1 EVOLUÇÃO LEGISLATIVA

Na Lei n. 62, de 1935, não havia previsão expressa sobre hipótese de rescisão indireta por ofensa física ao empregado. A jurisprudência tipificava a hipótese no inciso IV do art. 8º da mesma norma, quando o empregador tratasse o empregado com rigor excessivo.

A alínea *f* do art. 483 da CLT prevê a hipótese de rescisão indireta no caso de o empregador ou seus prepostos ofenderem o empregado fisicamente, salvo em caso de legítima defesa, própria ou de outrem.

O inciso VI do parágrafo único do artigo 27 da Lei Complementar n. 150 prevê: o empregador ou sua família ofender o empregado doméstico ou sua família fisicamente, salvo em caso de legítima defesa, própria ou de outrem.

28.2 DENOMINAÇÃO

A denominação deveria ser agressão física e não ofensa física. A ofensa pode ser física ou verbal. Agressão parece a palavra mais adequada, pois indica que o empregador partiu para as vias de fato.

Será empregada a expressão *ofensa física*, que é a utilizada pela alínea *f* do art. 483 da CLT.

28.3 CONCEITO

A hipótese diz respeito a ofensas físicas praticadas pelo empregador contra o empregado, salvo em caso de legítima defesa, própria ou de outrem.

Emprega a CLT a expressão *ofensa física* e não lesão corporal. O termo era encontrado no Código Penal de 1830, nos arts. 201 e 206, em que se fazia referência a ferimentos e outras ofensas físicas, e no Código Penal de 1890, no art. 303, que mencionava ofender fisicamente a alguém.

Lesão corporal é ofender a integridade corporal ou a saúde de outrem (art. 129 do Código Penal).

No Direito Penal, é feita distinção entre lesão corporal leve, média, grave ou seguida de morte.

A ofensa física é mais ampla do que a lesão corporal. A rescisão indireta de ofensa física estará presente, mesmo que não exista lesão corporal, isto é, com qualquer ataque ou ofensa física ao empregado. Também não se verifica o grau da lesão corporal ou as consequências da lesão, como no Direito Penal. Isso pode ocorrer com um chute, um tapa, uma cotovelada, uma cabeçada, uma joelhada, um empurrão etc., mesmo que a pessoa não se machuque.

O Direito Penal se preocupa com o efeito da agressão. O Direito do Trabalho analisa a agressão em si e não os seus efeitos.

Para o Direito do Trabalho, não interessa se há ferimento, mas se o agente atinge fisicamente a vítima.

Ofender é atacar, agredir, causar mal físico.

Ofensa física é o ataque à integridade corpórea da pessoa.

A norma trabalhista não tem por objetivo estabelecer como rescisão indireta a ofensa à integridade mental da vítima.

28.4 FUNDAMENTOS

O empregador deve respeitar o empregado, mesmo fora da empresa. Isso se justifica até mesmo por questão de educação, civilidade, urbanidade e cortesia do próprio empregado.

O empregador que agride fisicamente o empregado viola a regra de ser um homem civilizado e pacífico. Prejudica, portanto, o ambiente de trabalho.

Haverá incompatibilidade e constrangimento entre agredido e ofensor, se ambos continuarem a trabalhar na empresa, no caso de o primeiro ser empregado da empresa.

28.5 EM SERVIÇO

A falta não precisa ser praticada em serviço. Pode ocorrer tanto nas dependências da empresa como fora dela, quando o empregado presta serviços externos, mas também pode não ter relação com o contrato de trabalho. A falta é grave a ponto de poder ser praticada mesmo fora do serviço.

A falta pode não ter relação com o serviço, assim como pode ser praticada fora do horário de trabalho do empregado, por ser grave. É a hipótese de o empregador encontrar o empregado num restaurante e agredi-lo fisicamente.

A rescisão indireta se justifica em razão de não haver ambiente de trabalho para o trabalhador que foi agredido pelos donos da empresa ou prepostos. No ambiente de trabalho, deve vigorar a harmonia.

28.6 EMPREGADOR

Reza o art. 2º da CLT que empregador é a empresa, individual ou coletiva, que, assumindo os riscos da sua atividade econômica, admite, assalaria e dirige a prestação pessoal de serviços do empregado (art. 2º da CLT).

O conceito da CLT toma por base a teoria institucionalista, de que o empregador é a empresa. Isso também se observa nos arts. 10 e 448 da CLT.

Empresa é a pessoa jurídica, que não se confunde com a pessoa física dos seus sócios.

Na verdade, o empregador é a pessoa física ou jurídica, pois ambas podem ter empregados.

O agente da rescisão indireta não é o empregador, pessoa jurídica, que tem característica abstrata, mas o empregador pessoa física, os sócios ou dirigentes da empresa, que agridem fisicamente o empregado.

28.7 PREPOSTO

Quando o preposto ofende o empregado fisicamente, deve fazê-lo na condição de representante do empregador, o que pressupõe que diga respeito ao serviço, mesmo que fora da empresa.

Preposto vem do latim *praepostus*, de *praeponere*, que tem o significado de posto adiante, à testa de uma operação, para conduzi-la ou dirigi-la. O preposto vem a ser um representante do empregador.

Analisando-se a origem da palavra *preposto*, que era encontrada em vários dispositivos do Código Comercial (arts. 74 a 85), verifica-se que aquele não tem que ser necessariamente empregado, mas podem sê-lo os feitores, guarda-livros (contadores, atualmente), caixeiros, como se depreende da leitura daquelas disposições. O requisito básico nesses casos é que o preponente possa ser substituído por outra pessoa, para certos atos.

MANUAL DA JUSTA CAUSA • SERGIO PINTO MARTINS

Só o empregador poderá nomear o preposto, em razão de ter confiança irrestrita nessa pessoa, arcando, assim, com os atos por ela praticados. Nota-se, dessa forma, que o preposto não precisaria ser empregado, podendo o empregador ser substituído na audiência por qualquer pessoa, desde que ela tenha conhecimento dos fatos (§ 1º do art. 843 da CLT), inclusive por meio de terceiros, não necessitando tê-los presenciado. Assim, o contador autônomo, que faz a folha de pagamento da empresa, poderia substituir o empregador na audiência, como admito.

O preposto a que se refere o § 1º do art. 843 da CLT não precisa ser empregado da parte reclamada (§ 3º do art. 843 da CLT).

No atual Código Civil, a palavra *preposto* compreende o gerente, o contador e outros auxiliares do empregador (arts. 1.169 a 1.178).

Para fins de rescisão indireta, preposto é um representante do empregador, que pode não ser necessariamente empregado.

Se as pessoas mencionadas tiverem poder de representação do empregador e ofenderem fisicamente o empregado, ainda que como autônomos, estará caracterizada a falta.

A lei não está a dizer de forma clara que preposto é superior hierárquico do empregado, mas sim qualquer preposto do empregador. O superior hierárquico do empregado também será um preposto. Assim, mesmo que o preposto não seja exatamente chefe do empregado, estará configurada a falta se o empregado for ofendido fisicamente.

Embora a lei use a palavra *preposto*, se o dono da empresa agredir fisicamente o empregado também estará configurada a rescisão indireta, pois é um superior hierárquico do trabalhador e está contido no conceito de empregador.

28.8 ATO ÚNICO

A hipótese de rescisão indireta em comentário se tipifica pela ocorrência de um único ato. Não há necessidade de repetição de ofensas físicas. O ato em si já é grave, ensejando a imediata rescisão indireta.

28.9 INTENÇÃO

Para que haja a ofensa física, é preciso a intenção do empregador em praticá-la contra o empregado.

A mera intenção, sem que a ofensa se efetive, não implica rescisão indireta.

Em alguns ambientes de trabalho, é comum as chamadas "brincadeiras de mão", inclusive pelo empregador, em que as pessoas se chutam, se empurram, se estapeiam. Não se configura no caso a rescisão indireta de ofensas físicas, pois são meras brincadeiras ou forma de diversão e não há intenção de ofender fisicamente.

É preciso verificar se essas brincadeiras são comuns no ambiente de trabalho ou não. Se o ambiente de trabalho não abrange homens rudes, de pouca instrução e nunca ocorreu esse tipo de procedimento, a rescisão indireta pode ficar evidenciada, dependendo da gravidade do ato.

28.10 TENTATIVA

Ocorre tentativa quando, iniciada a execução, não se consuma por circunstâncias alheias à vontade do agente (art. 14, II, do Código Penal).

O primeiro requisito da tentativa é o início da execução do ato, como no caso em que o empregador atira o objeto, mas o empregado sai da sua trajetória, ou erra o alvo e o ato não se concretiza.

O segundo requisito é que o ato não se consume por circunstâncias alheias à sua vontade. Havia a intenção do agente na prática do ato, mas o ato não se consumou por situação completamente alheia à sua vontade.

Se o empregador se prepara para agredir o empregado, mas é impedido por outra pessoa, a ofensa se verifica, ainda que não tenha sido consumada. Houve a intenção do empregador na prática do ato.

28.11 AMEAÇA

O art. 147 do Código Penal prevê o crime de ameaça: "ameaçar alguém, por palavra, escrito ou gesto, ou qualquer outro meio simbólico, de causar-lhe mal injusto e grave".

A ameaça não caracteriza a rescisão indireta de ofensas físicas pela falta de materialidade. Não há nem sequer tentativa de ofender outra pessoa.

28.12 CUMPRIMENTO DE ORDEM E COAÇÃO

Determina o art. 22 do Código Penal que se o crime é cometido sob coação irresistível ou em estrita obediência a ordem, não manifestamente ilegal, de superior hierárquico, só é punível o autor da coação ou da ordem. A ordem recebida pelo preposto sempre seria ilegal. Assim, não se aplica tal regra, ficando caracterizada a rescisão indireta se o empregado for agredido fisicamente.

28.13 LEGÍTIMA DEFESA

A legítima defesa, própria ou de outrem, excluirá a rescisão indireta.

Entende-se em legítima defesa quem, usando moderadamente dos meios necessários, repele injusta agressão, atual ou iminente, a direito seu ou de outrem (art. 25 do Código Penal).

A agressão deve ser injusta, que é a contrária ao ordenamento jurídico. Se a agressão for justa, não se caracteriza a excludente da ilicitude. O agente não estará agindo em legítima defesa. Não existe legítima defesa se a pessoa provocou o ofensor.

A pessoa deve repelir a agressão de maneira moderada. Se se exceder no ato, não se pode falar em legítima defesa.

Deve existir um uso moderado da reação para existir a legítima defesa.

Meio moderado é agir sem excessos. O sujeito passivo não pode agir de forma desproporcional à agressão sofrida. Deve haver proporcionalidade entre a ação e a reação do ofendido para se falar em legítima defesa. Se uma pessoa recebe um tapa e desfere um tiro para matar outra pessoa, não há meio moderado.

Meio necessário poderia ser a hipótese em que o empregado ampara o braço do agressor que lhe está desferindo um soco. Se o meio escolhido pela pessoa é mais lesivo do que outro, não será necessário.

A agressão atual é a que está acontecendo. É a que ocorre no presente. Se a agressão ocorrerá no futuro, não se pode falar em legítima defesa.

Agressão iminente é a que está por ocorrer. Está em vias de se realizar.

O art. 25 do Código Penal faz menção a direitos e não exatamente a bens. Entretanto, a palavra *direitos* no plural engloba tudo aquilo a que a pessoa faz jus, como o direito à vida, à integridade física, à liberdade, à propriedade, à posse etc.

A legítima defesa pode compreender a ofensa em relação a outra pessoa, como um parente do empregado. Não é apenas a que ocorre com o próprio superior, mas quando ele visa proteger terceiro.

Deve ser imediata a legítima defesa, sob pena de ficar caracterizado o perdão e o ato posterior ser considerado revanche ou vingança.

Premeditação não é legítima defesa, mas algo que foi anteriormente pensado e posto em execução antes da ação da parte contrária.

A reação deve ser proporcional e não superior à provocação.

Caberá ao empregador a prova da legítima defesa.

28.14 CULPA RECÍPROCA

A culpa recíproca ocorre quando empregado e empregador deram causa à rescisão do contrato de trabalho por justo motivo.

Só existe a culpa recíproca quando ambas as partes agirem de forma equivalente. A culpa de um não pode ser maior do que a do outro. Não deve existir, porém, legítima defesa.

O art. 484 da CLT estabelece que, se houver culpa recíproca, o juiz deverá reduzir a indenização que seria devida em caso de culpa exclusiva do empregador, por metade.

A Súmula 14 do TST entende que, na culpa recíproca, o empregado tem direito à metade do aviso prévio, do 13º salário e das férias, o que não me parece correto, pois a justa causa impede o pagamento dessas verbas.

28.15 SUSPENSÃO E INTERRUPÇÃO DO CONTRATO DE TRABALHO

A rescisão indireta pode se evidenciar quando o empregado vai à empresa nas suas férias e é agredido pelo superior.

Mesmo que o empregador agrida o empregado fora da empresa, estando os efeitos de seu contrato de trabalho interrompidos ou suspensos, fica caracterizada a rescisão indireta, pois a lei não exige, no caso, que esteja em serviço. O dever de respeito ao empregado subsiste mesmo quando ele está em férias e fora da empresa.

29
REDUZIR O TRABALHO POR PEÇA OU TAREFA

29.1 EVOLUÇÃO LEGISLATIVA

A hipótese de rescisão indireta de reduzir o trabalho do empregado por peça ou tarefa não tinha previsão na Lei n. 62/35.

Dispõe a alínea *a* do art. 36 da Lei n. 4.886/65 que constituem motivos justos para a rescisão do contrato de representação comercial, pelo representante, a redução de esfera de atividade do representante em desacordo com as cláusulas do contrato.

A letra *g* do art. 483 da CLT trata do fato de o empregador reduzir o trabalho do empregado, sendo este por peça ou tarefa, de modo a afetar sensivelmente a importância dos salários. A referida alínea foi incluída na CLT pela Lei n. 4.825, de 5 de novembro de 1965.

29.2 FUNDAMENTOS

O empregador deve proporcionar trabalho ao empregado. Se reduz seu trabalho por peça ou tarefa, causa prejuízo direto ao trabalhador no seu ganho mensal, deixando de proporcionar integralmente o trabalho ao empregado.

29.3 REDUÇÃO DA OFERTA

Redução considerável da oferta de trabalho significa diminuir o trabalho do empregado. Caso a oferta de trabalho ao empregado diminua, ele tem seu ganho reduzido e prejuízo certo.

29.4 PEÇA E TAREFA

Trabalhar por peça é prestar serviços por unidade. O empregado ganha seu salário de acordo com o número de unidades que produz em certo período de tempo.

A tarefa diz respeito ao fato de que o empregado tem de fazer certo serviço durante a jornada de trabalho.

Quando a CLT foi editada, em 1943, a ideia do legislador era atingir as atividades industriais, em que o trabalho era feito sob a forma de peça ou tarefa. Hoje, essa forma de trabalho foi estendida para outras atividades. O empregado pode ganhar por quilômetro percorrido, pelo número de clientes que visita, pelo número de toques no computador, por laudas digitadas. Se houver a redução, estará caracterizada a rescisão indireta.

29.5 REDUÇÃO SENSÍVEL

A redução deve ser sensível, considerável, apreciável, ponderável, relevante, de forma a causar prejuízo ao empregado.

Redução normal do trabalho não seria considerada hipótese de rescisão indireta, como, por exemplo, se isso ocorre por força da diminuição das encomendas feitas pelo mercado.

A redução da produção pode ter ocorrido por ato do empregado, que deixou de ter a mesma produtividade, o que pode ocorrer por doença, por negligência etc. Nesses casos, não se caracteriza a rescisão indireta.

O porcentual da redução deverá ser analisado em cada caso concreto.

Poderia ser utilizado por analogia o critério do art. 503 da CLT, que permite a redução do salário até 25% em caso de força maior ou prejuízos comprovados, mas que hoje depende de convenção ou acordo coletivo (art. 7º, VI, da Constituição) e não de ajuste individual.

Empregado o critério acima, a redução seria de até 25% da oferta de trabalho ao empregado. Acima disso, estaria caracterizada a rescisão indireta.

Ao trabalhador deve ser assegurado sempre o salário mínimo e o piso salarial previsto na norma coletiva.

29.6 REDUÇÃO DE TARIFA

A redução da tarifa pode implicar prejuízos ao empregado.

Ela pode ser feita quando o empregado substitui uma máquina obsoleta por uma máquina mais moderna, alterando a tarifa unitária que paga ao empregado.

Se a redução trouxer prejuízo direto ou indireto ao empregado, importa alteração ilícita do pactuado (art. 468 da CLT).

Entretanto, a redução da tarifa pode não implicar a redução da oferta de serviço ao empregado. Assim, não será hipótese de rescisão indireta com base na alínea *g* do art. 483 da CLT, mas de o empregador não cumprir as obrigações do contrato (art. 483, *d*, da CLT).

29.7 REDUÇÃO DE COMISSÕES

A redução de comissões poderá tipificar a rescisão indireta desde que o empregador não forneça as mercadorias para vender. A exceção diz respeito ao fato de existir alguma anormalidade no mercado, como a falta da matéria-prima ou da própria mercadoria. Se o empregado é que não faz as vendas ou o mercado não quer comprar, não se tipifica a rescisão indireta.

A redução do porcentual de comissões não se enquadra na alínea *g* do art. 483 da CLT, mas na letra *d*, em que o empregador não cumpre as obrigações do contrato.

30
MUDANÇA DE FUNÇÕES DO MENOR

Prevê o parágrafo único do art. 407 da CLT outra hipótese de rescisão indireta, quando a empresa não tomar as medidas possíveis e recomendadas pela autoridade competente para que o menor mude de função. O referido parágrafo foi acrescentado pelo Decreto-Lei n. 229, de 28 de fevereiro de 1967.

Menor será o empregado entre 14 e 18 anos.

A determinação legal diz respeito à função do empregado e não ao horário de trabalho ou ao fato de o trabalho ser proibido. É o caso do empregado que exerce suas funções nas ruas, em teatros, cinemas, em empresas circenses, como acrobata, saltimbanco, ginasta, consistente na venda a varejo de bebidas alcoólicas (§ 3º do art. 405 da CLT).

Autoridade competente é o juiz da infância e da juventude, em razão da determinação da Lei n. 8.069, de 13 de julho de 1990.

Verificando o juiz da infância e juventude que o trabalho do menor é prejudicial à sua saúde, ao seu desenvolvimento físico ou à sua moralidade, poderá obrigá-lo a abandonar o serviço (art. 407 da CLT). A empresa, quando for o caso, deve proporcionar ao menor a mudança de função para outra que não seja prejudicial à sua saúde, ao seu desenvolvimento físico ou à sua moralidade.

Menciona o art. 426 da CLT que o empregador terá o dever de proporcionar ao menor todas as facilidades para mudar de serviço, quando constatado pelo juiz que o menor trabalha em atividades que lhe são prejudiciais. O ideal, em primeiro lugar, é que o juiz recomende à empresa a mudança de função. Não tomando a empresa as medidas possíveis e recomendadas pelo juiz para que o menor mude de função, configurar-se-á a rescisão indireta do contrato de trabalho, na forma do art. 483 da CLT.

O responsável pelo menor (pai, mãe, irmão, tutor, curador etc.) pode pleitear a rescisão do contrato de trabalho que lhe acarrete prejuízo de ordem física ou moral (art. 408 da CLT).

A hipótese é de rescisão indireta, pois o empregador está descumprindo determinação do juiz da infância e juventude. Logo, pratica falta grave ao não cumprir a determinação judicial.

Não tem a referida hipótese previsão específica no art. 483 da CLT, pois não se adapta a nenhuma das alíneas do referido dispositivo legal.

APÊNDICE

MODELOS

Carta de advertência

São Paulo, ... de ..... de .....

Ilmo Sr.
J. Ribeiro

Em razão das faltas injustificadas nos dias ....., fica V. As. advertido para que outras faltas não sejam praticadas sem justificativa.

Atenciosamente,

Empresa de Mudanças Já Vai Ltda.

Carta de suspensão

São Paulo, ... de ..... de .....

Ilmo. Sr.
J. Ribeiro

Ref.: Suspensão disciplinar

Em decorrência de novas faltas injustificadas nos dias ...., fica V. Sa. suspenso 5 dias a partir de ..... até ...... Novas faltas não serão toleradas, ficando V. Sa. sujeito à dispensa por justa causa, conforme alínea e do art. 482 da CLT.

Atenciosamente,

Empresa de Mudanças Já Vai Ltda.

Dispensa com justa causa

São Paulo, ... de ..... de .....

Ilmo. Sr.
J. Ribeiro

Ref.: Dispensa com justa causa

Em razão de V. Sa. continuar faltando sem causa justificada, está dispensado por justa causa de desídia, a partir desta data, conforme alínea *e* do art. 482 da CLT. Deverá V. Sa. comparecer para o recebimento das verbas rescisórias que lhe são devidas, trazendo sua CTPS para a devida baixa.

Atenciosamente,

Empresa de Mudanças Já Vai Ltda.

Convocação do empregado para retornar ao emprego

São Paulo, ... de ..... de .....

Ilmo. Sr.
J. Ribeiro
Rua das Neves, n. 54, Centro, São Paulo, SP

Ref.: Convocação do empregado para retornar ao emprego

Fica V. Sa. convocado para comparecer ao serviço no dia seguinte após o recebimento desta notificação, sob pena de incorrer em abandono de emprego, na forma da alínea *i* do art. 482 da CLT.

Atenciosamente,

Empresa de Mudanças Já Vai Ltda.

REFERÊNCIAS

ALMEIDA, Amador Paes. *CLT comentada*. 6. ed. São Paulo: Saraiva, 2003; 2009.

ALMEIDA JÚNIOR, A.; COSTA JÚNIOR, J. B. de O. *Lições de medicina legal*. 16. ed. São Paulo: Nacional, 1979.

BASTOS, Celso Ribeiro. *Comentários à Constituição do Brasil*. São Paulo: Saraiva, 1989. v. 2.

_____. *Curso de direito constitucional*. São Paulo: Celso Bastos, 2002.

BATALHA, Wilson de Souza Campos; RODRIGUES NETTO, Sílvia Marina L. Batalha de. *Rescisão contratual trabalhista*. São Paulo: LTr, 1997.

BONHOMME, Carlos de S. W. *Despedida justa*. Curitiba/São Paulo: Guaíra, 1944.

CASSÌ, Vincenzo. *La subordinazione del lavoratore nel diritto del lavoro*. Milão: Giuffrè, 1947.

CATHARINO, José Martins. *Contrato de emprego*. Salvador: Edição do Autor, 1962.

CAVALCANTE, Themístocles Brandão. *Princípios gerais de direito público*. Rio de Janeiro: Borsoi, 1958.

CUCHE, Paul. *Du rapport de dependence*: élément constitutif du contrat de travail. Revue Critique, 1913.

DONATO, Messias Pereira. *Curso de direito do trabalho*. 3. ed. São Paulo: Saraiva, 1979.

FERREIRA, Aurélio Buarque de Holanda. *Novo dicionário Aurélio da língua portuguesa*. 2. ed. Rio de Janeiro: Nova Fronteira, 1986.

FURTADO, Emmanuel Teófilo. *Terminação do contrato de trabalho*. São Paulo: LTr, 1997.

GIGLIO, Wagner. *Justa causa*. 7. ed. São Paulo: Saraiva, 2000.

GONÇALVES, Luiz da Cunha. *Princípios de direito civil*. São Paulo: Max Limonad, 1951. v. 1.

HERZ, E. *Le contrat de travail*. Paris.

HOUAISS, Antonio. *Dicionário Houaiss da língua portuguesa*. Rio de Janeiro: Objetiva, 2001.

LACERDA, Dorval. *A falta grave no direito do trabalho*. 4. ed. Rio de Janeiro: Edições Trabalhistas, 1976.

LAMARCA, Antonio. *Manual das justas causas*. 2. ed. São Paulo: Revista dos Tribunais, 1983.

MARTINS, Adalberto. *A embriaguez no direito do trabalho*. São Paulo: LTr, 1999.

MARTINS, Sergio Pinto. *Direito do trabalho*. 40. ed. São Paulo: Saraiva, 2024.

_____. *Comentários à CLT*. 21. ed. São Paulo: Saraiva, 2020.

MAXIMILIANO, Carlos. *Comentários à Constituição brasileira de 1946*. 5. ed. Rio de Janeiro: Freitas Bastos, 1954, v. 3.

_____. *Hermenêutica e aplicação do direito*. 8. ed. Rio de Janeiro: Freitas Bastos, 1965.

MIRABETE, Julio Fabbrini. *Manual de direito penal*. 22. ed. São Paulo: Atlas, 2004.

MORAES FILHO, Evaristo de. *A justa causa na rescisão do contrato de trabalho*. 3. ed. fac-similada. São Paulo: LTr, 1996.

_____. *Contrato de trabalho*. Rio de Janeiro, 1994.

NAPOLETANO, Domenico. *Il lavoro subordinato*. Milão: Giuffrè, 1955.

NASCIMENTO, Amauri Mascaro. *Iniciação ao direito do trabalho*. 28. ed. São Paulo: LTr, 2002.

PASSOS, Nicanor Sena. *Abandono de emprego*. São Paulo: LTr, 1993.

PESSOA, Mário. *O direito da segurança nacional*. São Paulo: Revista dos Tribunais, 1971.

PRUNES, José Luiz Ferreira. *Justa causa e despedida indireta*. Curitiba: Juruá, 1995.

REVUE INTERNATIONALE DU TRAVAIL, v. XIX, Mars, 1929.

ROMITA, Arion Sayão. *A subordinação no contrato de trabalho*. Rio de Janeiro: Forense, 1979.

RUSSOMANO, Mozart Victor. *Comentários à CLT*. Rio de Janeiro: Forense, 1997.

SAAD, Eduardo Gabriel. *Comentários à lei do fundo de garantia do tempo de serviço*. 3. ed. São Paulo: LTr, 1995.

SAINT, Frérejouan du. *Jeu et par, au point de vue civil, pénal et réglementaire*. Paris.

SAMPAIO, Aluysio Mendonça. *Dicionário de direito do trabalho*. 4. ed. São Paulo: LTr, 1993.

SARAIVA, Vicente de Paulo. *Expressões latinas jurídicas e forenses*. São Paulo: Saraiva, 1999.

SILVA, De Plácido e. *Vocabulário jurídico*. 19. ed. Rio de Janeiro: Forense, 2002.

SOUZA NETTO, Francisco de Andrade. *Da rescisão do contrato de trabalho de duração indeterminada*, 1937.

SUBERVIE, P. *L'embauchage et le débauchage des travailleurs salariés*. Paris: 1939.

SÜSSEKIND, Arnaldo; MARANHÃO, Délio; VIANNA, Segadas. *Instituições de direito do trabalho*. 20. ed. São Paulo: LTr, 2002. v. 1.

VIANA, Oliveira. *Boletim do Ministério do Trabalho, Indústria e Comércio*, n. 33, p. 101. Revista dos Tribunais, 1937. p. 161.

ZAINAGHI, Domingos Sávio. *A justa causa no direito do trabalho*. São Paulo: Malheiros, 1995.

ÍNDICE REMISSIVO[1]

A

Abandono de emprego, 13

Acidente do trabalho, 13, 13

Alterações ilícitas, 26, 10

Alteração da jornada de trabalho, 26, 13

Alteração do horário de trabalho, 26, 12

Alteração do local de trabalho, 26, 11

Ameaça, 15, 14

Anistia, 7, 12

Anotação na CTPS, 25, 8

Apreciação da falta, 11, 11; 12, 14

Apropriação indébita, 3, 11.1

Apuração da falta, 17, 6

Atividades ilícitas, 21, 8

Atos atentatórios à segurança nacional, 17; 17, 2

Ato lesivo da honra ou da boa fama, 14

Ato único, 14, 5

Avaliação da falta, 2, 19

Aviso prévio, 2, 18

B

Boletim de ocorrência, 13, 23

C

Capacidade do trabalhador, 4, 7; 5, 7

Cargo de confiança, 16, 13

Coisa julgada, 7, 6

Concorrência desleal, 6, 9

Condenação criminal, 7

Contravenção penal, 16, 14

Costume, 21, 2

Crimes, 3, 11

Culpa recíproca, 2, 15; 14, 22

Cumprimento de ordens e coação, 15, 15

D

Dano, 3, 11.7

Descumprimento das obrigações do contrato de trabalho, 26

Descumprimento de medidas de segurança e higiene do trabalho, 26, 14

Desempenho, 8, 5

Desídia, 8

Direito de resistência, 11, 9; 12, 12

Divulgação, 14, 16

Doença, 13, 12

Doença mental, 13, 14

E

Efeitos da justa causa, 2, 23

Elementos, 2, 9; 13, 8

Embriaguez, 9

Embriaguez habitual, 9, 9

Embriaguez em serviço, 9, 9

Empregado estável, 2, 20

Empregador, 14, 10

Empresa, 6, 13

Espécies, 10, 6

Estelionato, 3, 11.6

Exceção da verdade, 14, 17

Exclusividade, 6, 8

Extorsão, 3, 11.5

---

1. Os números são referentes aos capítulos e depois aos itens.

F

Falsidade de documento particular, 11, 9

Falta de anotação na CTPS, 26, 8

Falta de pagamento de salários, 26, 9

Falta de depósito do FGTS, 26, 15

Falta de recolhimento da contribuição previdencária, 26, 16

Falta de recolhimento do PIS, 26, 17

Falta de fornecimento de trabalho, 26, 7

Faltas para acompanhamento de parente, 13, 11

Fases, 9, 6

Força maior, 13, 18

Forças, 20, 2

Força de conhecimento, 6, 7

Fora do serviço, 14, 9

Forma, 2, 10

Furto, 3, 11.3

G

Garantia de emprego, 8, 11

Gravidade, 14, 14

Gravidez, 13, 15

Greve, 11, 10; 12, 13

H

Habitualidade, 6, 3

Honra, 14, 6

Horário de trabalho, 2, 12

Horas extras, 20, 6

Honra e boa fama, 27, 5

I

Improbidade, 3

Imediação, 19, 5

Incontinência de conduta, 4

Indisciplina, 11

Insubordinação, 12

Intenção, 5, 4; 14, 13

J

Jogador de futebol, 26, 18

Jogo, 16, 4

Jogos proibidos e permitidos, 16, 9

Justificativa, 1, 1

L

Legítima defesa, 14, 21; 15, 16

Legítima defesa putativa, 15, 17

Lei, 21, 4

Licença, 13, 16

Livramento condicional, 7, 13

Local, 2, 11

Local de trabalho, 26, 11

Lucro, 6, 11

M

Mal considerável, 25, 2

Mau procedimento, 5

Mesmas condições, 15, 5

Metodologia, 1, 3

Momento, 3, 8

Moral, 22, 3

Mudança de funções do menor, 30

N

Negociação habitual, 6

Negociação por conta alheia, 6, 5

Negociação por conta própria, 6, 4

O

Ofensas físicas, 15; 28

Ofensa à honra e boa fama, 27

Ônus da prova, 2, 16

Ordens, 12, 8

P

Peça e tarefa, 29, 4

Penas restritivas de direitos, 7, 9

Perda da habilitação ou de requisitos para o exercício da profissão, 18

Perigo de mal considerável, 25

Permissão, 6, 6

Pesos, 21, 7

Pessoas envolvidas, 2, 22

Pessoas da família, 27, 9

Prática constante de jogos de azar, 16; 16, 7

Prejuízos, 6, 10

Preposto, 27, 8; 28, 7

Prisão do trabalhador, 13, 17

Prisão preventiva, 7, 11

Processo criminal, 2, 21

Provocação, 14, 18

Punição e habitualidade, 6, 12

Q

Qualquer pessoa, 14, 8

R

Receptação, 3, 11.2

Recusa em trabalhar, 13, 9

Redução da oferta, 29, 3

Redução de comissões, 29, 7

Redução de tarifa, 29, 6

Redução sensível, 29, 5

Reduzir o trabalho por peça ou tarefa, 29

Regime aberto, 7, 8

Regime semiaberto, 7, 8

Rescisão indireta, 19

Resistência, 12, 12

Respectivas funções, 8, 6

Retorsão, 14, 19

Retratação, 14, 20

Rigor excessivo, 24

Roubo, 3, 11.4

S

Segredo, 10, 5

Segurança nacional, 17, 3

Sentença penal, 7, 5

Sequência de faltas, 2, 13

Serviços alheios ao contrato, 23

Serviços contrários aos bons costumes, 22

Serviços defesos por lei, 21

Serviços superiores às forças do empregado, 20

Sistemas, 2, 5

Sujeito passivo, 3, 6

Superior hierárquico, 14, 11; 24, 6

Suspensão condicional da pena, 7, 7

Suspensão e interrupção, 2, 17; 4, 8

T

Tarefa, 29, 4

Taxatividade, 2, 6

Tempo, 2, 14

Tempo de prisão, 7, 10

Tentativa, 14, 15

Teoria geral, 2

Tipificação, 2, 8

Tolerância, 16, 12

Trabalho do menor, 21, 6

Trânsito em julgado, 7, 6

U

Uso de documento falso, 3, 11.10

V

Violação de correspondência, 3, 11.8

Violação de documento particular, 3, 11.9

Violação de segredo da empresa, 10